普通高等学校"十三五"规划教材

投资与理财

第二版

张 琳 主编
白崇行 李 颖 副主编

TOUZI YU LICAI

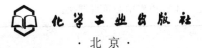

化学工业出版社

·北京·

本教程由浅入深地介绍了投资与理财的基本知识、投资与理财过程中需要分析的各种因素以及所用的分析方法和分析技巧。本书共分为十章，主要内容包括：投资与理财概述、个人储蓄、股票投资、债券投资、基金投资、期货投资、保险理财、外汇投资、黄金投资、退休与遗产规划。此外，在每章最后还附有实训和部分案例，突出了简明性、实用性和模块性的特点。

本书可作为经济类和管理类专业学生的教学用书，也可作为经济管理工作者培训使用的教材，同时也可供有投资理财需求的社会各界人士阅读。

图书在版编目（CIP）数据

投资与理财/张琳主编．—2版．—北京：化学工业出版社，2018.12
ISBN 978-7-122-33233-5

Ⅰ.①投⋯　Ⅱ.①张⋯　Ⅲ.①投资-教材
Ⅳ.①F830.59

中国版本图书馆CIP数据核字（2018）第246774号

责任编辑：蔡洪伟　　　　　　　文字编辑：李　曦
责任校对：宋　夏　　　　　　　装帧设计：王晓宇

出版发行：化学工业出版社（北京市东城区青年湖南街13号　邮政编码100011）
印　　装：大厂聚鑫印刷有限责任公司
787mm×1092mm　1/16　印张15¾　字数411千字　2019年3月北京第2版第1次印刷

购书咨询：010-64518888　　　　　　售后服务：010-64518899
网　　址：http://www.cip.com.cn
凡购买本书，如有缺损质量问题，本社销售中心负责调换。

定　　价：45.00元　　　　　　　　　　　　　　　　　　　版权所有　违者必究

前言 FOREWORD

现如今，投资与理财是一个非常时尚又非常风靡的活动，很多人在投资理财时都想获得更多的专业知识和技巧；同时投资与理财也是一门以培养掌握投资与理财基本知识和实务操作技能，有较高的投资、证券业务操作技能和一定的理财分析能力，能够从事会计、理财和证券投资业务操作管理和服务第一线工作的高技能应用型专门人才为目标的专业课程。

为适应新世纪对人才提出的越来越高的要求，我们编写了本教材，专为高等院校经济类和管理类专业学生学习使用，也可以供有投资理财需求的社会各界人士阅读。帮助读者掌握投资与理财的基本知识，理解理财规划的具体方法、步骤，培养投资分析、决策和操作能力，为读者形成投资理财的综合能力打下基础。

第二版在第一版的基础上，进行了大量的更新，删减了部分纯理论的内容，增加了很多实际操作的说明，一定会带给读者耳目一新的感觉。

本教材的特点如下：

(1) 按照系统化、规范化的原则，以培养社会需求的高技能型人才为导向。

(2) 联系我国投资与理财领域的具体实践，注重内容的实用，尽可能地增加实用的知识与技能。

(3) 体现学习基本知识与提高综合素质相结合的理念，适合社会各界人士阅读参考。

本教材由张琳担任主编，设计全书框架，拟定编写提纲；由白崇行、李颖担任副主编。参加本书编写的人员有西安欧亚学院张琳老师（第三章、第四章、第七章）、西安思源学院白崇行老师（第五章、第六章）、西安思源学院李颖老师（第九章、第十章）、西安思源学院杨璟老师（第一章、第八章）、西安思源学院高洁老师（第二章）。最后由张琳对全书进行统稿。

由于我们的水平和经验有限，缺点在所难免，诚恳地欢迎广大教师、学生和读者们雅正，多提宝贵意见。

编者
2018 年 1 月

第一版前言 FOREWORD

现如今，投资与理财是一个非常时尚又风靡全球的活动，很多人在进行投资理财时都想获得更多的专业知识和技巧；同时投资与理财也是一门以培养掌握投资与理财基本知识和实务操作技能，有较高的投资、证券业务操作技能和一定的理财分析能力，能从事企事业单位会计、理财和证券投资业务操作管理和服务第一线工作的高技能应用型专门人才为目标的专业课程。

本书这一目标导向，我们编写了这本《投资与理财》教程。 本教材是为适应新世纪对人才提出的越来越高的要求，专为高等院校经济类和管理类学生编写的，也可以供有投资理财需求的社会各界人士阅读。 通过本教材的学习，读者能够掌握投资与理财的基本知识，理解理财规划的具体方法、步骤，培养投资分析、决策和操作能力，并为形成投资理财的综合能力打下基础。 本教材的特点如下。

（1）按照系统化、规范化的原则，以培养社会需求的高技能型人才为导向。

（2）联系我国投资与理财领域的具体实践，注重内容的实用与更新，尽可能地增加实用知识与技能。

（3）体现投资与理财的基本知识，适合社会各界人士阅读。

本教材由西安思源学院张琳担任主编，设计全书框架，拟定编写提纲。 由白崇行、李颖担任副主编。 本书的具体编写分工如下：西安思源学院张琳老师（第三、四、七章）、西安思源学院白崇行老师（第五、六章）、西安思源学院李颖老师（第九、十、十一章）、西安思源学院杨璟老师（第一、八章）、西安思源学院高洁老师（第二、十二章）。 最后由张琳对全书进行统稿。

由于编者的水平和经验有限，缺点在所难免，诚恳地欢迎广大教师、学生和读者们多提宝贵意见。

编者
2012 年 1 月

目录 CONTENTS

第一章 投资与理财概述 ... 1

第一节 个人投资与理财的含义 ... 1
第二节 投资理财业的发展 ... 8
第三节 投资与理财的主要工具 ... 12
本章小结 ... 18
思考题 ... 18

第二章 个人储蓄 ... 19

第一节 储蓄概述 ... 19
第二节 储蓄理财工具 ... 22
第三节 储蓄理财的策略与技巧 ... 30
本章小结 ... 34
思考题 ... 34

第三章 股票投资 ... 36

第一节 股票概述 ... 36
第二节 股票投资分析 ... 46
第三节 股票投资的操作程序 ... 70
第四节 股票投资的策略与技巧 ... 78
本章小结 ... 84
思考题 ... 85

第四章 债券投资 ... 86

第一节 债券概述	86
第二节 债券投资的操作程序	91
第三节 债券投资分析及策略	99
本章小结	105
思考题	105

5 第五章
基金投资 — Page 106

第一节 基金投资概述	106
第二节 证券投资基金的设立、发行和交易	111
第三节 证券投资基金的投资策略和操作技巧	114
本章小结	122
思考题	122

6 第六章
期货投资 — Page 123

第一节 期货交易概述	123
第二节 期货交易制度和期货交易操作流程	131
第三节 期货交易投资理财的策略与技巧	136
本章小结	147
思考题	147

7 第七章
保险理财 — Page 148

第一节 风险控制与保险概述	148
第二节 保险的分类与主要保险品种	155
第三节 保险理财的操作流程	159
第四节 保险理财计划的制订与技巧	169
本章小结	173
思考题	173

8 第八章
外汇投资 — Page 174

第一节 外汇投资概述	174
第二节 外汇交易的分析方法	179
第三节 外汇交易操作方法	185

第四节　外汇风险及其管理	191
本章小结	200
思考题	200

9 第九章 黄金投资　　Page 202

第一节　黄金投资概述	202
第二节　黄金价格波动分析	210
第三节　我国商业银行个人黄金零售业务品种	214
第四节　黄金投资理财操作方式与技巧	216
本章小结	220
思考题	220

10 第十章 退休与遗产规划　　Page 221

第一节　退休规划概述	221
第二节　建立退休规划的步骤	226
第三节　遗产规划	236
本章小结	240
思考题	241

参考文献　　Page 243

第一章 投资与理财概述

CHAPTER 1

案例导入

市场经济时代,"财富"观念已经深入人心,"投资与理财"这一以前闻所未闻的新鲜事物也如雨后春笋般遍地开花,银行、网络中到处可见"投资、理财"这样的名词。相对"财富"而言,很多人认为投资理财就是生财、发财,是一种投资增值,只有那些腰缠万贯、家底殷实,既无远虑又无近忧的人才需要理财,在自己没有一定财富积累的时候还很难涉足理财。其实这是一种狭隘的观念,生财并不是理财的最终目的。理财的目的在于学会使用钱财,使个人与家庭的财产处于最佳的运行状态,从而提高生活质量和品位。法国亚兰在《幸福语录》中曾说道:"会赚钱的人,即使身无分文,也还有自身这个财产。"我们正是要学会掌握和把握自身的财产。从这种意义上说,投资与理财应该伴随人的一生,每个人在开始获得收入和独立支出的时候就应该学习投资与理财,从而使自己的收入更完美、支出更合理、回报更丰厚。

关键词:投资、理财、含义、意义、原则

第一节 个人投资与理财的含义

一、个人理财的含义

1. 投资

投资,按字面意思理解就是把资金投放出去。为什么要把资金投放出去而不留在家里或身边,目的是为了获取收益。经济学上的定义,投资是指牺牲或放弃现在可用于消费的价值以获取未来更大价值的一种经济活动。

比如某人手头有 1000 元闲钱,可在周末带全家出游后上酒店吃一顿大餐,大家可以过个愉快的周末,也可以存入银行,几年后可获得利息;或者买入股票、基金,等待分红或涨升;再或在古玩市场买入字画,等待增值;或参股朋友所开的小店,分得利润。第一种情况是花掉金钱,获得消费者与全家的享受。后面几种情况是放弃现在的消费,以获得以后更多的金钱,这就是投资。

再简单来说,你的本金在未来能增值或获得收益的所有活动都可称为投资。消费与投资是一个相对的概念。消费是现在享受，放弃未来的收益，投资是放弃现在的享受，获得未来更大的收益。

投资活动的主体与范畴非常广泛，但在本教材中所描述的投资主要是家庭投资，或叫个人投资。

2. 理财

理财可简单理解为打理或管理自己的钱财。比"投资"的范围要宽泛许多。关于"理财"的定义，有如下几种。

① 理财是一系列规划，是为实现个人财务目标而制订和实施的规划。

——（美国）G. 维克托·霍尔曼

② 理财是一系列决策，是关于需要多少钱来实现人生目标、如何得到这些钱的决策。

——（加拿大）夸克·霍

③ 综合的观点：理财是依据对个人财务资源和财务目标的评估，制订和实施各种规划，实现人生目标的综合过程。

我国理财规划师专业委员会秘书长刘彦斌谈青年理财时，在"君子爱财，取之有道"的后面又加了一句"君子爱财，更当治之有道"。这里说的"取"，就是挣钱，所说的"治"，就是理财。刘彦斌认为，理财就是以"管钱"为中心，抓好攒钱、生钱、护钱三个环节，通过管好现在和未来的现金流，让资产在保值的基础上实现稳步、持续的增值，使自己兜里什么时候都有钱花。

3. 投资与理财的区别与联系

个人理财分为个人生活理财和个人投资理财。前者将个人整个生命周期考虑在内，将客户未来的职业选择、自身及子女的教育、医疗、保险、置业、养老、继承，即生活中所要面对的各种事宜进行妥善安排，使客户不断提高生活品质，最终达到终身的财务安全、自主和自由。后者是在上述生活目标得到满足后，追求投资于股票、债券、黄金、外汇等各种投资领域的最优回报，加速个人或家庭资产的增长，从而提高生活水平和质量。

由此看来，投资并不等于理财。投资是理财的一部分内容，理财包括了投资。表 1-1 的内容是两者的主要区别。

表 1-1　投资与理财的区别

项目	理财	投资	项目	理财	投资
范围	广	窄	安全	最高	较高
目标	生活无忧	资本增值	依据	生活规划	市场趋势

二、个人投资理财的意义

1. 应对各种人生大事

人生各阶段会经历各种大事，比如接受教育、投资、购房、结婚、育儿、旅游、购车、子女教育与婚姻等。有效的理财规划能帮助人们有计划且妥善地应对这些大事。

2. 防范各种个人风险

任何人在其一生中，往往会遇到自己或家庭成员生病、丧失劳动能力、财产和责任损失、失业等突发事件。合理的理财行为将有效减少这类事件发生导致的措手不及及损失。

3. 促进经济目标的实现

个人理财是一种长期的积极行为，成功的"理财之道"，可以增加收入，减少不必要的支出；可以改善个人或家庭的生活水平，具有宽裕的经济实力；可以储备未来的养老所需。

三、理财的时机

投资理财的时机越早越好,从小就应该树立正确的投资理财意识。经济发达的国家和地区,很多家庭从孩子入学就开始培养其理财意识。很多著名的成功人士,从小就有比较强烈的理财意识,并主动地进行理财知识方面的学习和培训。

沙特企业家萨利赫·卡米勒以大约40亿美元的资产位居阿拉伯世界富豪榜第四位。萨利赫·卡米勒于20世纪70年代做承包商起家,是"达莱·白克拉"集团公司的创始人。他投资范围很广泛,涉及商业、新闻、旅游、银行业务和房地产等领域。在还是孩童的时候,他就会用羊骨头做一种被称为"卡布斯"的民间小玩具,卖给他的同伴。升入中学后,他开始编写和制作学习笔记卖钱,甚至进行过进口生意的探索。他在一次接受采访时说:"当时我产生了要进口一批学生运动服的念头,于是向父亲要了3000里亚尔,通过财政大臣穆罕默德·苏鲁尔·萨巴赫的关系以官价兑换成了黎巴嫩镑。于是我用这笔钱在贝鲁特买回了运动服、比赛用的有关器材以及参考书等。我将这些商品放在汽车后备厢里,然后开车到吉达市的各个学校去推销。"

在国内,从计划经济到市场经济的转变过程,也迫切地对家庭理财提出了更高的要求,仅仅靠"敲钟吃饭,签字领钱,按月存款"的理财方式,是绝对不能满足新的财富积累要求的。所以,投资理财将成为家庭生活的重要内容之一。越早学会理财,就越早获得了以后走向社会的生存能力以及获取财富的技能,也就越能在资源竞争越来越激烈的现代社会中,更易、更快、更早地获得成功,从而更好地实现个人以及家庭的生活目标。所以,投资理财越早越好。

四、理财的步骤

(一)确定理财目标

每个人都会有不同的愿望,比如需要去国外旅行,需要一所更大的房子等,而这些愿望都是一些很模糊的概念,并不是周密而详细的计划。家庭理财开始的第一步,就是将愿望转化为一个合理的理财目标。

理财目标具有可量化的时效性和检验性。比如我需要在十年(时效性)的时间内使我的财富达到五十万元(可量化的检验性),这个目标就具有了以上的两个特征。

确立目标,首先要明白自己有哪些愿望,并一一列举出来。有些愿望是不具备实现的可能性的,比如我在一年内要成为中国首富之类,明显是一个遥不可及的愿望,这样的愿望就应该排除。

下一步再把这些愿望逐步量化,比如我想换一处更宽敞的住房,那么确定其地段、面积等参数之后,大致可以得到一个量化的金额。这些就是基本的理财目标。将所有的愿望都进行量化以后,那么实现你全部愿望的总金额也就明确了。实现全部的目标是一个远期目标,甚至可能要花掉整整一生的时间来完成。我们必须分阶段来逐步完成所确立的各个目标。

围绕每一个具体的目标,制订详细的理财计划,使其具有实现的可能性和行动的方向性。比如每月储蓄的金额、每年投资的收益等。

同时,理财目标的确立必须与家庭的经济状况与风险承受能力相适应,才能确保目标的可行性。

确立了阶段性的理财目标之后,理财活动才能有条不紊地进行。

年轻人刚开始工作,往往消费起来没有节制,甚至成为"月光族"。单身青年应提高储蓄率,有计划地积累"第一桶金",既为今后扩大投资奠定基础,也为结婚、置业做好筹划。

（二）资产的评估

进行家庭资产评估，目的是使自己能更清楚地了解家庭资产的总额、月家庭收支额度等信息，掌握家庭财务状况，以分析理财投资的能力和投资的方向。

家庭资产是指家庭成员所共同合法拥有的全部现金、实物、投资、债权债务等，以货币进行量化之后的净值。

信誉、学识、社会地位等无形的东西，虽然也属于财富的一种，但无法对其以货币进行量化，所以在理财活动中，不将其归纳为资产的范畴。

家庭资产的评估包括以下几个方面。

① 固定资产（家居物品、收藏品、房产、汽车）。
② 金融资产（现金、活期存折、信用卡、股票、基金、外汇、债券、保险、其他投资）。
③ 债权资产（债权类项目）。

将以上所列举的项目以货币进行量化之后，得出的净值就是家庭实际资产总额。

（三）家庭收支及损益

家庭收入是扣除应缴纳的税款之后的纯收入，一般来讲分为以下几个类别。

① 常规收入（工资、奖金、补助、福利等）。
② 经营收入（房租、佣金等）。
③ 投资收入（股票、基金、债券等）。
④ 偶然收入（彩票等）。

家庭支出是所有以现金或信用卡等方式支付的货币总额，一般分为以下几个类别。

① 日常支出（饮食、服装、水电、交通、通信、赡养等）。
② 投资支出（股票、基金、外汇、债券、存款、保险等）。
③ 意外支出（医疗、赔偿等）。
④ 消费支出（旅游、保健、购物等）。

以上关于收入支出的归类不一定全面，根据个人实际情况可能有所区别。将家庭收支按类目归类整理，是进行家庭资产管理的第一步。

家庭损益是指阶段时间内，家庭的收支及余额等财务状况，通常可以用报表的形式表现出来，这就是收支损益表。通过这张表，可以了解到一段时间内的资金流入或流出情况，以便在下一个财务周期制订相应的财务计划，从而科学地控制资金流动，达到理财的目的。

（四）投资项目选定

为理财目标投资，选定合适的投资项目和策略。例如，为了买房，你选择在某段时间内储蓄多少钱，或是在某段时间内投资某个生意获得较理想的回报。

不同的投资人会有不同的投资风格，大致可分为以下几类。

① 风险型投资者，愿意接受高风险以期获得高回报。
② 普通型投资者，愿意接受正常的投资风险以期获得高于一般标准的回报。
③ 保守型投资者，几乎不愿意承担风险。这种投资者选择的投资方式一般是银行利息，所以只能选择储蓄。

风险承受能力的判定标准有两个，一个是家庭财务状况，另一个是心理承受能力。根据对风险的承受能力，可以选择不同的投资方式和投资项目。

（五）资金筹集

通过家庭资产的评估、收支项目的制订、投资项目的确定，可以筹集家庭资产中可用于投资的资金，不仅仅是可动用的现金，还可以通过举债方式筹集，当然，举债的额度必须在自己可以承受的范围以内。

借贷的方式有很多，比如通过亲友，或者通过银行贷款等。借贷的金额可根据自己现阶段财务状况、期望年度收益、投资项目的需求等几方面进行综合评定。借贷过程中需注意两个方面：一方面是借贷的合法性，理财不同于投机，所以保证经济往来对象的可靠性是很必要的；另一方面是贷款资金的投资收益应大于利息收益，否则借贷就没有意义，反而会浪费时间和精力。

（六）金融机构的选定

理财活动离不开金融机构，各个金融机构也有专门针对个人提供的服务，在不同的金融机构中选定最适合自己的机构，可以使理财活动更加有效地进行。

在此简单地介绍一下各类金融机构。

1. 银行

银行为客户提供最基本的存、贷款业务。不同的银行还为不同客户提供如债券、证券、基金、外汇等交易项目。

外资银行：这类银行目前还处于初步开放阶段，但其在个人理财方面的管理经验非常丰富。

2. 证券公司

主要可以委托进行证券交易。如果通过银行进行证券交易，那么可以不涉及证券公司。

3. 基金公司

主要可以委托进行基金交易。如果通过银行进行基金交易，那么可以不涉及基金公司。

4. 期货公司

提供国内四家期货交易所上市的商品及金融标的交易。

5. 交易所

包括房产、黄金、收藏品等交易所和拍卖行等。

6. 保险机构

一是各地社会保险局，提供养老、医疗、失业等基本保险；

二是各个商业保险公司，提供人寿、财产、责任等方面的保险，如中国人寿保险公司、中国平安财产保险公司等。

7. 其他金融机构

如职工单位基金等，需注意的是保证往来金融机构的合法性，以增加个人财产的安全系数。

（七）理财的管理

在有条件的前提下，选择可靠的管理软件对全部理财活动进行管理。

管理内容包括阶段性财务计划的制订、日常的财务记录（收支记账）、定期的各项财务状况查询（收支一览、投资损益等）、实时的财务数据统计等方面。

按这样的步骤进行理财，你一定会感到理财活动原来并不困难。但是，还要注意以下几个方面的问题。

① 坚定理财信心，切忌半途而废。
② 提高理财技巧，在实践中学习，尽量阅读相关书籍。
③ 总结理财经验，温故知新，掌握理财动向。
④ 强化风险意识，分析形式，规避风险。
⑤ 遵循理财规范，不投机、不冒进，冷静投资，科学管理。

五、个人投资理财的原则

（一）投资基本规则

1. 收益与风险并存原则

正常情况下，收益越高的项目风险越大，收益与风险成正比。

家庭理财活动中，任何投资的最终目的都是获得收益，而任何投资都具有程度不一的风险，收益与风险是紧密联系的，这是投资活动的重要特征。

衡量投资收益的主要指标是"投资收益率"，这个指标用如下公式来计算。

$$（期末市值－期初投入＋持有期收入收益）/期初投入＝投资收益率$$

简单地解释这个计算公式，就是说从开始进行一项投资到结束这项投资期间，得到的总收益所占投资总额的百分比，就是投资收益率。如果该数值为正，就表示收益为正，反之则为亏损。

投资风险是指投资不能获得预期收益甚至出现负增长的可能性。导致风险的因素很多，具体因素如下。

① 市场因素：因国际政治、经济情况变化、行业内部行情变化等导致价格波动等。

② 政策因素：国家经济发展重点的调整而导致的政策调整。

③ 金融因素：通货膨胀、利率调整等引发的经济低迷。

④ 人为因素：经济活动中因往来单位（个人）信誉、道德等方面造成的损失。

⑤ 不可预测因素：未知的自然灾害，如火灾、水灾、车祸等造成的直接损失。

因此，在投资理财活动中，应将风险作为重要投资决策的参照条件。

2. 分散投资原则

由"收益与风险并存原则"我们可以得知，任何投资都必定伴随相应的风险，那么，分散投资实际上是对投资风险的一种有效的规避方法。

"不要把所有鸡蛋都放到一个篮子里面"是一句古老但正确的谚语。把资金投入不相关或者不完全相关的多个项目上，这样当一个项目遭遇风险而造成损失的时候，其他项目并不同时遭受损失，并且还可以用其他项目的收益来弥补损失。

因此，用合理的投资组合来降低投资总体风险的方法是比较科学的。投资组合的方式可以多样化，具体投资组合如下。

① 同一类别的投资组合：比如购买多只股票，或者购买多种外币。

② 不同类别的投资组合：比如在股票、期货、房产、储蓄等多个方面分配资金。

③ 区域性投资组合：比如在不同地区、不同国家进行投资。

3. 市场有效性原则

该原则所指的是，成熟的金融市场（股票、债券、期货市场）在任何时候都是有效率的，其交易价格能及时反映全部真实信息。因此，认定该市场是有效市场。将"市场有效性原则"引入家庭理财活动中，可表现在以下几个方面。

① 股价的公正性，股价总是真实反映其公司、行业的经济状况。

② 买入并持有，交易过多会导致交易成本上升，却不见得会带来更高的收益。

③ 拒绝小道消息，事实上当消息传到自己这里的时候，恐怕很多人都已经知道了。

在此，请注意前提是"成熟的金融市场"。由于我国的经济建设与发达国家还有一定距离，相应的制度规范可能还不是很全面，所以，是否为成熟市场这一前提条件请慎重甄别。

（二）理财通用原则

1. 量入为出原则

将税前收入的10％存入银行。即使目前的投资收益还比较可观，但这并不能真正替代养老计划。正确的理财方式还应该养成良好的储蓄习惯。如果是已经退休的人，那么追加投资金额应该低于前期投资回报额，以免财务状况过于复杂而受到通货膨胀或其他风险的影响。

2. 侧重股票原则

对于投资者来说，投资股票既有利于避免因低通胀导致的储蓄收益下降，同时也能够在行情不利时及时撤出股市，变现能力较强。

3. 负债原则

"借鸡下蛋"，即以借贷方式筹措资金，是资金的重要来源之一。但在借贷中应避免高成本负债，如尽量以较合理的借款利率筹措资金。

4. 变现原则

无论手头多紧，始终都应该掌握一笔可以灵活运用的现金，用于应付可能的突发事件。在这个原则中，最重要的不是现金有多少，而是投资能在最短时间内变现的能力。

小常识

不同生命周期、不同家庭模型下的理财规划

生命周期	家庭模型	理财需要分析	理财规划
单身期	青年家庭	1. 租赁房屋 2. 满足日常支出 3. 偿还教育贷款 4. 储蓄 5. 小额投资积累经验	1. 现金规划 2. 消费支出规划 3. 投资规划
家庭与事业形成期		1. 购买房屋 2. 子女出生和养育 3. 建立应急基金 4. 增加收入 5. 风险保障 6. 储蓄和投资 7. 建立退休基金	1. 消费支出规划 2. 现金规划 3. 风险管理规划 4. 投资规划 5. 税收筹划 6. 子女教育规划 7. 退休养老规划
家庭与事业成长期	中年家庭	1. 购买房屋、汽车 2. 子女教育费用 3. 增加收入 4. 风险保障 5. 储蓄和投资 6. 养老金储备	1. 子女教育规划 2. 风险管理规划 3. 投资规划 4. 退休养老规划 5. 现金规划 6. 税收筹划
退休前期		1. 提高投资收益的稳定性 2. 养老金准备 3. 财产传承	1. 退休养老规划 2. 投资规划 3. 税收筹划 4. 现金规划 5. 财产传承规划
退休期	老年家庭	1. 保障财产安全 2. 遗嘱 3. 建立信托 4. 准备善后费用	1. 财产传承规划 2. 现金规划 3. 投资规划

第二节
投资理财业的发展

一、理财的由来

个人理财业务其前身是传统的私人银行业务（private banking）。私人银行业务在欧美等西方国家已有上百年历史。最初是瑞士的银行业向极端富有的客户（甚至拥有数亿美元）提供一对一、属于私人客户专享的服务，如提供匿名存款服务（目前仍是瑞士银行业最特殊的服务），提供财务咨询、投资建议，甚至为客户安排看病就医、旅行食宿行程、其子女进入贵族学校就读等。总之，私人银行业务给客户提供的是随传随到、一对一、全面的、综合的服务，并且对客户的资产及个人资料提供完全保密的保护。私人银行业务的客户一般是拥有巨额财富的富贾豪商、达官贵族等为数不多的极端富有人群。波士顿咨询集团（Boston Consulting Group）在2001年发表的《Richer Prospects in Wealth Management》指出，"传统的私人银行业务通常关注百万富翁阶层"。经营私人银行业务能够带来很高的投资回报率。

在20世纪最后几十年里，国外银行等金融机构已经开始不仅仅满足于经营传统的私人银行业务。首先，大众富裕阶层的迅速发展促使各类金融机构将个人理财业务服务对象逐步扩大延伸。20世纪90年代以来，经济的持续增长催生了一个重要群体是大众富裕阶层。Merrill Lynch 认为全球富裕客户的数量自1997年起已经增长了67%，目前仍以每年12%的速度增长。其次，以互联网为代表的信息技术的广泛应用使得银行大幅度降低了服务成本、提高了效率，于是面对如此巨大的市场，银行、投资银行等金融机构也扩展了个人理财服务范围，在私人银行业务的基础上，发展了面对大众富裕阶层的贵宾理财业务。因此许多国外商业银行的个人理财业务同时面对高端富裕阶层和大众富裕阶层，分别提供私人银行服务和贵宾理财服务。例如，Merrill Lynch 就是专门面向百万美元富豪提供财务顾问及信托等私人银行业务，而资产少于100万美元的大众富裕客户则接受以优先、优惠为主要特征的贵宾理财业务。花旗银行认为，在亚洲拥有10万美元以上的富裕客户超过1000万人，其中资产超过100万美元的就可以加入其私人银行。

在巨大的市场需求和机遇面前，包括银行在内的各种金融机构纷纷挖掘自身的潜力和优势，加大科技投资，建立个人理财平台并积极抢占个人理财市场，使个人理财市场的竞争日趋激烈。在欧洲、美洲等个人理财业务比较发达的地区，至少有五类金融机构竞争个人理财市场，包括私人银行，投资银行、资产管理公司、独立理财咨询师、理财咨询机构、新兴银行、理财门户网站和零售银行。

二、我国商业银行理财业务的发展历程及其动因

20世纪90年代末期，我国一些商业银行开始尝试向客户提供专业化的投资顾问和个人外汇理财服务。2000年9月，中国人民银行改革外币利率管理体制，为外币理财业务创造了政策通道，其后几年外汇理财产品一直处于主导地位，但是总体规模不大，没有形成竞争市场。2004年11月，光大银行推出了投资于银行间债券市场的"阳光理财B计划"，开创了国内人民币理财产品的先河。中小股份制商业银行成为推动人民币理财业务发展先锋的直

接原因是，在当时信贷投放高速增长的背景下，中小银行定期储蓄存款占比较低，缺乏稳定的资金来源，而发行人民币理财产品能够增强其吸储能力，缓解资金趋紧压力。2006年以来，随着客户理财服务需求的日益旺盛和市场竞争主体的多元化发展，银行理财产品市场规模呈现爆发式增长的态势。特别是面对存款市场激烈的同业竞争，国有商业银行开始持续加大理财产品的创新和发行力度，不断丰富和延伸理财品牌及价值链上的子产品。以中国工商银行为例，2005～2007年分别（发行）销售个人银行类理财产品190亿元、755亿元和1544亿元，年均增速达185.3%；而2008年仅上半年即累计（发行）销售个人理财产品5495亿元，同比大幅增长6.5倍。凭借网点资源、客户资源、综合实力优势，国有商业银行目前已经占据国内理财市场的主导地位。可见商业银行理财产品的发展是内在需求与外部环境共同作用的结果。面对转变经营模式、拓展收益渠道的压力，以及激烈的市场竞争环境，商业银行唯有加快理财业务发展的创新步伐，通过负债结构与收益结构的转变，形成理财产品与储蓄存款的联动效应，才能在同业竞争中立于不败之地。

三、理财现状

（一）国外理财现状

国外银行等金融机构都将个人金融业务作为发展重点，面向中高端客户的个人理财业务竞争十分激烈。在这种经营环境下的个人理财业务呈现出以下特点。

1. 个人理财业务品种多样化

信托、投资业务占有重要地位。国外各类金融机构提供的个人理财业务品种丰富多样，包括银行、投资管理、保险、个人信托等各类金融服务，并提供有关居家生活、旅行、退休、保健等方面的便利。国外个人理财业务主要品种如表1-2所示。

表1-2　国外个人理财业务主要品种

个人理财业务种类	服务内容
银行服务	现金账户、支票支付、汇款等
证券经纪	调研、咨询、交易、交割等
借贷业务	抵押贷款、信用卡、其他贷款等
个人信托	不动产管理、信托、捐赠等
共同基金	基金研究、交易、交割、基金评价等
投资管理	投资研究、咨询、交易、交割、管理等
个人税务	个人税务策划、纳税咨询等
其他	生活、家庭、旅行、健康、退休等

2. 个性化理财方案

除了为客户提供种类丰富、应用方便的各种投资理财工具以外，根据客户的年龄、职业、收入、家庭等实际情况开展综合理财咨询，为客户提供量身定做的个性化理财方案，协助客户实现财务目标是国外金融机构开展个人理财业务的通用模式。在这种个人理财模式下，金融机构充分挖掘并满足客户在人生中每个阶段的不同理财需求，把建立并维持"一生"的合作关系作为个人理财经营的重要原则。以瑞士联合银行（UBS）为例，其个人理财业务覆盖一个人从婴幼年到老年的每一个人生阶段。UBS提供的个人理财业务如表1-3所示。

表 1-3 UBS 在客户人生不同阶段提供的个人理财业务

人生阶段	提供的服务
少年阶段	储蓄账户(提供优惠存款利率、免收账户管理费、提供年度财务报告;免费观看儿童电影,参加各种聚会、有奖竞赛、绘画大赛等。对富有投资兴趣的人还可以提供投资基金账户)
大学阶段和参加工作初期	提供银行服务(个人账户、信用卡、抵押贷款、电子银行服务)、投资和储蓄服务(包括提供股票和债券投资建议、代理买卖、投资知识咨询)、人寿保险和税务(基本知识的咨询)、职业规划(提供职场须知、假期兼职、职业规划、职位信息等)、各种生活信息(电影、音乐、旅行、艺术等)
成年阶段	银行服务(重点是储蓄账户、定期存款账户、信用卡)、投资(股票、债券、基金等)、人寿保险、按揭、退休规划、子女教育等,各种商务信息;综合理财规划
老年阶段(60岁以上)	年长者账户,定期存款账户以及综合理财规划

3. 综合化、立体化销售和服务网络

信息科技在金融领域的广泛应用,为金融机构扩展个人理财业务创造了条件;同时,信息技术与金融业务的有机整合是国外个人理财业务发展的一个重要特点。其主要特点有两方面:第一,金融机构与目标客户实现沟通、达成交易的途径和手段呈多样化、综合化、立体化。除了传统的营业网点、ATM 等自助设备以外,客户还可以借助互联网、电子邮件、电话、无线接入设备等多种途径办理账户查询、转账、投资等理财业务。第二,基于信息技术的客户关系管理系统的普遍应用,金融机构借助数据仓库、数据挖掘技术对客户的信息进行全面管理和深度分析,使得为客户提供个性化、定制的理财服务成为可能。

4. 从业人员专业化

个人理财业务的从业人员——理财策划师已经成为热门职业,2001 年美国"全美职业评价"排名第一的职业就是理财策划师。而针对理财策划师的各种认证考试、行业组织也很多。其中比较著名的是国际理财策划师协会(Financial Planning Association,FPA),该协会负责组织对个人理财从业人员的认证考试、颁发从业执照、制定职业操守、对理财策划师的从业行为进行监督规范等。而各类金融机构普遍把配备高水平、专业化的从业人员作为推行个人理财业务的关键环节。以汇丰集团为例,其推行个人理财服务的重要策略就是多元化的理财服务加上专业的理财策划师。

5. 个人理财服务全球化

在世界经济一体化趋势越来越强的今天,许多跨国金融机构推行个人理财服务已经不再局限于一个国家或者一个地区,而是将其扩展到全球范围。以荷兰银行为例,其私人银行业务已经扩展到欧洲、美洲的十多个国家和地区。

(二) 国内理财现状

近几年,我国个人理财业务得到快速发展,银行、证券、保险、基金以及信托等行业都努力发展个人理财业务。但是,由于受到许多传统观念的制约,与国外成熟的个人理财市场相比,我国个人理财市场还比较落后。

1. 传统的家庭观念是影响我国个人理财业务发展的首要原因

个人理财业务的理论基础是生命周期理论。根据生命周期理论,一个人在不同的生命周期,收入和支出情况不同,并且在大部分生命周期中,收入和支出往往也不匹配。如果不加以财务规划,可能就会出现年轻时因收入相对少而生活拮据,中年时收入非常富裕而消费相对少,年老时因收入下降特别是养老、医疗等支出非常大可能又会导致生

活水平下降。在西方国家，家庭代际之间是一种"接力模式"，上一代对下一代有抚育义务，而下一代对上一代无赡养责任。也就是说，上一代需要把孩子抚养成人，之后孩子就独立生活，并且孩子大了反过来也没有义务赡养老人。因此，在西方国家，平衡各个生命周期的个人理财规划就显得非常必要。但与西方国家不同的是，中国传统的家庭代际关系是"反馈模式"，即上一代抚育下一代，下一代反过来也要赡养上一代。在中国人根深蒂固的传统家庭观念中，"抚育儿女"是父母的职责，"赡养老人"是儿女的义务。这样父母和儿女之间的"相互反馈"本身就平衡了不同生命周期中收入支出的不匹配。这样，个人理财的需求自然就受到了影响。

2. **传统的互助观念抑制了对个人理财的需求**

个人理财强调的是通过规划并采取综合财务手段来平衡个人的财务收支。而在中国人的传统观念里，守望相助是一种积极的入世观。亲戚、朋友、邻居、同事之间谁一旦有事，无论是婚丧嫁娶，还是遭遇天灾人祸，大家都习惯以实物、"份子"、捐赠或借钱的形式表示关爱和提供帮助。正是这种相互帮助得以渡过难关，在一定程度上淡化了人们的理财意识，弱化了人们对个人理财的需求。而在西方国家，非常强调个人的独立性，无论是亲友还是邻里之间，几乎没有类似于"份子"这种形式的经济上的"互助"，也几乎没有个人之间的相互借贷。因此，在西方国家，个人理财规划几乎成为每个公民合理安排收支、提高或稳定生活水平的基本内容。

3. **单一追求增值的理财观念影响了个人理财规划的全面发展**

与西方国家强调财富的保值并维持生活稳定在一定水平上不同，包括中国人在内的亚洲人非常看重财富的增值。波士顿咨询集团的调查显示，亚洲高端个人理财业务产生的利润平均约占管理资产额的 0.5%；而在欧洲，这一数字为 0.3%。这种差距反映出亚洲地区富人们的投资文化。富人尚且如此无穷无尽地追求财富，渴望致富的普通老百姓则更看重财富的增值，即投资收益。因而，我国目前的个人理财几乎就是投资理财，这就导致个人理财的畸形发展。当然，金融机构和个人未能全面理解个人理财，金融机构不能向大众提供真正全面的个人理财服务，也是导致个人理财畸形发展的重要原因。

4. **财不外露观念影响了金融机构向客户提供综合性的个人理财，也影响了个人理财的全面发展**

财不外露一是因为一些人的相当一部分收入是灰色甚至是非法收入，二是很多富人担心露富会给自己和家人带来血光之灾。而个人理财是由专业理财人员通过与个人客户充分沟通，根据客户的阶段性生活目标和生活、财务状况，确立理财目标，并且帮助客户制订出可行的理财方案的一种综合性的金融服务。如果客户不能将自己或家庭的财务状况告知理财规划师，理财规划师也就不能向其提供综合性的理财服务。

5. **风险意识和保险观念是制约我国个人理财业务发展的又一障碍**

具体表现在：一是对风险认识存有偏差，宁肯亡羊补牢，也不愿未雨绸缪。二是习惯于利用储蓄来应对各种诸如医疗、伤残等风险。三是对保险的经济补偿本质理解不深。四是中国人说话办事都图个吉利，一谈及保险似乎就预兆有不祥的事情将要降临到自己头上，所以很多人都不愿意将保险纳入自己的考虑范围。

虽然我国个人理财业务的发展还受到以上观念因素的制约，但随着我国诸多传统观念的转变，我国个人理财市场终将获得健康、快速、全面的发展。

四、个人理财在我国的发展前景

我国经济的持续稳定增长促使居民个人财富迅速增长。同时，我国居民的经济生活日趋复杂化，居民的个人经济行为已经从单纯地办理储蓄发展到住房信贷、消费信贷、外汇、保险、证券投资等诸多方面，因此对个人理财业务存在较大的需求。所以国内银行、保险公司等众多金融机构已经把大力发展个人理财业务作为提高经济效益的重要途径。

虽然国内发展个人理财业务的市场环境、政策环境、客户需求等方面与国外存在着巨大差异，但是国内金融机构依然能够借鉴国外各类金融机构发展个人理财业务的先进做法和成功经验。首先，金融机构应明确自身定位，确定目标市场。国内富裕个人客户群体已经比较庞大。在这一服务群体中，拥有财富的数量也悬殊，也存在大众富裕阶层、百万富翁阶层、极端富裕阶层，不同阶层客户的个人理财需求也差别巨大。国内任何一家金融机构目前都不可能为包括每个阶层的客户提供个人理财服务。因此，应根据金融机构自身特点准确定位，确定目标市场。其次，金融机构应尽快构建个人理财平台，综合应用信息技术，不仅为客户提供方便的理财工具、理财途径，同时还建立客户关系管理系统。最后，加强从业人员的培训工作，尽快建立起一支专业的个人理财策划师队伍，为个人客户提供综合化、个性化的理财服务。

小常识

理财规划师介绍

理财规划（financial planning）是指运用科学的方法和特定的程序为客户制订切合实际的、具有可操作性的某方面或综合性的财务方案，它主要包括现金规划、消费支出规划、教育规划、风险管理与保险规划、税收筹划、投资规划、退休养老规划、财产分配与传承规划。理财规划的目的在于能够使客户不断提高生活品质，即使到年老体弱或收入锐减的时候，也能保持自己所设定的生活水平。理财规划的目标有两个层次：财务安全和财务自由。理财规划是一个评估个人或家庭各方面财务需求的综合过程，它是由专业理财人员通过明确客户理财目标，分析客户的生活、财务现状，从而帮助客户制订出可行的理财方案的一种综合性金融服务。

理财规划师（financial planner）是为客户提供全面理财规划的专业人士。按照中华人民共和国人力资源和社会保障部（原劳动和社会保障部）制定的《理财规划师国家职业标准》，理财规划师是指运用理财规划的原理、技术和方法，针对个人、家庭以及中小企业、机构的理财目标，提供综合性理财咨询服务的人员。理财规划要求提供全方位的服务，因此要求理财规划师要全面掌握各种金融工具及相关法律法规，为客户提供量身订制、切实可行的理财方案，同时在对方案的不断修正中，满足客户长期的、不断变化的财务需求。

资料来源：http://baike.baidu.com/view/270993.htm

第三节　投资与理财的主要工具

一、投资与理财的主要工具

（一）银行存款

银行存款是指机构和个人将资金存放于金融机构，金融机构承诺到期支付约定利息和本金的债权债务凭证。目前，国内存款利率是由中国人民银行规定的，金融机构无权根据市场情况进行调整。

1. **银行存款的主要分类**

（1）活期储蓄存款　不确定存期，可随时存取款，存取金额不限。

（2）整存整取存款　就是一次存入本金，到期一次支取本金和利息的一种银行储蓄方式。它是定期储蓄中最常用的存款类型。

（3）零存整取存款　就是每月分笔存入本金，到期一次支取本金和利息的一种银行储蓄方式。这种储蓄有利于强制储蓄，是积累资金的首选储蓄方式。

（4）存本取息存款　就是一次存入本金，在存期内每次（月）支取利息，到期一次提取本金的一种银行储蓄方式。

（5）整存零取存款　就是一次存入本金，在存期内每次（月）支取本金，到期一次提取利息的一种银行储蓄方式。

（6）定活两便存款　就是不约定存期，在取款时按实际存期确定利率的一种银行储蓄方式。

2. **银行存款的主要特点**

（1）安全性高　银行储蓄在所有投资品种中是最安全的。特别是因为存款机构是国有银行，基本上都是以国家的信誉作担保，所以几乎没有违约风险。

（2）变现性好　所有储蓄基本上都是可以立即变现的，包括定期存款。虽然定期存款提前支取会损失掉部分利息收入，但不影响其变现能力。其流动性与现金同类。

（3）操作简易　相对其他投资工具，储蓄的操作非常容易。不管是开户、存取、销户，还是特殊的业务如挂失等，流程都比较简易。由于银行机构的网点比较多，存取款业务非常方便，特别是 ATM 自助终端，更是随时随地都可办理。

（4）收益较低　相对其他投资品种，储蓄的收益可能是最低的。其唯一的收入就是利息，且需扣除利息税。这是由它的低风险因素决定的，适合投资第一基本原则，即收益和风险是成正比的。

（二）股票

股票指股份有限公司公开发行的、用以证明投资者的股东身份和权益，并据此获得股息和红利的有价证券。股息是股东定期按一定的比率从上市公司分取的盈利；红利则是在上市公司分派股息之后按持股比例向股东分配的剩余利润。获取股息和红利，是股民投资于上市公司的基本目的，也是股民的基本经济权利。

1. **股票的主要特点**

（1）权责性　股票作为产权或股权的凭证，是股份的证券表现，代表股东对发行股票的公司所拥有的一定权责。股东通过参加股东大会，行使投票权来参与公司经营管理；股东可凭其所持股票向公司领取股息、参与分红，并在特定条件下对公司资产具有索偿权；股东以其所持股份为限对公司负责。股东的权益与其所持股票占公司股本的比例成正比。

（2）时间性　购买股票是一项无确定期限的投资，不允许投资者中途退股。

（3）价格波动性　股票价格受社会诸多因素影响，股价经常处于波动起伏的状态，正是这种波动使投资者有可能实现短期获利的希望。

（4）投资风险性　股票一经买进就不能退还本金，股价的波动就意味着持有者的盈亏变化。上市公司的经营状况直接影响投资者获取收益的多少。一旦公司破产清算，首先受到补偿的不是投资者,而是债权人。

(5) 流动性　股票虽不可退回本金,但流通股却可以随意转让出售或作为抵押品。

(6) 有限清偿责任　投资者承担的责任仅限于购买股票的资金,即便是公司破产,投资者也不负清偿债务的责任,不会因此倾家荡产,最大损失也就是股票形同废纸。

2. 股市定理

(1) 定理一　没有人能够预测股票市场的短期走势。

(2) 定理二　股票市场的长期走势取决于经济的发展情况。

(3) 定理三　股票的价格长期来看取决于股票的内在价值。

(三) 债券

债券指政府、金融机构、工商企业等社会各类经济主体为筹措资金而向投资者发行的,并且承诺按一定利率、约定期限支付利息并按约定条件偿还本金的债权债务凭证。

1. 债券的主要分类

(1) 按发行主体分类　债券分为国债、金融债、企业债。

(2) 按券面形式分类

① 记账式国债。指将投资者持有的国债登记于证券账户中,投资者仅取得收据或对账单以证实其所有权。其特点是:成本低、收益高、安全性好、流通性强。

② 凭证式国债。指采用填写"国库券收款凭证"的方式发行,是以储蓄为目的的个人投资者理想的投资方式。其特点是:安全、方便、收益适中。

2. 债券的主要特点

(1) 偿还性　债券一般都规定有偿还期限,发行人必须按约定的条件偿还本金和利息。

(2) 流通性　债券一般都可以在流通市场上自由转让,或者通过金融机构进行抵押贷款。

(3) 安全性　与股票相比债券通常规定有固定的利率,且与企业绩效有直接关系,收益比较稳定,风险较小。

(4) 收益性　债券的收益性主要表现在两个方面:一是投资债券可以给投资者带来定期或不定期的利息收入(且债券的利息收入一般高于银行储蓄);二是投资者可以利用债券价格变动进行买卖,赚取差价。

(四) 投资基金

投资基金是一种利益共享、风险共担的集合投资方式,即通过发行基金单位,集中投资者的资金,由基金托管人托管、基金管理人管理和运用,从事股票、债券等金融工具的投资,以获得投资收益和资本增值。基金分为封闭型基金与开放型基金。在我国,基金托管人必须由合格的商业银行担任,基金管理人必须由专业的基金管理公司担任。基金投资人享受证券投资基金的收益,也承担亏损的风险。

1. 投资基金的主要分类

(1) 封闭式基金　有固定的存续期,期间基金规模固定,一般在证券交易所上市交易,投资者通过二级市场购买基金单位。

(2) 开放式基金　基金单位随时按净值赎回,资金量不固定,可再发行新的基金单位。开放式基金代表未来金融市场的发展方向,在美国被称为"第二银行"。

封闭式基金和开放式基金的区别,如表1-4所示。

表 1-4 封闭式基金和开放式基金的区别

内容	封闭式基金	开放式基金
存续期限	通常有固定的封闭期	随时可向基金管理人赎回
发行规模	有规模限制	没有规模限制
转让方式	存续期内不能赎回,只能在证券市场上出售给第三者	可在首次发行结束一段时间后,提出赎回申请
价格计算标准	受市场供求关系影响,并不必然反映公司净资产	取决于基金单位净值的大小
投资策略	基金单位数不变,资本不会减少,宜长期投资	为应付投资者赎回兑现,必须保持一定的资产流动性

2. 投资基金的主要特点

（1）分散投资,降低风险　通过聚集大规模的资金,基金管理公司可以投资于多种不同类型的证券,从而达到降低投资风险的目的。

（2）专业化管理　基金管理公司聘有证券分析家和资产组合管理专家,他们运用自己的专业知识,创造出优异的成绩,既可以使非专业投资者轻松地获得投资收益,也可以吸纳更多的资金。

（3）降低交易成本　投资基金可以通过大宗交易的方式进行证券买卖,从而节约经纪人佣金和其他与交易相关的税费。

（4）买卖方便,流通性强　投资基金可以方便地在交易所买卖证券,也可以通过柜台办理购入和赎回。对封闭式基金可通过交易所实时买卖,所以它的变现能力非常强,高于定期储蓄存款、债券。

（五）期货

期货与现货是相对的。期货是现在进行买卖,但是在将来进行交收或交割的标的物,这个标的物可以是某种商品（例如黄金、原油、农产品）,也可以是金融工具,还可以是金融指标。交收期货的日子可以是一星期之后、一个月之后、三个月之后,甚至一年之后。买卖期货的合同或者协议叫做期货合约。买卖期货的场所叫做期货市场。投资者可以对期货进行投资或投机。对期货的不恰当投机行为,例如无货沽空,可导致金融市场的动荡。

（六）保险

保险是以合同形式确立双方经济关系,以缴纳保险费建立起来的保险基金,对保险合同规定范围内的灾害事故所造成的损失,进行经济补偿或给付的一种经济形式。按照保险保障范围分为：人身保险、财产保险、责任保险、信用保证保险。在实际操作过程中应注意以下事项。

1. 量入为出

作为一个理智的消费者,应该根据自身的年龄、职业、收入等实际情况,力所能及地适当购买人身保险,既要使个人的经济收入能长时期负担,又要能得到应有的保障。

2. 确定保险需要

购买适合自己或家人的人身保险,投保人有三个因素要考虑：一是适应性。自己或家人买人身险要根据需要保障的范围来考虑。二是经济支付能力。买寿险是一种长期性的投资,每年需要缴存一定的保费,每年的保费开支必须取决于自己的收入能力,一般是取家庭年储蓄或结余的10%～20%较为合适。三是选择性。个人或家人都不可能投保保险公司开办的所有险种,只能根据家庭的经济能力和适应能力选择一些险种。

3. 重视高额损失

从现实来看，损失的严重性是衡量风险程度非常重要的一个指标。一般来讲，较小的损失可以不必要保险，而严重程度的损失是适合于保险的。在购买保险前，作为投保人应该充分考虑所面临的损失程度有多大，程度越大，就越应当购买保险。

4. 利用免赔额

如果有些损失消费者可以承担，就不必购买保险，可以通过自留来解决。当这个可能的损失是自己所不能承担的时候，可以将自己能够承受的部分以免赔的方式进行自留。

5. 合理搭配险种

投保人身保险可以在保险项目上形成组合，如购买1～2个主险附加意外伤害、重大疾病保险，使个人得到全面保障。但是在全面考虑所有需要投保的项目时，还需要进行综合安排，应避免重复投保，使用于投保的资金得到最有效的运用。

（七）外汇

在中国适合中小投资者参与的外汇交易方式主要有两种：外汇实盘交易也即银行的那些外汇宝之类的及外汇保证金交易。前者可以通过开设银行账户交易，后者主要是通过国外一些交易商在国内的代理商处开户后入金交易，因为国内目前没有自己的交易商。

外汇实盘交易又称外汇现货交易。在中国个人外汇交易，又称外汇宝，是指个人委托银行，参照国际外汇市场实时汇率，把一种外币买卖成另一种外币的交易行为。由于投资者必须持有足额的要卖出外币才能进行交易，较国际上流行的外汇保证金交易缺少保证金交易的卖空机制和融资杠杆机制，因此也被称为实盘交易。自从1993年12月上海的中国工商银行开始代理个人外汇买卖业务以来，随着我国居民个人外汇存款的大幅增长，新交易方式的引进和投资环境的变化，个人外汇买卖业务迅速发展，目前已成为我国除股票以外最大的投资市场。截至目前，中国工商银行、中国农业银行、中国银行、中国建设银行、交通银行、招商银行、光大银行等多家银行都开展了个人外汇买卖业务，国内的投资者，凭手中的外汇到上述任何一家银行办理开户手续，存入资金，即可通过互联网、电话或柜台方式进行外汇买卖。

外汇保证金交易又称虚盘交易，就是投资者用自有资金作为担保，从银行或经纪商处提供的融资放大来进行外汇交易，也就是放大投资者的交易资金。融资的比例大小，一般由银行或者经纪商决定，融资的比例越大，客户需要付出的资金相对就越少。

（八）黄金

众所周知，黄金具有商品和货币的双重属性，它作为一种投资品种也是近几十年的事情。如今，随着金融市场的不断发展，黄金作为一种投资品种，被越来越多的投资者所认识。

黄金投资主要有以下形式。

1. 黄金T+D

以杠杆比例1∶10到1∶15交易分三个时间段，双向买卖，采用的是撮合式交易，无点差，缺点是交易不活跃，有溢价产生，可以选择银行或者正规代理商。

2. 纸黄金

纸黄金是国内中国银行、中国工商银行、中国建设银行特有的业务。纸黄金是黄金的纸上交易，投资者的买卖交易记录只在个人预先开立的"黄金存折账户"上体现，而不涉及实物金的提取。盈利模式即通过低买高卖，获取差价利润。纸黄金实际上是通过投机交易获利,而不是对黄金进行实物投资。

3. 实物黄金

通过买卖金条、金饰等买卖实质物品上的黄金。

4. 黄金现货

手续佣金服务费较高,采取 24 小时不间断交易,时间及价格与国际市场接轨,T+O 形式,双向买涨买跌的形式,杠杆比例为 1:12.5,是国内唯一采用做市商制度的投资品种。

5. 国际现货黄金

国际现货黄金也称炒伦敦金或者国际金,以杠杆比例约 1:200(最高的有 1:400)且无时间限制,网上交易,T+O 交易形式,周一至周五 24 小时连续交易,双向买涨买跌的形式。

6. 期货黄金

期货黄金是指以国际黄金市场未来某时点的黄金价格为交易标的的期货合约,投资人买卖黄金期货的盈亏,是由进场到出场两个时间的金价价差来衡量,契约到期后则是实物交割。

(九)房地产

房地产投资与其他投资形式相比,是一种中长期的投资,其特点是投资的起点较高,周期较长,风险适中,收益适中。购房者买房投资获利有两种形式:一是通过租金收益,二是通过转让获取差价。通过出租的方式收取租金,投资获益的时间较长。另外,投资房产从转让中获取差价也不是短期的简单问题。房价不如股价敏感,影响房屋价格变动的因素较多,因此,靠以后转手出售获取可观差价,一般需要较长的时间。与其他投资形式相比,房产本身变现成本较高,变现时间较长。

二、投资理财工具分析

投资理财工具分析如表 1-5 所示。

表 1-5 投资理财工具分析

理财工具	特色	适合对象	风险
定期存款国债	投资期间不限,手续简便且运用方便,但获利低	保守投资人,要求报酬率与通货膨胀率相距不远	低
股票	投资方便,但选股不易,损益较不稳定	对股市、产业有一定的熟悉与专业,有时间看盘与研究盘势者	高
投资基金	通过专业经理人选股,投资标的分散,风险较低	希望借股市投资累积财富的专业投资人	中等
房地产	景气时,报酬率高,且为对抗通货膨胀的最佳利器	资金庞大,且希望能达到保值、增值目标者	中等
保险	安全性高,人生不同阶段都能得到保障	各年龄层的民众均适合且必备	无

> **小常识**
>
> 国际货币基金组织(IMF)与世界银行并列为世界两大金融机构,其职责是监察货币汇率和各国贸易情况、提供技术和资金协助,确保全球金融制度运作正常;其总部设在华盛

顿。我们常听到的"特别提款权"就是该组织于1969年创设的。

国际货币基金组织的储备头寸是指在国际货币基金组织普通账户中会员国可以自由提取使用的资产。

特别提款权（SDRs）是国际货币基金组织创设的一种储备资产和记账单位，亦称"纸黄金（paper gold）"。它是基金组织分配给会员国的一种使用资金的权利。会员国在发生国际收支逆差时，可用它向基金组织指定的其他会员国换取外汇，以偿付国际收支逆差或偿还基金组织的贷款，还可与黄金、自由兑换货币一样充当国际储备。但由于其只是一种记账单位，不是真正货币，使用时必须先换成其他货币，不能直接用于贸易或非贸易的支付。因为它是国际货币基金组织原有的普通提款权以外的一种补充，所以称为特别提款权。

资料来源：http://baike.baidu.com/view/19979.htm

本章小结

投资理财不是一个新的名词，最早可以追溯到春秋战国时期，在西汉时期逐步完善。现代投资理财一般认为起源于20世纪美国的保险业，投资理财可以说已经超出了投资和保险的范畴，是根据生命周期理论以及个人和家庭的财务状况和非财务状况运用科学的方法和程序制订切合实际的，可操作的投资理财规划，最终实现个人和家庭的财务安全和财务自由。通俗地讲，投资理财就是合理地利用投资理财工具和投资理财知识进行不同的投资理财规划，完成既定的投资理财目标，实现最终的人生幸福。投资理财的工具主要有储蓄、保险、股票、基金、外汇、黄金、收藏品和投资信托等。投资理财的知识主要涉及财务、会计、经济、投资、金融、税收和法律等方面。投资理财有两个主要目标：一个是财务安全，另一个是财务自由。财务安全是基础，财务自由是终点。从另一个角度讲，投资理财又有两个方向，一个是进攻，一个是防守。

思考题

1. 投资理财的意义是什么？
2. 投资理财的基本原理是什么？
3. 如何树立正确的理财观？
4. 投资与理财的工具有哪些？

第二章 个人储蓄

CHAPTER 2

案例导入

2017年8月、9月、10月我国居民消费价格指数（CPI）同比分别上涨1.8%、1.6%、1.9%，而2017年中国工商银行、中国农业银行、中国建设银行的三个月定期存款利率仅为1.35%。这是什么概念？它意味着负利率格局依旧延续，未见明显缓解。在负利率时代，怎样使居民手中的银行存款跑赢CPI？本章我们将给大家全面介绍有关储蓄理财的内容。

关键词：储蓄、存款、利息

第一节 储蓄概述

一、储蓄的概念

广义的储蓄是指一个国家或者地区一定时期的国民收入中未被消费的部分，即收入减去消费。从资金运用的角度看，储蓄等于投资。因此，储蓄的范围不仅包括居民个人储蓄存款、企业存款和政府存款，还包括购买各种有价证券、商业保险以及手持现金等。概括地讲，储蓄包括一切未被消费的社会财富的各种存在形式。

狭义的储蓄通常被理解为居民个人在银行或者其他金融机构的存款，是个人货币收入减去消费支出后的货币结余。在我国，通常把企事业单位、机关、团体等在银行的存款统称为对公存款，而居民手持现金和各种有价证券也未在储蓄之列。因此，我国储蓄的概念可以概括为：居民将合法拥有的、暂时闲置的货币存入银行或其他金融机构，当存款到期或客户随时兑付时，由金融机构保证归还本金并支付利息的一种信用行为。

这一概念包含以下几层含义。

① 储蓄的主体是居民个人，不包括企事业法人或社会团体。
② 储蓄的对象是居民手中能合法支配或拥有的暂时不用或积余的货币。
③ 吸收储蓄的机构是经中国人民银行批准的依法办理储蓄业务的银行、信用社以及邮政企业依法办理储蓄业务的机构。
④ 储蓄是一种信用行为，其实质是货币使用权的暂时让渡。

二、储蓄的特点

(一) 从储户角度出发

1. 自主性

一方面,储蓄是储户对自己财产一种独立性的处理行为,存入银行的货币是其拥有的私有财产,有权自己支配。另一方面,储蓄是储户的自身需要,其根本目的是为了保证货币安全和满足自己将来的需要。这种信用关系必须建立在相互自愿和需要的基础上。

2. 暂时闲置性、积累性

储蓄动机的产生,是因为有了剩余产品。在现代社会表现为个人收入扣除消费部分后的结余,是暂时闲置的资金。

储蓄具有积累性,是指闲置的货币在量上的积累。一般居民的收入是不能满足其全部消费支出的,如大件商品的购买,必须有收入结余的积累才能满足。另外,为了满足未来生活的需要和预防意外事件,也要进行资金积累。

3. 储蓄的保值性、收益性

居民将货币存入银行,首先考虑的是能够保住本金,如果连本金都保不住,就更谈不上积累财富,居民也就不会参加储蓄了。因此保值性是储蓄的基本特征之一。其次是收益性,储蓄是将货币存入银行一定时期后不仅要收回本金,还要求获得利息。

图 2-1 为 2002～2015 年我国城乡居民人民币储蓄存款余额。

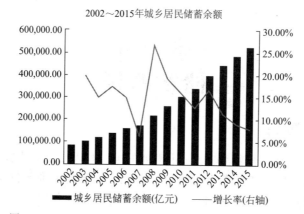

图 2-1　2002～2015 年我国城乡居民人民币储蓄存款余额
资料来源：中央政府门户网站（www.gov.cn）

(二) 从储蓄本身而言

1. 安全系数高

银行的储蓄存款一直以来都被人们视为是一种最为安全的投资品种。因为相较于股票等投资工具而言,存入银行的本金不会有所损失;同时由于国家对银行的审批非常严格,所以银行的信用等级较高,其违约风险较小。

2. 变现能力好

银行的各类储蓄都具备了良好的变现能力,能第一时间满足储户的现金需求,即便是定期存款,也可以立即变现。虽然定期存款提前支取会损失部分利息收入,但并不影响其变现能力,而活期存款随存随取,基本与现金等同视之。

3. 操作简单易行

到银行等金融机构办理相关储蓄业务其流程都比较简易，不管是开户、挂失还是存取款业务，储户只需要携带身份证等相关证件便可办理。银行等金融机构不仅网点众多，电话银行、网上银行的使用也非常广泛，使得储蓄业务的办理更加简便、快捷。

4. 收益性较差

根据投资的基本原则，即收益与风险正相关，储蓄的低风险因素决定了进行储蓄投资其收益率是较低的。因为利息是储蓄唯一的收入来源，且在不同的时期还可能会有利息税的扣除，这使得储蓄相对于其他的投资品种而言收益性较差。

三、储蓄的作用

对于理财来说，虽然银行储蓄获得的收益不是很多，但它却是其他理财方式所不可替代的。可以说，它是一种最为稳妥、风险最小的理财方式。具体来说，储蓄在理财中的作用有如下几点。

1. 储蓄是所有理财手段的基础

只有通过储蓄才能积攒一定数量的货币资金，如果我们身无分文，自然就不存在理财的问题。对许多家庭而言，从每个月的收入中拿出一定数量的钱存入银行，这并不困难，困难的是如何养成这样一个习惯。储蓄不仅能为自己积攒财富，还能养成节约和按计划开支的习惯，所以它是理财的第一步。

2. 储蓄是投资的蓄水池

一个家庭除去日常开支的现金外（实际上现在家庭的许多开支都可通过活期存折或其他银行卡支付），应尽可能地将节余及时存入银行，因为现金放在你手上是没有任何收益的。当"池水"中的金钱积累到一定的程度，再将它们转到收益更高的投资项目上。在其他投资收益兑现后，又可转回来，等待下一个机会。由此可见，储蓄是一个资金的中转站。它既是投资理财的先导，又是投资理财的后盾，往往是通向致富之路的第一站。

3. 储蓄能够提高一个人应付危机的能力

个人或家庭储蓄的原因主要包括为不测事件建立储备金、为自己的老年积累资金、为保证家属的生活，或为了其他某一具体目的等。储蓄作为最传统的投资理财方式，凭借其高流动、低风险的特点，在个人或家庭面对突发事件所带来的经济损失时，不但能有效地缓解财务危机，还能为实现未来的财务目标积累资金。

4. 储蓄能赢得别人的信赖

储蓄不仅是所有理财手段的基础，也是一个人自立的基础。它来源于计划和节俭，是一个人自立能力、理财能力的最初体现，也是最基本的检验。大银行家摩根曾经说过："我宁愿贷款100万给一个品质良好，且已经养成储蓄习惯的人，也不愿贷款1000元给一个品德差且花钱大手大脚的人。"可见，一个连储蓄都做不到的人，除非收入达不到社会最低保障线，否则说明他缺乏自我控制的能力，更不可能指望他在财富管理方面获得成功。

四、储蓄的原则

为了更好地发展储蓄事业，保护储户的合法权益，国家规定银行等金融机构在办理储蓄业务时必须遵循"存款自愿、取款自由、存款有息、为储户保密"的原则。

① "存款自愿"是指储蓄必须出于存款者的自觉自愿，任何单位和个人都不得强制其

人参加储蓄。个人是否储蓄,选择哪一家储蓄机构,选择何种储蓄方式,存储数额、期限等都由储户个人选择决定。

②"取款自由"是指储户什么时候取款,提取多少存款,都由储户自己决定,银行和其他人都不得干预和查问。即使未到期的存款,储户也可以根据自己的需要按规定手续提前提取,银行不得以任何理由拒绝或限制。

③"存款有息"是指储户对于其存入银行的存款有按照规定利率和实际存期获取利息的权利。银行对居民的各种储蓄存款应按中央银行规定的存款利率付给储户一定的利息。

④"为存款人保密"是指商业银行对储户的姓名、住址、存款金额、储蓄种类、存款次数、提取情况、印鉴以及其他各种信息都要严格地保守秘密,不得对外泄露。对个人储蓄存款,商业银行有权拒绝任何单位或者个人查询、冻结、扣划,如果因经济纠纷或案件涉及个人存款需要查询,有关单位和个人必须依照法律程序进行。

我国的银行

我国的银行主要包括中央银行、政策性银行、国有商业银行、股份制商业银行、城市商业银行五类。其中中央银行即中国人民银行,属于国务院组成部门,非企业,其余政策性银行、国有商业银行、股份制商业银行、城市商业银行均属企业范畴。

从狭义上来说,国有银行是指由国家(财政部、中央汇金公司)直接控股并为第一大股东的银行,包括国家开发银行、中国进出口银行、中国农业发展银行、中国工商银行、中国农业银行、中国银行、中国建设银行、交通银行共8家。

从广义上来说,国有法人单位(即国有企业或地方政府)为第一控股股东的银行,也可以算是国有的银行。除以上8家银行外,国有银行还应包括:招商银行、中信银行、中国光大银行、华夏银行、上海浦东发展银行、兴业银行、广发银行7家全国性股份制商业银行。

上述银行均属于国有企业。

第二节
储蓄理财工具

一、储蓄的种类

目前国内金融机构开办的储蓄业务通常有以下几种。

1. 活期储蓄存款

活期储蓄是指无固定存期、可随时存取、存取金额不限的一种比较灵活的储蓄方式。活期储蓄适用于所有客户,其资金运用灵活性较强,人民币1元起存,港币、美元、日元和欧元等起存金额为不低于1美元的等值外币。储蓄机构发给客户一个存折或借记卡,凭折(卡)随时存取,办理手续简便。全部支取时,按销户日挂牌公告的活期储蓄利率计息。自2005年9月21日起,个人活期存款按季结息,每季末月的20日为结息日,按结息日挂牌活期利率计息,前次结算的利息并入本金供下次计息。未到结息日清户时,按清户日挂牌公告的活期利率计息到清户前一日止。

活期储蓄适用于居民小额的随存随取的生活零用结余存款，灵活方便，适应性强。一般将月固定收入（如工资）存入活期存折作为日常待用款项，供日常支取开支。

2. 整存整取储蓄存款

整存整取是一种由客户选择存款期限，整笔存入，到期提取本息的一种定期储蓄。它的起存金额低，多存不限。一般来说，人民币50元起存，港币50元、日元1000元，其他币种为原币种10元起存。整存整取的利率较高，因此具有较高的稳定收入，利率大小与期限长短成正比。存期上也有多种选择：人民币的存期分别为3个月、6个月、1年、2年、3年和5年；外币的存期分别为1个月、3个月、6个月、1年、2年。到期凭存单支取本息。储户还可以根据本人意愿在办理定期存款时约定到期自动转存。当客户在需要资金周转而整存整取存款未到期时，可部分提前支取一次，但提前支取部分将按支取当日挂牌活期存款利率计息。

整存整取适用于生活中结余较长时间不需动用的款项。在高利率时期（如20世纪90年代初），存期就要"中"，即将五年期的存款分解为1年期和2年期，然后轮番滚动存储，如此可因利生利而获取较好收益。而在如今低利率时期，存期就要"长"，能存5年的就不要分段存取，因为低利率情况下的储蓄收益特征就是"存期越长，利率越高，收益越好"。

3. 零存整取储蓄存款

零存整取是一种事先约定金额，逐月按约定金额存入，到期支取本息的定期储蓄。它的起存金额较低，人民币5元即可起存。存期可以选择1年、3年或5年。存款金额由储户自定，每月需以固定金额存入，若中途漏存，应在次月补齐。未补齐者则视同违约，违约后将不再接受客户续存及补存，到期支取时按实存金额和实际存期计息。

零存整取适用于较固定的小额余款存储，可集零成整，具有计划性、约束性、积累性的功能。这种储蓄方式适用于刚参加工作，需逐步积累每月结余的客户。但这一储种较死板，最重要的就是"坚持"，绝不能连续漏存2个月。

4. 整存零取储蓄存款

整存零取是一种事先约定存期，整数金额一次存入，分期平均支取本金，到期支取利息的定期储蓄。这种储蓄方式一次存本金，人民币1000元即可起存。存期分别为1年、3年、5年，取款间隔可选择1个月、3个月、6个月，可记名，预留印鉴或密码，可挂失。开户时由银行发给储户存折，取款时储户凭存折到原开户行填写取款凭证后领取本金。如到期日未领取，以后可随时领取。整存零取不得部分提前支取，利息在期满结清时支取。这种储蓄方式比较适用于那些有整笔较大款项收入且需要在一定时期内分期陆续支取使用的客户。

5. 存本取息储蓄存款

存本取息是一种一次存入本金，分次支取利息，到期支取本金的定期储蓄。它的起存金额较高，一般为人民币5000元，存款余额稳定。存期分为1年、3年、5年，可记名挂失。开户时由银行发给储户存折，储户凭存折分期支取利息，一般每月、每季或每半年一次，不得提前支取利息。如到取息日而未取息，以后可随时取息，但不计算复息，到期支取本金。这种储蓄方式在约定存期内如需提前支取本金，利息按取款当日银行挂牌公告的活期储蓄的利率计息，存期内已支取的定期储蓄利息要一次性从本息中扣回。

这种储蓄方式比较适用于有款项在一定时期内不需动用，但需定期支取利息作为生活零用的客户。但要使存本取息的生息效果最好，就要与零存整取储种结合使用，产生"利滚利"的效果。即先将固定的资金以存本取息的形式存储起来，再将每月的利息以零存整取的形式储蓄起来。采用这种方式时，可与银行约定"自动转息"业务，免去每月去银行存取款的麻烦。

6. 定活两便储蓄存款

定活两便是一种事先不约定存期，一次性存入，一次性支取的储蓄存款。它的起存金额低，人民币50元即可起存。既有活期之便，又有定期之利，利息按实际存期长短计算，存期越长利率越高。存期低于整存整取最低档次（不满3个月）的，按活期利率计息；存期超过3个月以上不满半年的，按3个月整存整取利率六折计息；存期超过半年以上不满1年的，按半年整存整取利率六折计息；存期超过1年（含1年）的，一律按1年整存整取利率六折计息。

定活两便储蓄存款的特点是方便灵活、收益较高、手续简便、利率合理、存款期限不受限制，适用于那些有较大额度的结余，但在不久的将来需随时全额支取使用的客户。这一储种主要是掌握支取日，确保存期大于或等于3个月，以免损失利息。

7. 个人通知储蓄存款

这是一种不约定存期，支取时需提前通知银行，约定支取日期和金额方能支取的存款。个人通知存款不论实际存期多长，按存款人提前通知的期限长短划分为1天通知存款和7天通知存款两个品种。1天通知存款必须提前1天通知约定支取存款；7天通知存款则必须提前7天通知约定支取存款。通知存款的币种为人民币，本金一次存入，可一次或分次支取。个人通知存款利率收益较活期存款高，是大额资金管理的好方式。开户及取款起点较高，人民币通知存款开户起存金额为5万元，最低支取金额为5万元。外币通知存款的最低起存金额各地区略有不同，约为等值人民币5万元，外币通知存款提前通知的期限为7天。个人通知存款适用于拥有大额款项，在短期内需支取该款项的客户，或需分期多次支取的客户，或短期内不确定取款日期的客户，具有集活期之便，得定期之利的特点。2017年国内各大银行人民币存款利率见表2-1。

表2-1　2017年国内各大银行人民币存款利率表　　　　　单位：年利率%

银行/基准利率	活期存款	定期存款					
		三个月	半年	一年	二年	三年	五年
人民银行	0.35	1.1	1.3	1.5	2.1	2.75	—
工商银行	0.3	1.35	1.55	1.75	2.25	2.75	2.75
农业银行	0.3	1.35	1.55	1.75	2.25	2.75	2.75
建设银行	0.3	1.35	1.55	1.75	2.25	2.75	2.75
中国银行	0.3	1.35	1.55	1.75	2.25	2.75	2.75
交通银行	0.3	1.35	1.55	1.75	2.25	2.75	2.75
招商银行	0.35	1.35	1.55	1.75	2.25	2.75	2.75
浦发银行	0.3	1.5	1.75	2	2.4	2.8	2.8
上海银行	0.35	1.5	1.75	2	2.4	2.75	2.75
徽商银行	0.35	1.43	1.69	1.95	2.73	3.33	4
邮政储蓄银行	0.35	1.35	1.31	2.03	2.5	3	3
兴业银行	0.3	1.5	1.75	2	2.75	3.2	3.2
泉州银行	0.42	1.944	2.232	2.52	3.055	3.9	4.225
厦门银行	0.385	1.21	1.43	1.8	2.52	3.3	3.3
中信银行	0.3	1.5	1.75	2	2.4	3	3
平安银行	0.3	1.5	1.75	2	2.5	2.8	2.8
华夏银行	0.3	1.5	1.75	2	2.4	3.1	3.2
北京银行	0.35	1.505	1.765	2.025	2.5	3.15	3.15
宁波银行	0.3	1.5	1.75	2.025	2.6	3.1	3.3

资料来源：银行信息港 www.yinhang123.net

8. 教育储蓄存款

教育储蓄是个人为其子女接受非义务教育（指九年义务教育之外的全日制高中、大中专、大学本科、硕士和博士研究生）积蓄资金，到期支取本息的一种定期储蓄。它是一种特殊的零存整取定期储蓄存款。最低起存金额为 50 元，本金合计最高限额为两万元。存期分为一年、三年和六年。存储金额由储户自定，每月存入一次，中途如有漏存，须在次月补存，未补存者视如违约。到期支取时，违约之前存入的本金部分按实存金额和实际存期计息；违约之后存入的本金部分按实际存期和活期利率计息。

教育储蓄采用实名制。储户在银行营业网点办理教育储蓄开户时，须凭本人户口簿或居民身份证办理。销户时如能提供正接受非义务教育的学生身份证明，则能享受利率优惠和免征利息税的优惠，否则按零存整取储种计息。教育储蓄适用于在校小学四年级（含四年级）以上的学生。总之，教育储蓄具有储户特定、存期灵活、总额控制、利率优惠、利息免税的特点。

9. 外币储蓄存款

外币储蓄是指以可兑换外国货币表示的银行各种存款，是相对于人民币而言的笼统说法。目前，我国银行开办的外币储蓄包括外币活期储蓄和外币整存整取定期储蓄。外币活期存款开户起存金额为不低于人民币 20 元的等值外币。定期储蓄的开户起存金额为不低于人民币 100 元的等值外币，期限分为一个月、三个月、六个月、一年和二年五个档次。涉及的币种主要有美元、欧元、港币、日元、英镑、加拿大元、瑞士法郎、澳大利亚元等。外币存款利率按公布的个人外币储蓄利率执行，如表 2-2 所示。

表 2-2　2017 年中国银行外币存款利率表　　　　　　　　单位：年利率%

货币	活期	七天通知	一个月	三个月	六个月	一年	二年
美元	0.0500	0.0500	0.2000	0.3000	0.5000	0.7500	0.7500
*英镑	0.0500	0.0500	0.1000	0.1000	0.1000	0.1000	0.1000
*欧元	0.0050	0.0050	0.0300	0.0500	0.1500	0.2000	0.2500
日元	0.0001	0.0005	0.0100	0.0100	0.0100	0.0100	0.0100
港币	0.0100	0.0100	0.1000	0.2500	0.5000	0.7000	0.7000
加拿大元	0.0100	0.0500	0.0500	0.0500	0.3000	0.4000	0.4000
瑞士法郎	0.0001	0.0001	0.0100	0.0100	0.0100	0.0100	0.0100
*澳大利亚元	0.2375	0.2625	1.2400	1.3125	1.3250	1.5000	1.5000
新加坡元	0.0001	0.0005	0.0100	0.0100	0.0100	0.0100	0.0100

资料来源：中国银行网站（www.boc.cn）

二、储蓄计息的相关规定

（一）利息

利息是储蓄存款的唯一收入来源，这也是储蓄作为一种投资品种的根据。所谓利息，指的是借款者为取得货币资金的使用权，支付给贷款者超过借贷货币额的那一部分代价。或者说，是贷款者因暂时让渡货币资金的使用权，从借款者那里取得的超过借贷货币额的那一部分报酬。

利息收入的大小主要由存款类型、存款期限、存款金额、存款利率等因素影响。存款利率一般由中央银行确定，不同时期的利率水平是不一样的，国家有可能根据经济、金融形势进行相应的调整，如表2-3所示。

表2-3　人民币存款利率调整表（2007～2015年）　　　单位：年利率%

调整时间	活期存款	定期存款					
		三个月	半年	一年	二年	三年	五年
2007.03.18	0.72	1.98	2.43	2.79	3.33	3.96	4.41
2007.05.19	0.72	2.07	2.61	3.06	3.69	4.41	4.95
2007.07.21	0.81	2.34	2.88	3.33	3.96	4.68	5.22
2007.08.22	0.81	2.61	3.15	3.60	4.23	4.95	5.49
2007.09.15	0.81	2.88	3.42	3.87	4.50	5.22	5.76
2007.12.21	0.72	3.33	3.78	4.14	4.68	5.40	5.85
2008.10.09	0.72	3.15	3.51	3.87	4.41	5.13	5.58
2008.10.30	0.72	2.88	3.24	3.60	4.14	4.77	5.13
2008.11.27	0.36	1.98	2.25	2.52	3.06	3.60	3.87
2008.12.23	0.36	1.71	1.98	2.25	2.79	3.33	3.60
2010.10.20	0.36	1.91	2.20	2.50	3.25	3.85	4.20
2010.12.26	0.36	2.25	2.50	2.75	3.55	4.15	4.55
2011.02.09	0.40	2.60	2.80	3.00	3.90	4.50	5.00
2011.04.06	0.50	2.85	3.05	3.25	4.15	4.75	5.25
2011.07.07	0.50	3.10	3.30	3.50	4.40	5.00	5.50
2012.06.08	0.40	2.85	3.05	3.25	4.10	4.65	5.10
2012.07.06	0.35	2.60	2.80	3.00	3.75	4.25	4.75
2014.11.22	0.35	2.35	2.55	2.75	3.35	4.00	—
2015.03.01	0.35	2.10	2.30	2.50	3.10	3.75	—
2015.05.11	0.35	1.85	2.05	2.25	2.85	3.50	—
2015.06.28	0.35	1.60	1.80	2.00	2.60	3.25	—
2015.08.26	0.35	1.35	1.55	1.75	2.35	3.00	—
2015.10.24	0.35	1.10	1.30	1.50	2.10	2.75	—

资料来源：http://www.yinhang123.net/lltz/llxg/141289.html

（二）利率

利息水平的高低是由利息率来表示的。利息率简称利率，是指一定时期内利息额同本金之间的比率。利率通常以年利率、月利率和日利率来表示。年利率是以年为单位计算利息，以百分比表示；月利率是以月为单位计算利息，以千分比表示；日利率又叫"拆息"，是以天为单位计算利息，以万分比表示。为了计算方便，三种利率之间可以换算，其换算公式为

月利率＝年利率÷12

日利率＝月利率÷30

$$日利率 = 年利率 \div 360$$

在我国，习惯上不论年息、月息还是拆息都用"厘"作单位，但实际差别却很大。例如，年息5厘是指5%，即100元存款1年的利息为5元；月息6厘是指6‰，即1000元存款1个月的利息为6元；日息1厘5毫是指1.5‰，即10000元存款每日利息为1元5角。国外一般习惯用年利率，我国习惯用月利率。储蓄存款利率由国家统一规定，由中国人民银行挂牌公告。

（三）存款期限

存款期限简称存期，指的是储蓄的资金在银行存储的时间。

1. 储蓄存期天数的计算方法

不论闰年、平年，不分大月、小月，全年按360天，每月按30天计算。大月31日和30日视为一天，如30日到期于31日支取则不算作过期一天，31日到期于30日取也不视为提前一天。

2. 支取当日不计算利息

即"算头不算尾"，存款天数一律从存入日起算至取款前一天止。存入的当天计息，支取的当天不计息。例如，6月5日存入，7月10日支取，存期从6月5日算起，支取日7月10日不算，存期为34天。

3. 储蓄存款到期日，以对年、对月为准

如2010年7月20日存入，定期一年，于2011年7月20日支取。如果存入日为到期日没有的日期，以应到期月份最末一天为存款到期日。例如，2010年8月31日存入，存期为3个月，应于2010年11月31日到期，由于11月没有31日，所以到期日为11月30日。

4. 定期存款到期日恰逢银行休息日

这时，客户不能按期取款，可在储蓄机构节假日前一天办理支取或转存，手续视同提前支取，利息仍按到期支取计付。

（四）储蓄存款利息计算的有关规定

① 储蓄存款计算利息时，以元为计息单位，元以下角、分不计息。

② 储蓄存款计息计至分位，分位以下四舍五入。分段计息时，每段利息计至厘位，分段利息相加后，再四舍五入到分位。

③ 各种储蓄存款除活期（存折）季度结息可将利息转入本金生息外，其他各种储蓄不论存期如何，一律于支取时利随本清，不计复息。

④ 到期支取按开户日挂牌公告的整存整取定期储蓄存款利率计付利息。

⑤ 提前支取按支取日挂牌公告的活期储蓄存款利率计付利息。提前支取的部分按支取日挂牌公告的活期储蓄存款利率计付利息，其余部分到期时按开户日挂牌公告的整存整取定期储蓄存款利率计付利息，部分提前支取以一次为限。

⑥ 逾期支取指自到期日起按存单的原定存期自动转期。在自动转期后，存单再存满一个存期（按存单的原定存期），到期时按原存单到期日挂牌公告的整存整取定期储蓄存款利率计付利息；如果未再存满一个存期支取存款，此时将按支取日挂牌公告的活期储蓄存款利率计付利息。

⑦ 活期储蓄存款在存入期间遇有利率调整，按结息日挂牌公告的活期储蓄存款利率计付利息；定期储蓄存款在存期内如遇利率调整，仍按存单开户日挂牌公告的相应的定期储蓄存款利率计付利息。

三、储蓄存款利息的计算方法

(一) 计算储蓄存款利息的基本公式

$$利息 = 本金 \times 存期 \times 利率$$

在本金、利率确定的前提下,要计算利息就需要知道确切的存期。在现实生活中,储户的实际存期很多不是整年整月的,一般都带有零头天数,这里介绍一种简便易行的方法,可以迅速准确地算出存期,即采用以支取日的年、月、日分别减去存入日的年、月、日,其差数为实存天数。

例如:2016 年 6 月 12 日存入,2017 年 7 月 21 日支取,则存期为

$$\begin{array}{ccc} & 2017 & 7 & 21 \\ - & 2016 & 6 & 12 \\ = & 1\text{年} & 1\text{月} & 9\text{日} \end{array}$$

实际存期为 1 年 1 月零 9 天,按储蓄计息对于存期天数的规定,换算天数为:1×360(天)+1×30(天)+9,共计 399 天。如果发生日不够减时,可以支取"月"减去"1"化为 30 天加在支取日上,再各自相减,其余类推。这种方法既适用于存款时间都是当年的,也适用于存取时间跨年度的。

(二) 各储种存款利息的计算方法

1. 活期储蓄

活期储蓄的本金和存期经常变动,并且没有规律,因此计算利息时采用的是积数法,即将分段计算的积数相加后,再乘以利率得出利息的计算方法,公式为

$$日积数 = 发生额 \times 业务发生日至下一结息日的实际天数$$

$$利息 = 累计日积数 \times 支取日挂牌公告的活期存款日利率$$

2. 整存整取定期储蓄(本外币定期存款)

$$利息 = 本金 \times 存期 \times 利率$$

约定到期自动转存,按复息计算。

$$第二次应付利息 = (本金 + 第一次实付利息) \times 存期 \times 第二次利率$$

3. 零存整取定期储蓄存款

零存整取到期时以实存金额按开户日挂牌公告的零存整取定期储蓄存款利率计付利息。逾期支取时其逾期部分按支取日挂牌公告的活期储蓄存款利率计付利息。

零存整取定期储蓄计息方法有几种,一般家庭宜采用"月积数计息"方法。其公式为

$$利息 = 月存金额 \times 累计月积数 \times 月利率$$

$$累计月积数 = (存入次数 + 1) \div 2 \times 存入次数$$

据此推算一年期的累计月积数为 (12+1)÷2×12=78,以此类推,三年期、五年期的累计月积数分别为 666 和 1830。储户只需记住这几个常数就可按公式计算出零存整取储蓄的利息。

例如:某储户 2016 年 3 月 1 日开立零存整取账户,约定每月存入 100 元,定期一年,开户日该储种利率为月息 4.5‰,按月存入至期满,其应获利息为:100×78×4.5‰=35.1(元)

4. 整存零取定期储蓄

到期支取,公式为

$$每次支取本金数＝(本金÷存期总月数)×每次支取间隔月数$$

$$利息＝(开户金额＋每次支取额)÷2×约定支取次数×$$
$$每次支取间隔数月数×开户日利率$$

逾期支取，公式为

$$逾期支付利息＝逾期金额×逾期天数×支取日活期利率$$

5. 存本取息定期储蓄存款

储户于开户的次月起每月凭存折取息一次，以开户日为每月取息日。储户如有急需可向开户银行办理提前支取本金（不办理部分提前支取），按支取日挂牌公告的活期储蓄存款利率计付利息，并扣回每月已支取的利息。逾期支取时其逾期部分按支取日挂牌公告的活期储蓄存款利率计付利息。该储种利息计算方法与整存整取定期储蓄相同，是先按本金和存期算出应付利息总数，然后根据支取利息次数计算出每次应支取的利息数额。其公式为

$$利息＝本金×存期×利率$$

$$每次支取利息数＝应付利息÷支取利息次数$$

例如：某储户于 2014 年 7 月 1 日存入存本取息储蓄 1 万元，定期三年，利率为年息 5％，约定每月取息一次，其利息总额和每次支取利息额为

$$利息总额＝10000×3×5％＝1500（元）$$

$$每次支取利息＝1500÷36＝41.67（元）$$

6. 定活两便储蓄

定活两便储蓄具有定期或活期储蓄的双重性质。存期三个月以内的按活期储蓄存款利率计算，三个月以上的按同档次整存整取定期储蓄存款利率的六折计算。存期在一年以上（含一年），无论存期多长，整个存期一律按支取日定期整存整取一年期存款利率的六折计息。其公式为

$$利息＝本金×存期×相应整存整取储蓄存款利率×60％$$

因定活两便储蓄不固定存期，故支取时极有可能出现零头天数，出现这种情况适合用日利率来计算利息。

例如：某储户于 2017 年 3 月 1 日存入定活两便储蓄 1000 元，2017 年 7 月 21 日支取，应获利息多少元？

先算出这笔存款的实际存期为 140 天，应按支取日定期整存整取三个月利率（年息 3.1％）打六折计算。

$$利息＝1000 元×140 天×0.086‰（日利率）×60％＝7.23(元)$$

7. 通知存款

按存款人提前通知的期限长短划分为一天通知存款和七天通知存款两个品种，计算公式为

$$利息＝支取金额×存期×相应通知存款利率$$

8. 教育储蓄

储户凭学校提供的正在接受非义务教育的学生身份证明可以享受利率优惠，并免征储蓄存款利息所得税。一年期、三年期教育储蓄按开户日同期同档次整存整取定期储蓄存款利率计息；六年期教育储蓄按开户日五年期整存整取定期储蓄存款利率计息。

教育储蓄存款利息计算公式与零存整取定期储蓄存款相同。

 **小常识**

如何辨别人民币的真伪

直观辨别人民币真伪的方法，可归纳为"一看、二摸、三听、四测"。

"一看"：一是看水印，对人民币迎光照看，10元以上人民币纸币可在水印窗处看到人头像或花卉水印，5元纸币是满版古币水印。二是看安全线，第四套人民币1990版50元、100元钞票在币面右侧有一条清晰的直线。假币的"安全线"或是用浅色油墨印成，模糊不清；或是手工夹入一条银色塑料线，容易在币纸边缘发现未经剪齐的银白色线头。第五套人民币的安全线上有微缩文字，假币仿造的文字不清晰，线条容易抽出。三是看钞面图案色彩是否鲜明、线条是否清晰、对接线是否对接完好，无留白或空隙。如下图所示。

"二摸"：由于5元以上面额人民币采取凹版印刷，线条形成凸出纸面的油墨道，特别是在盲文点、"中国人民银行"字样、第五套人民币人像部位等。用手指触摸这些地方，有较鲜明的凹凸感，较新钞票用手指划过，有明显阻力。目前收缴到的假币是用胶版印刷的，平滑、无凹凸感。

"三听"：人民币纸张是特制纸，结实挺括，较新钞票用手指弹动会发出清脆的响声。假币纸张发软、偏薄，声音发闷，不耐揉折。

"四测"：用简单仪器进行荧光检测，一是检测纸张有无荧光反映，人民币纸张未经荧光漂白，在荧光灯下无荧光反映，纸张发暗。假币纸张多经过漂白，在荧光灯下有明显荧光反映，纸张发白发亮。二是人民币有1～2处荧光文字，呈淡黄色，假人民币的荧光文字色泽不正，呈惨白色。

第三节
储蓄理财的策略与技巧

一、个人储蓄的动机

所谓储蓄动机是指居民为什么而储蓄，即居民储蓄的目的或目标，它决定了人们的储蓄行为。由于每个家庭或个人的经济收入以及消费结构各不相同，安排在即期、近期和远期的消费以及节余能力也因人而异，这就决定了不同人群在不同时期进行储蓄的目的各不相同。概括起来，个人或家庭的储蓄动机主要包括以下几种。

1. 预防动机

在中国人的传统观念中,始终存在着较强的生活预防动机,人们需要为将来生活中可能出现的变数提早做好防备,比如失业、收入减少、子女上学、老人生病等,都需要有一定的积蓄和储备,才能在意外情况出现的时候有所接济。虽然从时间价值上看,5年后100元的消费可能抵不上现在的90元,但是人们需要把钱暂时储蓄起来以备不时之需。这种为"天有不测风云"而进行的储蓄被称为预防性储蓄。

2. 积累动机

对一个普通家庭而言,在收入固定的前提下必须先保证基本生活资料的支出,如购买汽车等高档消费品或筹集住房、子女升学及嫁娶等费用,往往需要通过长时间的财富积累才能实现。出于这种动机的考虑,人们往往通过银行储蓄聚少成多,逐步积累,最终实现储蓄目标。

3. 增值动机

在个人或家庭闲钱较多,不想购置东西,也没有特定的用途,短期内派不上用场,这种情况下人们参储带有储蓄财富的性质。因此,人们往往选择一些期限较长、利息较高的定期储蓄种类。虽然银行存款收益率较低,但毕竟风险较小,对于一些保守的投资者来说,这也是使闲置的货币得以增值的好方法。

二、储蓄理财的原则

1. 留足现金原则

储蓄来源于家庭闲置的收入和货币,是家庭日常生活开支后的节余。因此应该留足日常开支使用的现金,在不影响日常支出的情况下安排储蓄。

2. 建立目标原则

储蓄是一项长期的投资规划,因此应该事先建立储蓄理财目标。通过制订自己近年内的储蓄数额目标,确定平时的储蓄数额。

3. 储蓄优先原则

在每月领到薪金后,首先将钱存入银行,这有利于抑制消费欲望,培养强制储蓄的习惯,从而有效地控制支出。

4. 利率比较原则

各种储蓄种类有各自的特点,储户要根据自己储蓄的用途和目的,按照各种储蓄利率的不同,采用"长短结合、统筹兼顾"的方法,尽量增加利息收益。

5. 连续性和长期性原则

储蓄贯穿着人的一生,只要日积月累就一定能有一笔可观的积蓄。当然,理财就意味着善用钱财,要根据自己的理财规划,做到适度消费,乐于享受钱财,乐于享受生活,去赢得身心的健康,去获得人生的乐趣。

三、储蓄理财的方法

储蓄是比较简单也是风险较低的一种理财方式,几乎每个家庭都在使用。或许大多数人都认为,储蓄方法只有两种:定期和活期。其实不然,储蓄也有技巧,存款方式灵活多样。储户如果能根据自己的财务状况选择适宜的储蓄方式,或将其进行有序组合、合理配置,便能获得一些意想不到的收益。下面为大家介绍几种实用的储蓄方法。

1. 阶梯储蓄法

阶梯储蓄法是将资金分成若干份，分别存在不同的账户里，或在同一账户里设定不同存期的储蓄方法。存款期限最好是逐年递增的。这种方法既可获取高息，又不影响资金的灵活使用。

具体方法为：假定准备储蓄 5 万元，可分成 5 个 1 万元，分别开设 1 年期存单、2 年期存单、3 年期存单、4 年期存单（即 3 年期加 1 年期）、5 年期存单各 1 个。1 年后，就可以用到期的 1 万元，再去开设 1 个 5 年期存单。以后每年如此。5 年后，手中所持有的存单全部为 5 年期，只是到期年限不同，依次相差 1 年。由于每年都有 1 万元到期，这样每年需要钱的话，可以只动一个账户，避免提前支取带来的利息损失。这种储蓄法具有较强的计划性和灵活性，既能应对存款利率调整，又能获取相对较高的定期存款利率。

2. 月月储蓄法

又称"12 张存单法"，即每月存入一笔钱，每笔钱的存款期限相同（比如都存一年期），一年下来就会有 12 张一年期的存单。这样，从第二年起，每月都会有一张存单到期，有需要可支取，不需要可自动续存。这种方法是阶梯储蓄法的延伸和拓展，不仅能很好地聚集资金，又能最大限度地发挥储蓄的灵活性，即使急需用钱，也不会有太大的利息损失。

具体方法为：假如你每月固定拿出 1000 元来储蓄，每月开一张 1 年期存单。当存足一年后，手中便会有 12 张存单，而这时第一张存单到期。把第一张存单的利息和本金取出，与第二年第一个月要存的 1000 元相加，再存成 1 年期定期存单。依此类推，手中便时时会有 12 张存单。一旦需要用钱，只要支取近期所存的存单就可以了。这种方法既能减少利息损失，又能解燃眉之急。而且，在利率变动较为频繁的时段中，一个月一次的定期存款也较为灵活，可以根据利率高低适时调整。另外，在办理定存时，每张存单都开通自动转存业务，就可免去存单到期后每月跑银行的麻烦，适用于每月有固定金额节余而又无暇理财的工薪阶层。

3. 四分储蓄法

假设现在你手中有 1 万元现金，打算年内出去旅游一次，但用钱的具体金额、时间并不确定。为了让这 1 万元钱尽可能获取"高利"，可选择四分储蓄法，即把资金分别存成四张存单，但金额一个比一个大，呈金字塔状，故这种方法又称"金字塔"法。对于在一年之内会用到，但不确定何时用、一次用多少的小数额闲置资金来说这种储蓄法最实用。因为金额较少的活期账户不仅利息少得可怜，还可能随着金融市场波动而越变越少。用四分法进行定期储蓄，不仅利息会比存一笔活期储蓄高得多，到用钱时也能以最小损失取出需要的数额。

具体方法为：假设你有 1 万元现金，把它分成金额不同的四份——1000 元、2000 元、3000 元、4000 元，然后分别存成四张一年期的定期存单。这样可以在急需用钱时，取出与所需数额最接近的那张定期存单，避免只需取小数额钱却不得不动用大额存单的弊端。这样既满足了用钱需求，又最大限度地得到了高额利息。

4. 组合储蓄法

又称"利滚利"储蓄法，是将一笔存款的利息取出来，以"零存整取"的方式储蓄，让利息"生"利息，是"存本取息"方式与"零存整取"方式相结合的一种储蓄方法。

具体方法为：假如现在你有 3 万元现金，你可以先把它存成存本取息储蓄。一个月后，取出存本取息储蓄的第一个月利息，再用这第一个月利息开个零存整取储蓄账户。以后每月把利息取出后，都存到这个零存整取储蓄账户上。这样不仅得到了利息，而且又通过零存整取储蓄使利息又生利息。这种储蓄法在保证本金产生利息之外，又能让利息再产生利息，让储户的每一分钱都充分滚动起来，使其收益达到最大化。只要长期坚持，相信能带来较为丰厚的回报。

5. 交替储蓄法

如果手上闲钱较多，一年之内不会用到，用交替储蓄法会更方便。

具体方法为：假设你有3万元现金，把它平均分成2份（各1.5万元）分别存成半年和1年的定期存款。半年后，把其中到期的那一笔改存成1年定期，并将两份1年期存款都设定成自动转存（即存款到期后如果你不取出，就会自动延长一个储蓄周期）。这样交替储蓄，循环时间为半年，在每个半年时间到期后需要用钱时，你都会有到期的存单可以支取。

四、办理储蓄的注意事项

虽然绝大多数人都认为银行储蓄是最为安全稳妥的投资理财方式，但如果我们在平时的日常生活中对储蓄不加注意的话，也有可能遇到很大的麻烦，甚至遭受一定的损失。所以，为了保护自己的合法权益，我们在进行储蓄时应注意以下事项。

一是存款实名。所谓存款实名指的是储户存折或存单上的姓名要与自己合法证件上的名字保持一致。因为这是反映储蓄存款究竟归谁所有的真实凭据。万一存单或存折遗失，储户须持与存单或存折上的户名一致的身份证件才能向银行申请挂失。如果使用化名，储户与银行间原有的债权债务关系则不再受法律保护。需待银行、公安部门进一步核实后，才可重新确定此种关系。

二是认真检查。现在，随着科学技术手段的进步，几乎所有的银行都采用电脑记账、打单。这样一来，就有可能因为电脑故障等多种原因而造成差错。所以，储户必须认真检查银行开出的存单或存折打印出的户名、存期、金额等是否清晰正确，以及存单、存折上的公章、私章是否齐全，如有差错，应及时要求银行更正。千万不能等到回家以后才发现问题，这时候就不容易说清楚了，从而很容易与银行发生纠纷。

三是记录要素。储户应准确及时地记录好存单或存折上记载的各项要素。如户名、账号、存款种类、存入日期、存款银行地址或名称。这样，万一存单、存折遗失或被盗时储户可凭记录向银行提供存单或存折的要素，以便银行迅速找到记录并在挂失时有据可查。

四是分开保管。储户应分开保管存单或存折、身份证及印章。此外，也应将记录存单或存折要素的笔记本与存单、存折分开保管。

五是及时挂失。储户一旦发现存单、存折被盗或遗失，应及时带上身份证件，到存款开户的储蓄机构申请挂失，5日之内及时补办书面申请。

六是预留密码。储户应尽量采用存单加密码存储的方式。密码只要自己记住，即使存单被盗，小偷也无法取款。另外，在选择密码时尽量不要采用自己的生日、身份证号码、工作证号码或手机号码等数字作为密码，因为这些数字比较容易被破译，一旦被别人掌握，存款就有可能被冒领。

 小常识

储蓄理财的"五W"原则

"五W"原本是一句新闻专业术语，代表新闻的五个要素。其实，随着人们理财观念的改变，居民不妨按照"五W"原则，对银行储蓄存款进行合理安排。

为什么要存款（Why），也就是存款的用途。一般情况下，居民存款的目的无非是攒钱应付日常生活、购房、购物、子女上学、生老病死等预期开支。存款之前应首先确定存款的用途，以便"对症下药"，准确地选择存款期限和种类。

存什么（What），日常生活的费用，需随存随取，可选择活期储蓄。对长期不动的存款，根据用途合理确定存期是理财的关键。因为，存期如果选择过长，万一有急需，办理提前支取会造成利息损失；如果过短，则利息率低，难以达到保值、增值的目的。对于一时难以确定用款日期的存款，可以选择通知存款，该储种存入时不需约定存期，支取时提前一天或七天通知银行，称为一天和七天通知存款，利率远高于活期利息。

什么时候存（When），利率相对较高的时候是存款的好时机；利率低的时候则应多选择凭证式国债或中、短期存款的投资方式。对于记性不好，或去银行不方便的客户，还可以选择银行的预约转存业务，这样就不用记着什么时候该去银行，存款会按照约定自动转存。

在何处存（Where），如今银行多过米铺，选择到哪家银行存款非常重要。一是从安全可靠的角度去选择，具备信誉高、经营状况好等基本条件的银行，存款的安全才会有保障。二是从服务态度和硬件服务设施的角度去选择。三是从储蓄所功能的角度去选择，如今许多储蓄所在向"金融超市"的方向发展，除办理正常业务外，还可以办理缴纳话费、水费、煤气费及购买火车票、飞机票等业务，选择这样的储蓄所会给家庭生活带来便利。

什么人去存（Who），夫妻双方对理财的认识和掌握的知识不同，会精打细算、擅长理财的一方，应作为和银行打交道的"内当家"。同时，如今许多银行开设了个人理财服务项目，还可以把钱交给银行，让银行为自己理财。

本章小结

① 储蓄的概念有广义与狭义之分。广义的储蓄是指一个国家或者地区一定时期的国民收入中未被消费的部分；狭义的储蓄通常被理解为居民个人在银行或者其他金融机构的存款。

② 我国现行的储蓄种类有很多，不同的储蓄品种有各自的特点，其利息的计算方法也不尽相同，在储蓄规划时要充分了解各储种的特点。

③ 本章介绍了几种比较实用的储蓄理财方法，不同的家庭可以结合自己的实际情况参考选择适用于自己的储蓄方式。

思考题

1. 为什么要进行储蓄规划？
2. 我国目前的储蓄种类有哪些？
3. 各种储蓄种类如何计算利息？
4. 你将如何选择适用于自己的储蓄方式？
5. 案例思考题

负利率时代如何投资

近年国内货币市场类投资收益率不断走低。从银行存款来看，数次降息后，央行基准年利率活期为 0.35%，一年定期为 1.5%，随着物价的不断上涨，银行存款收益已无法跑赢物价，存在银行的钱正在缩水，国内正处于负利率时代。

但随着 e 租宝、大大理财等事件的曝光，P2P 理财风险问题日益浮出水面，不少投资人都直呼靠谱的高收益渠道难寻。过于保守，就会让资产躺在银行缩水；过于激进，资产则会出现较大损失，当前有哪些投资方式可以抵抗通胀？

实际负利率考验投资选择

2016 年 4 月份 CPI 同比上涨 2.3%，这已经是去年 12 月以来，我国居民消费价格指数（CPI）连续 5 个月超过一年定期存款基准利率 1.5%，即便银行存款利率上浮 40%，也只有

2.1%，仍赶不上通胀水平。

融360监测的数据显示，国有五大行一年期定期存款大部分上浮16.67%，三个月以内定期存款利率最高上浮为22.7%，其余存款期限利率最低上浮均在20%以内，部分银行甚至没有上浮，维持在基准利率上。股份制商业银行的存款利率在大部分城市要高于国有五大行及邮储银行，其中浦发银行利率最高上浮33.3%，但是和2015年第四季度相比，股份制商业银行的存款利率上浮幅度明显降低。

银率网数据库也统计显示，2015年10月降息之后，五大国有商业银行的一年期存款利率大部分上浮16.67%，为1.75%；股份制银行，除了招商银行同五大国有商业银行保持一致为1.75%外，其他9家统一上浮33.33%，一年期定期利率达2%。而目前银行发行的大额存单，一年定期最高也仅为基准利率上浮40%至2.1%。

据国家统计局数据，2015年12月CPI为1.6%，2016年1月CPI达到1.8%，2月开始CPI达到2.3%，比国有大行上浮后的一年期基准利率高出0.55个百分点，比股份制银行一年期存款利率高出0.3个百分点。这意味着我国当前已进入了实际负利率时代。

记者粗略算了一笔账，假设存款10万元，而全年CPI在2.3%左右，按照国有大行一年期定期存款利率1.75%来计算，扣除通胀效应后的实际利率约为负0.55%。这意味着，10万元存一年，实际价值不仅没增长，购买力还缩水约500多元。

银率网分析师通过精确计算指出，10万元存款到期本息合计为101750元，对到期本息扣除通胀效应，101750÷1.023等于99462.37，即一年后的101750元仅相当于现在的99462.37元，购买力实际上还缩水537.63元。同理，即便按照股份制银行一年期存款利率2.00%来计算，10万元存款到期本息合计为102000元，扣除通胀效应后，10.2万元的购买力也仅相当于现在的99706.74元，到期实际上是购买力缩水293.26元。

资料来源：中国网

思考：在负利率时代，如何进行储蓄理财？

第三章

CHAPTER 3

股票投资

案例导入

"为什么要买股票？"回答这个问题之前，先得回答另一个问题："为什么要投资理财？"所谓的生活，不就是找个好工作、努力赚钱、减少不必要的开支，然后王子与公主就能一生幸福快乐吗？理财劳心又劳神，何必理财？——因为，只有学会聪明理财，才能帮助我们创造美好生活。当然，任何一种投资工具都有其风险与报酬。报酬率越高者，风险性也较高。以一般保守的投资人最爱的定期存款来说，定存每年的报酬率大约都在5%以下，不过却少有风险。至于期货、房地产就属于高报酬高风险的投资工具了。股票市场容易赚钱，但也容易亏钱，也就是风险很高，入市前做好理论及心理准备是非常有必要的。这一章，我们主要学习股票投资的相关知识。

关键词：股票、股票投资、分析、投资策略

第一节　股票概述

一、股票概念

股票是一种有价证券，是股份公司在筹集资本时向出资人公开或私下发行的、用以证明出资人的股本身份和权利，并根据持有人所持有的股份数享有权益和承担义务的凭证。股票代表着其持有人（股东）对股份公司的所有权，每一股同类型股票所代表的公司所有权是相等的，即"同股同权"。股票可以公开上市，也可以不上市。在股票市场上，股票也是投资和投机的对象。

简单来讲，股票是一家公司的股权——你可以购买这家公司的一份或若干份股权，每一份股权就是一张股票。如果公司赢利（赚钱），你就可以根据自己所拥有的股份数量，从公司的利润中分得一部分。你的股份越少，分到的利润就越少，而股份越多，分到的利润就越多。如果这家公司亏损，那么你所持有的股票就会贬值。

股票的特征

1. 收益性

收益性是股票最基本的特点。投资者或公司的发起人之所以愿意出资成为公司的股东，就是因为股票能为其带来收益，如果股票不具有收益性，将不会有人愿意持有股票，那么股份公司也不可能通过发行股票而筹集到资金了。股票的收益性体现在两个方面。首先，股东凭其持有的股票，有权从公司领取股息或红利，获取投资的收益。股息或红利来源于公司的净利润，股息或红利的大小，主要取决于公司的赢利水平和公司的赢利分配政策。上市公司对利润的分配顺序如下：偿还债务、纳税、弥补亏损、提取法定公积金、提取任意盈余公积金、分配优先股股息、向普通股股东分配股利，表 3-1 给出了 2012~2016 年度累计分红总额排名前三十位上市公司的数据。股票的收益性，还表现在股票投资者可以获得价差收入或实现资产保值增值。股票的价格是个变量，股价往往受到供求关系、宏观政策、行业消息、公司盈利能力、投资者心理因素等影响而上下波动。如果能够把握机会，低价买入高价卖出，投资者则可以赚取价差利润。以贵州茅台公司的股票（见图 3-1）为例，如果在 2014 年

图 3-1 贵州茅台股价走势

3月底投资100000元以每股151元买入该公司股票，到2017年11月16日以每股719元的市场价格卖出，利润率高达376%。另外在通货膨胀时，股票价格会随着公司原有资产重置价格上升而上涨，从而避免了资产贬值，股票通常被视为在高通货膨胀期间可优先选择的投资对象。

2. 风险性

和收益相对的是风险。风险指的是获得收益的不确定性。确定的事物无风险，不确定的事物皆有风险。把钱存在银行也会面临银行倒闭或利率下跌的风险。风险既然指的是获得收益的不确定性，那么股票的风险也就体现在以下几点。

（1）分红方面　公司分红的基础是净利润，公司赢利能力强，分红的可能性就大且数量高；赢利能力差，分红的可能性就差或数量低；公司若破产，那投资者手中的股票就成了废纸一堆。实际上，在我国三千多家上市公司中，并不是所有公司在任何会计期间的净利润都是正数，2016年三季报亏损的有363家，占上市公司总数的12.21%，2016年半年报这两个数据为401家和13.69%，2015年三季报为463家和16.54%。表3-2给出了2015年净利润亏损排名前二十五位上市公司的数据。如果公司亏损，必然不会分红，那么那些赢利的公司是否必然会分红呢？答案是否定的，其中有金杯汽车公司连续十五年未分红，同力水泥公司连续十年未分红，洛阳玻璃公司连续十二年未分红等。最后，那些净利润为正且决定分红的公司，分红的数目差异也很大，从表3-3中可以看出，不同的公司分红差距可能达到10倍之多。

表3-1　2012～2016年度累计分红总额排名前三十位上市公司统计表　单位：亿元

排名	证券代码	证券名称	2012	2013	2014	2015	2016	合计
1	601398.SH	工商银行	835.65	919.58	910.26	831.50	—	3,496.99
2	601939.SH	建设银行	670.03	750.03	752.53	685.03	—	2,857.63
3	601288.SH	农业银行	508.30	574.89	591.13	541.76	—	2,216.07
4	601988.SH	中国银行	488.51	547.55	548.59	515.18	—	2,099.83
5	601857.SH	中国石油	518.97	583.20	482.28	159.83	38.99	1,783.27
6	600028.SH	中国石化	266.15	280.10	238.29	181.61	95.65	1,061.80
7	601328.SH	交通银行	178.23	193.08	200.51	200.51		772.33
8	600036.SH	招商银行	135.93	156.36	168.97	174.02		635.29
9	601088.SH	中国神华	190.94	181.00	147.18	63.65		582.77
10	600104.SH	上汽集团	66.15	132.31	143.33	149.95		491.74
11	600000.SH	浦发银行	102.59	123.11	141.21	101.21		468.13
12	601166.SH	兴业银行	72.40	87.64	108.60	116.22		384.86
13	601628.SH	中国人寿	39.57	84.79	113.07	118.71		356.14
14	600016.SH	民生银行	85.10	73.18	65.66	85.74	41.96	351.64
15	601998.SH	中信银行	70.18	117.91	—	103.74		291.83
16	601318.SH	中国平安	35.62	51.45	65.49	96.89	36.56	286.01
17	601818.SH	光大银行	23.45	80.29	86.82	88.69		279.25
18	601006.SH	大秦铁路	57.98	63.93	71.36	66.90		260.17
19	000651.SZ	格力电器	30.08	45.12	90.24	90.24		255.67
20	600900.SH	长江电力	54.71	46.27	62.55	78.53	—	242.06

续表

排名	证券代码	证券名称	2012	2013	2014	2015	2016	合计
21	600519.SH	贵州茅台	66.64	45.41	49.95	77.52	—	239.52
22	600011.SH	华能国际	29.52	53.41	54.80	71.44	—	209.17
23	601601.SH	中国太保	31.72	36.25	45.31	90.62	—	203.90
24	000002.SZ	万科A	19.81	45.16	55.19	79.48	—	199.64
25	601668.SH	中国建筑	31.50	42.90	51.60	60.00	—	186.00
26	000895.SZ	双汇发展	14.85	31.91	31.25	41.24	29.70	148.95
27	600015.SH	华夏银行	32.19	38.74	38.74	38.79	—	148.45
28	600030.SH	中信证券	33.05	16.53	34.15	60.58	—	144.31
29	600018.SH	上港集团	30.49	28.90	35.04	35.69	—	130.12
30	000333.SZ	美的集团	—	33.73	42.16	51.21	—	127.09

数据来源：Choice市值风云数据可视化研究院

表3-2 2015年净利润亏损排名前二十五位上市公司

代码	名称	净利润（万元）
600005.SH	武钢股份	−751480.18
600307.SH	酒钢宏兴	−736387.36
601005.SH	重庆钢铁	−598724.80
002608.SZ	*ST舜船	−545040.34
600808.SH	马钢股份	−480429.97
000898.SZ	鞍钢股份	−459300.00
601558.SH	华锐风电	−445226.98
600058.SH	五矿发展	−395300.40
000825.SZ	太钢不锈	−371139.76
600010.SH	包钢股份	−330632.91
000761.SZ	本钢板材	−329362.45
601225.SH	陕西煤业	−298854.16
000932.SZ	华菱钢铁	−295895.38
601866.SH	中海集运	−294911.40
600432.SH	吉恩镍业	−286952.00
601989.SH	中国重工	−262148.45
600725.SH	云维股份	−260033.18
000717.SZ	*ST韶钢	−259550.05
601918.SH	国投新集	−256116.40
600569.SH	安阳钢铁	−255062.26
601898.SH	中煤能源	−252008.90
600581.SH	*ST八钢	−250862.50
600675.SH	*ST中企	−248707.27
600282.SH	南钢股份	−243242.59

数据来源：中国产业研究院网站

表 3-3　上市公司分红情况表

股票代码	股票简称	公司名称	税前每股红利	税后每股红利	股权登记日
600498	烽火通信	烽火通信科技股份有限公司	0.340	0.340	2017-07-20
600266	北京城建	北京城建投资发展股份有限公司	0.280	0.280	2017-07-20
600395	盘江股份	贵州盘江精煤股份有限公司	0.240	0.240	2017-07-20
600687	刚泰控股	甘肃刚泰控股(集团)股份有限公司	0.035	0.035	2017-07-20
600590	泰豪科技	泰豪科技股份有限公司	0.120	0.120	2017-07-20
600999	招商证券	招商证券股份有限公司	0.189	0.189	2017-07-20
601965	中国汽研	中国汽车工程研究院股份有限公司	0.150	0.150	2017-07-20
600642	申能股份	申能股份有限公司	0.220	0.220	2017-07-20
600705	中航资本	中航资本控股股份有限公司	0.067	0.067	2017-07-20
600616	金枫酒业	上海金枫酒业股份有限公司	0.050	0.050	2017-07-19
600446	金证股份	深圳市金证科技股份有限公司	0.085	0.085	2017-07-19
600677	航天通信	航天通信控股集团股份有限公司	0.020	0.020	2017-07-19

数据来源：上海证券交易所网站

(2)股价方面　上市公司的股票在交易市场上作为交易对象,同商品一样,有自己的市场行情和市场价格。由于股票价格要受到诸多因素的影响,其波动有很大的不确定性。正是这种不确定性,才有可能使股票投资者遭受损失。2017年上半年,A股有多支股票价格出现断崖式下跌,其中高管减持、操盘手恶意打压和股民恐慌是主要原因,如果不合时机地在高价位买进这类股票,就会遭受严重损失。图3-2的股票兴民智通(002355)就经历了典型的断崖式下跌。股价波动的不确定性越大,投资风险也越大,一般情况下,大多数不具备丰富投资经验的投资者都很难准确判断出自己所买股票的价格走势。因此,股票是一种高风险的金融产品。

3. 参与性

股东有权出席股东大会,选举公司董事会,参与公司重大决策。股票持有者的投资意志和享有的经济利益,通常是通过出席股东大会来行使股东权。股东参与公司决策的权利大小,取决于所持有的股份的多少。从实践中看,只要股东持有的股票数量达到左右决策结果所需的实际多数时,就能掌握公司的决策控制权。股东无论大小都可参与股东大会,小股东可通过网络关注股东大会及投票,具体留意上市公司公告,在交易软件及一些财经网站上都可以查询到公司召开股东大会的具体事项。图3-3是某上市公司召开股东大会的公告,投资者可随时通过交易软件查询。

4. 流通性

股票的流通性是指股票在不同投资者之间的可交易性。流通性通常以可流通的股票数量、股票成交量以及股价对交易量的敏感程度来衡量。可流通股数越多,成交量越大,价格对成交量越不敏感(价格不会随着成交量一同变化),股票的流通性就越好,反之就越差。股票的流通,使投资者可以在市场上卖出所持有的股票,取得现金。通过股票的流通和股价的变动,可以看出人们对于相关行业和上市公司的发展前景和盈利潜力的判断。那些在流通市场上吸引大量投资者、股价不断上涨的行业和公司,可以通过增发股票,不断吸收大量资本进入生产经营活动,收到了优化资源配置的效果。"换手率"是衡量股票流通性好坏的一个指标,换手率高,进出市场比较容易,不会出现想买买不到,想卖卖不出的现象,具有较强的变现能力。不过换手率较高的股票,往往也是短线资金追逐的对象,投机性较强,股价起伏较大,风险也相对较大。

5. 永久性

股票所载有的权利的有效性是始终不变的,因为它是一种无限期的法律凭证。股票的有效期与股份公司的存续期间相联系,两者是并存的关系。只要投资者持有股票,且股份公司一直存在,那么投资者股东的身份就永远存在,除非公司破产或将股票卖出。股票的有效期与公

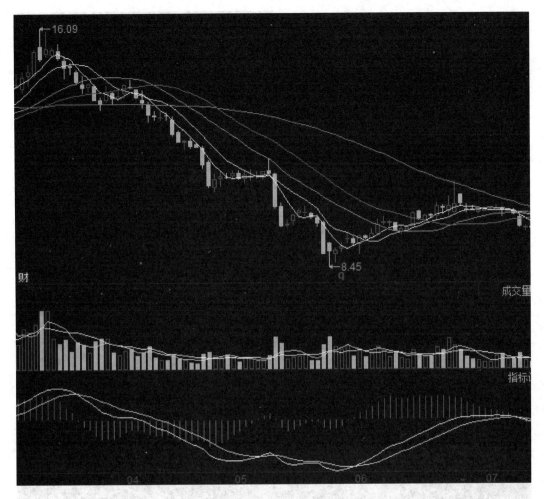

图 3-2 兴民智通(002355)股价走势图

司的合法续存期间相联系,两者是并存的关系。股票这种永久性的特点,使得投资者必须明白,自己持有的股票一旦出现持续性下跌,而自己又没有及时止损,那只能忍痛割肉或长期持有以等待上涨,是不能退还给股份公司的。

案例:股票分红派息的四个重要日期以及除权除息

分红派息是指上市公司向其股东派发红利和股息的过程,也是股东实现自己权益的过程。分红派息主要有现金股利和股票股利两种。在分红派息前夕,持有股票的股东一定要密切关注与分红派息有关的 4 个日期,这 4 个日期如下所示。

① 股息宣布日,即公司董事会将分红派息的消息公布于众的时间。

② 股权登记日,即统计和确认参加本期股息红利分配的股东的日期,在此期间持有公司股票的股东方能享受股利发放。

③ 除权除息日,通常为股权登记日之后的一个工作日,本日之后(含本日)买入的股票不再享有本期股利。

④ 发放日,即股息正式发放给股东的日期。根据证券存管和资金划拨的效率不同,通常会在几个工作日之内到达股东账户。

投资者需密切关注交易软件里上市公司的公告。打开交易软件,点击个股便可在页面看到公告,如图 3-4 所示。

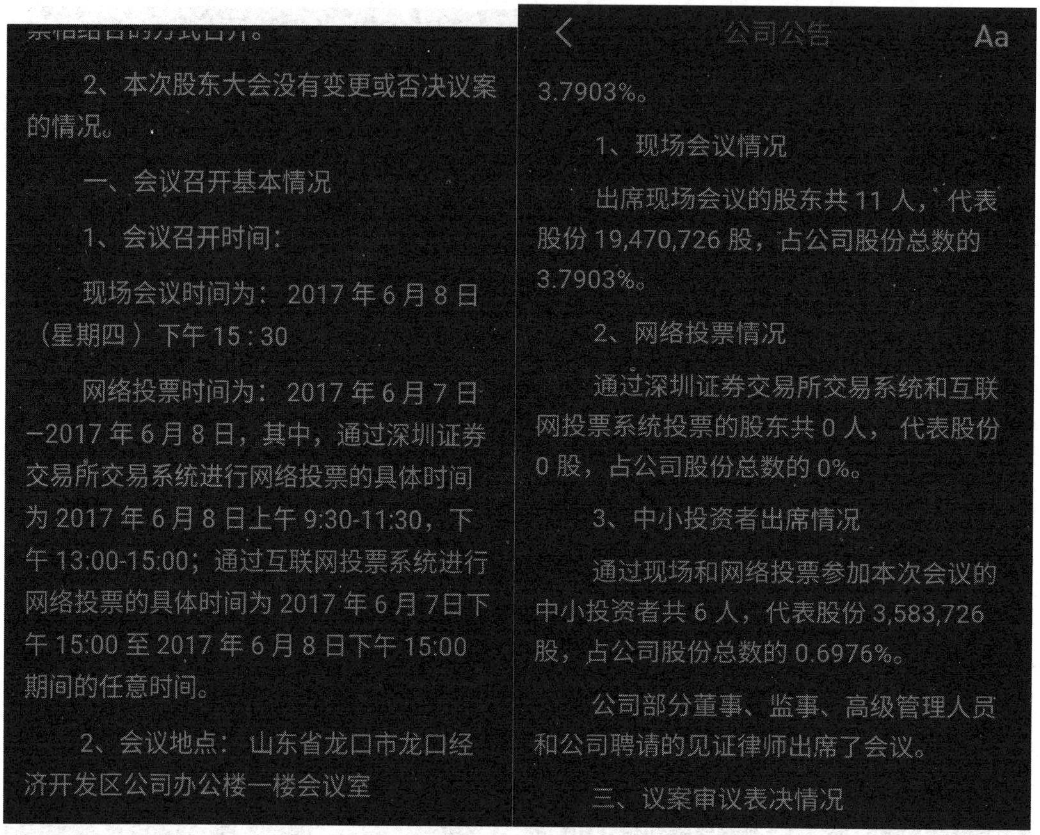

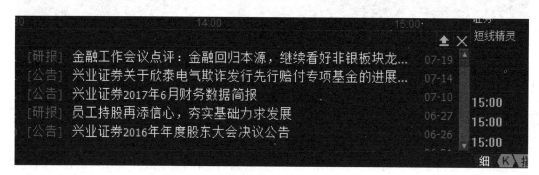

图 3-3 某上市公司关于召开股东大会的公告

图 3-4 某上市公司年度股东大会决议公告

若想了解该股历史分红情况,则点击个股资料—分红融资,如图 3-5 所示。

因发放股票股利而向下调整股价就是除权(股票前标注 XR),因发放现金股利而向下调整股价就是除息(股票前标注 XD)。

除权或除息的产生是因为投资人在除权或除息日之前与当天购买者,两者买到的是同一家公司的股票,但是内含的权益不同,显然相当不公平。因此,必须在除权或除息日当天向下调整股价,成为除权或除息参考价。

除权参考价的计算:

当公司发放股票股利时,流通在外的股数增多,但发放股票前后,公司整体价值不变,但股数增多了,所以在除权后,每股价值就会下降,成为除权参考价。

除权参考价=前一交易日该股票收盘价/(1+配股率)

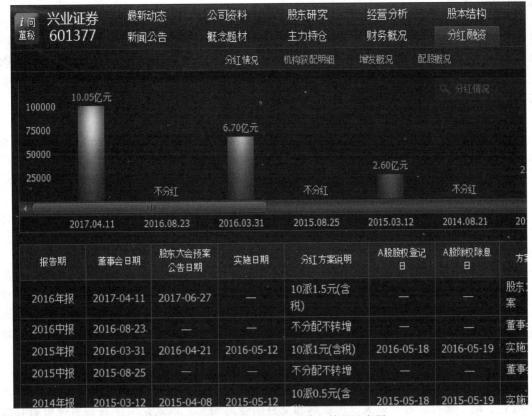

图 3-5 某上市公司股票历史分红情况示意图

例如：B 公司决定于 7 月 15 日发放股票股利 500 股（即配股率为 50%）。7 月 14 日的收盘价为 150 元。那么在 7 月 15 日除权当天的参考价将为 [150/(1+0.5)]=100（元）。

在除息日要计算除息价格。股票除息的计算公式为

除息价＝除息日前一交易日收盘价－每股股息

如果送股、转增股、配股和除息同时进行，则在除权除息日要计算除权除息价。其计算方法是在除权价计算公式的分子中减去每股股息。

例如：A 公司决定于 8 月 7 日除息，发放现金股利 3 元。8 月 6 日收盘价为 50 元，那么在 8 月 7 日的开盘参考价将为 (50-3) 元，为 47 元。

既除权又除息的参考价计算：

现在很多公司在发放股利时，会采取配股加配息的方式。

除权(息)价＝(前收盘价－现金红利＋配股价格×流通股份变动比例)/(1+流通股份变动比例)

例如：某公司 10 派发现金红利 1.50，同时按 10 配 5 的比例配股，配股价 6.40，若公司股票除权除息日前收盘价为 11.05，则除权报价＝(11.05-0.15+6.40×0.5)/1.5=9.40。

（二）股票的分类

按照不同的分类方法，股票可以分为不同的种类。

（1）按股东的权利分类　可分为普通股、优先股及两者的混合等多种。普通股的收益完全依赖公司赢利的多少，因此风险较大，但享有优先认股、盈余分配、参与经营表决、股票自由转让等权利。优先股享有优先领取股息和优先得到清偿等优先权利，但股息是事先确定好的，不因公司赢利多少而变化，一般没有投票及表决权，而且公司有权在必要的时间收回。优先股还分为参与优先和非参与优先、积累与非积累、可转换与不可转换、可回收与不

可回收等几大类。

（2）按票面形式分类　可分为有面额、无面额及有记名、无记名四种。有面额股票在票面上标注出票面价值，一经上市，其面额往往没有多少实际意义；无面额股票仅标明其占资金总额的比例。我国上市的都是有面额股票。记名股票将股东姓名记入专门设置的股东名簿，转让时须办理过户手续；无记名股票的名字不记入股东名簿，买卖后无须过户。

（3）按股票发行公司的绩效分类　可分为蓝筹股和垃圾股。

蓝筹股是指具有稳定的盈余记录，能定期分派较优厚的股息，被公认为业绩优良的公司的普通股票，又称为"绩优股"。"蓝筹"一词源于西方赌场。在西方赌场中，有三种颜色的筹码，其中蓝色筹码最为值钱，红色筹码次之，白色筹码最差，投资者把这些行话套用到股票投资中。

垃圾股是指业绩较差的公司的股票。这类上市公司或者由于行业前景不好，或者由于经营不善等，有的甚至进入亏损行列。其股票在股市上表现为萎靡不振，股价走低，交投不活跃，年终分红差等。

但绩优股和垃圾股不是天生的和绝对的。绩优股公司决策失误，经营不当，其股票可能沦为垃圾股，而垃圾股公司经过资产重组和经营管理水平的提高，抓住市场热点，打开中场局面，也可能将其股票变为绩优股。股票市场中绩优股和垃圾股并存的格局，也警示着上市公司，上市公司并不意味着从此高枕无忧，股票市场容不得滥竽充数，是绩优股还是垃圾股，也依赖于上市公司本身的努力。

（4）按股票发行和交易市场分类　可分为A股、B股、H股、N股、S股等。

A股又名人民币普通股票。它是由我国境内的公司发行，供境内机构、组织或个人（不含台、港、澳投资者）以人民币认购和交易的普通股票。也就是大多数普通投资者日常所买卖的股票。

B股又名人民币特种股票，它是以人民币标明面值，以外币认购和买卖，在境内（上海、深圳）证券交易所上市交易的特种股票。深圳是以港币交易，上海是以美元交易。它的投资人限于：外国的自然人、法人和其他组织，我国香港、澳门、台湾地区的自然人、法人和其他组织，定居在国外的中国公民。中国证监会规定的其他投资人（现在境内居民个人也可买卖B股）。现阶段B股的投资人，主要是上述几类中的机构投资者。B股公司的注册地和上市地都在境内，只不过投资者在境外或在我国香港、澳门及台湾地区。

H股即注册地在内地、上市地在我国香港的外资股。香港的英文是Hong Kong，所以也称H股，如腾讯控股（00700）。

N股一般是指那些在中国大陆注册、在纽约（New York）上市的外资股。而在我国股市中还有一层意思，当股票名称前出现了N字，表示这只股是当日新上市的股票，字母N是英语New（新）的缩写。

S股通常是指新加坡上市公司的股票，那些主要生产或者经营的核心业务在中国大陆、而企业的注册地在内地，但是在新加坡交易所上市挂牌的企业股票。而在我国是指尚未进行股权分置改革或者已进入改革程序但尚未实施股权分置改革方案的股票，在股名前加S，此标记从2006年10月9日起启用。

（三）我国股票的分类

由于我国股市正经历着先发展、后规范的历程，我国股票的通俗分类和国外有所不同。在上市公司的股票中，一般可将其分为流通股及非流通股两大类。

① 可流通股股票是指在上海证券交易所、深圳证券交易所及北京两个法人股系统STAQ、NET上流通的股票。由于中国证监会在1992年10月成立，所以在此之前的股票

上市都是由各证券交易系统自己审批的，而在此之后，所有股票的上市流通都统一归口由中国证券监督管理委员会管理。在可流通的股票中，按市场属性的不同可分为 A 股、B 股、法人股和境外上市股票。

A 股股票分为社会公众股和企业内部股（见图 3-6）两类，其中社会公众股是由股份有限公司向社会公开招募发行的股票，而企业内部股严格来说是由股份有限公司的职工按有关规定购买的股票，其购买方式、价格及上市流通条件都与社会公众股有所不同。

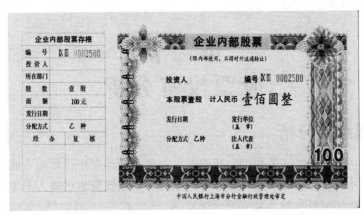

图 3-6　企业内部股票

法人股股票是指在北京的 STAQ 和 NET 两个证券交易系统内上市挂牌的股票。之所以称为法人股，是因为在这两个系统内流通的股票只能由法人参与认购及交易，而自然人是不能在这两个系统内买卖股票的。

境外上市股票是指我国的股份有限公司在境外发行并上市的股票。目前主要有在香港证券交易所流通的 H 股，还有在美国证券交易系统流通的 N 股。

② 非流通股在上市公司的股票中，主要是指暂时不能上市流通的国家股和法人股，其中国家股是在股份公司改制时由国有资产折成的股份，而法人股一部分是成立股份公司之初由公司的发起人出资认购的股份，另一部分是在股份有限公司向社会公开募集股份时专门向其他法人机构募集而成的。这一部分股票未上市流通的原因，其一是国家股的代表人尚未确定，其上市转让难以操作；其二是在发行股票时，部分法人股的募集和社会公众股条件有所不同；其三是国家股和法人股在上市公司的总股份中所占比例高达 2/3，其上市流通会对现在的二级市场产生较大的冲击。随着我国股份制改革的深入、股市的成熟和发展，这一部分股票必然全部进入沪深股市的二级流通市场。

股权分置改革

所谓股权分置，是指上市公司股东所持向社会公开发行的股份在证券交易所上市交易，称为流通股；而公开发行前股份暂不上市交易，称为非流通股。这种同一上市公司股份分为流通股和非流通股的股权分置状况，为中国内地证券市场所独有。

股权分置改革是当前我国资本市场一项重要的制度改革，就是政府将以前不可以上市流通的国有股（还包括其他各种形式不能流通的股票）拿到市场上流通。以前不叫股权分置改革，而叫国有股减持，现在重新包装后再次推出。2012 年内地沪深两个交易所 2.45 万亿元市值中，现在可流通的股票市值只有 8300 亿元，国有股等不可流通的股票市值达 1.62 万亿元。如果国有股等获得了流通权，沪深两个交易所可流通的股票一下子多出两倍，市场只可能向一个方向前进，那就是下跌。如果再考虑到国有股基本是一元一股获得，而流通股大都是几倍、十几倍的溢价购得，那流通股股东在国有股减持中所蒙受的损失也就很容易看清了。

改革进行到现在，2016 年 A 股市值收于 50.62 亿元，其中流通股市值达到 39 万亿元，仅剩少部分非流通股了。

第二节
股票投资分析

一、宏观经济分析

我国的股票市场在深化改革和扩大开放的大背景下应运而生。短短十几年，经历了从试验探索到初步发展并逐步走向成熟。伴随这一进程，股票投资也已进入千家万户，成为越来越多的家庭投资理财和追求货币增值的手段。截至 2017 年 2 月，已开立 A 股账户投资者 11957.45 万户，环比大增 58.42，大批投资者纷纷携款涌入股市，其中绝大部分是散户。在这种沸腾的场面背后，应该看到，我国的国民收入水平还比较低，个人投资者的入市资金大都是来之不易的"血汗钱"，因而承担风险的能力较差，一旦市场发生大幅震荡，受到损害的首先往往是中小投资者的利益。因此，广大投资者应对股市的风险有充分认识，特别是个人投资股市不应追涨杀跌、盲目投机，而应稳定心态，把握好大的买卖时机，于投资中获利。而要做到这一点，就要善于研判大市。

影响股市总体走势的因素很多，其中最重要的莫过于宏观经济形势。现实中，往往通过宏观经济分析就可以对股市的基本面作出判断。因此，宏观经济分析是投资者研判大市，进行投资决策必需的分析工具。

（一）国内生产总值分析

国内生产总值（GDP），反映了在一个特定的时间内（通常为 1 年）国民经济各部门各地区所生产的全部商品和劳务的市场价值。它是分析和预测国民经济状况的最基本工具，是衡量整个经济活动水平最常用的，同时也是综合性最强的经济指标。从长期看，股票价格的变动与国内生产总值的变化是一致的。美国在 1897~1976 年间，国内生产总值平均年增长率为 5%，同期道·琼斯工业股票平均指数的平均年增长率为 4.7%。在这 79 年中，国内生产总值并不是直线上升，中间有几次下降。如在 1929~1933 年、1937 年、1970 年、1974 年，这些年道·琼斯工业股票平均指数也都跟着下降。美国经济学家所罗门在详细分析了美国 1874~1995 年间的国内生产总值变化以及 425 种工业股票价格的标准普尔指数水平的变化后，得出一条重要结论，"在长期中，股票价格的正增长是以国内生产总值真正增长率的 2∶3 左右的速度进行的"，即股价增长率与国内生产总值增长率之比约等于 2∶3。而日本日兴证券调查了经济合作与发展组织的主要国家在 1953~1961 年间的 GDP 增长率与股价的年平均增长率的关系，结果表明短期内股价与经济增长的变动有很高的敏感性。总之，长期内股价变动与国内生产总值的变动相一致，短期内股价的变动仍与国内生产总值的变动保持着稳定一致的关系。

(二) 经济周期与股价变动

从西方国家股票市场的情况来看,股票价格的变动大体与经济周期相一致。在经济繁荣时期,公司营业状况好,获利多,可派的股息多,股票有吸引力,价格将上涨;在经济危机时期,公司营业状况差,获利少,可派的股息低或不能分配股息,股票吸引力小,价格将下跌。但是,股票市场的走势和经济周期在时间上并不一致,通常前者比后者超前几个月。

① 在经济走出低谷正逐渐向复苏阶段过渡时,实际的增息增长还没有可能,由于萧条时期带来的不安,股票市场依然消沉。但随着复苏的明朗,投资者有了一线希望:一方面各种原来只认为可能增加股息的预测在逐渐成为现实;另一方面利率水平在复苏阶段停留在低水平,甚至会减少,复苏可能比较迟缓,这时如果政府采取刺激政策,放松银根、降低利率,则股票价格会很快提高,股价的上升比实际的经济复苏要快。

② 当经济进入繁荣阶段的初期,利率水平可能会因为信贷的扩张而提高,但预期股息将增加,股价仍会提高。到繁荣的中期,利率大幅上升,企业的投资继续加大,增加股息的期望越来越大,于是股价趋高。到了繁荣的末期,由于银根紧缩,利率上升并可能面临更加严厉的金融紧缩,而预期股息却由于工资上升、原材料涨价、贷款利率提高,企业的收益减少而趋于下降,所以在危机之前,股票价格就已下降。

③ 在危机阶段,企业效益下滑,加上金融紧缩,利率上升,因而股价急剧下跌。

④ 在萧条时期,股票价格非常混乱,动向不一。一方面,危机之后预期利息不乐观;另一方面,利率虽然不会提高但仍处于较高水平。所以,股价在低水平上徘徊。

(三) 通货膨胀对股票价格的影响

通货膨胀对股票价格走势的影响比较复杂。它既有刺激股票价格的作用,又有抑制股票价格的作用。通货膨胀主要是由于过多地增加货币供应量造成的,货币供应量的增加开始时能刺激生产,扶持物价,增加公司的利润,从而增加可分派的股息。股息增加使股票更具吸引力,于是价格上涨。但通货膨胀到一定程度,将会推动利率上涨,从而促使股票价格下跌。

通货膨胀对股票价格的不利影响主要表现在三个方面。

(1) 通货膨胀会影响公司的赢利 在物价上升初期,企业销售价格提高,而销售成本仍按原始成本计价,往往会高估其利润。但在恶性通胀时期,公司的赢利会因为原材料价格上涨、成本上升而降低,股价下跌。

(2) 通货膨胀促使利率上升,不利于股票价格上涨 通货膨胀是决定利率水平的主要因素,高通胀率推动利率上扬,影响投资者对股票内在投资价值的判定。决定股票内在价值的公式如下。

$$P_0 = \frac{D_1}{k-g}$$

式中,P_0 为股票现值;D_1 为上期股息;g 为股息增长率;k 为利率。

可见,当分母上的利率水平随通货膨胀上升时,股票内在投资价值降低,所以股票价格最终会下跌。

(3) 通货膨胀会侵蚀股票投资收益 通货膨胀是投资收益的一个扣除。由于通货膨胀的存在,投资于股票所获得的实际收益率将低于名义投资收益率,从而会抵消通货膨胀时所获得的相对较高的收益。

（四）宏观调控政策对股市的影响

货币政策与财政政策是当代市场经济国家政府干预经济的两大政策手段。货币政策与财政政策的宽松紧缩状态及其政策配合不同，对整个经济生活以及行业企业的生产经营状况的影响也不同。一般来说，紧缩的货币政策与财政政策有助于抑制通货膨胀，防止经济过热，但也可能导致经济发展停滞，人们收入下降，投资萎缩的后果；反之，则有利于推动经济增长，促进社会繁荣，但也可能导致货币贬值，社会经济秩序失衡。

1. 货币政策

中央银行贯彻货币政策，调节信贷与货币供应量的手段主要有三个：调整法定存款准备金率、再贴现政策和公开市场业务。当国家为了刺激经济发展防止衰退而实行扩张性货币政策时，中央银行就会通过降低法定存款准备金率、降低中央银行的再贴现率或在公开市场买入国债的方式来增加货币供应量，提高资金市场信贷能力，以扩大社会的有效需求；反之，为了防止危机、稳定物价，在一国经济过热、通货膨胀加剧时，中央银行则可以采取提高法定存款准备金率和再贴现率或在公开市场上出售公债等手段来减少货币供应量，紧缩信用，使社会总需求与总供给保持平衡。目前在我国，中央银行货币政策手段主要运用贷款规模控制，并结合运用利率、中央银行再贷款利率和法定存款准备金率等。采取紧缩政策时，中央银行提高利率收紧贷款，提高存款准备金率；反之，当中央银行放松银根时，则扩大贷款，降低利率和法定存款准备金率等。随着金融体制改革的深入，我国中央银行（中国人民银行）正逐步采用资产负债比例控制、公开市场业务等调控手段，取代贷款规模控制。

货币政策对证券价格的影响，可以从以下三个方面加以分析：①利率变动对证券价格的影响。一方面，利率变动直接影响企业的融资成本，从而影响股价。利率低，可以减轻公司利息负担，增加公司赢利，股票价格也随之上升，价格上涨；而当货币供应量不足时，则会使公司利润下降，价格因此降低。另一方面，利率降低，使投资者能够以低成本筹措资金和诱使更多资金流向股市，造成股价上升；而利率提高，证券投机减少，证券价格下降。②公开市场业务对股市价格的影响。中央银行买进有价证券，增加了对证券的需求，从而引起证券价格上升；中央银行抽紧银根，抛出有价证券，使证券供给增加，从而价格下跌。③货币政策的综合影响。当货币供应量过多而造成通货膨胀时，人们为保值而购买证券，推动证券需求上升；人们为取得货币资金而抛售证券，使证券市下跌。表3-4是央行历次降息后股市走势一览表，可以看出，股市涨跌和利率变化基本反相关。

表 3-4　央行历次降息后股市走势一览表　　　　　　　　单位：%

调整时间	存款	贷款	次日沪指表现
2015.08.25	−0.25	−0.25	−1.27
2015.06.27	−0.25	−0.25	—
2015.05.10	−0.25	−0.25	3.05
2015.02.28	−0.25	−0.25	0.78
2014.11.22	−0.25	−0.4	1.85
2012.07.06	−0.25	−0.25	1.01
2012.06.08	−0.25	−0.25	1.07
2011.07.06	0.25	0.25	−0.58
2011.04.05	0.25	0.25	1.14
2011.02.09	0.25	0.25	−0.89
2010.12.25	0.25	0.25	−1.90
2010.10.19	0.25	0.25	2.10

利率与股价运动呈反向变化是一般情况，但不能将此绝对化。在股市发展的历史上，也有一些相对特殊的情况。当形势看好，股票行情暴涨的时候，利率的调整对股价的控制作用就不会很大。同样，当股市处于暴跌的时候，即使出现利率下降的调整政策，也可能会使股价回升乏力。美国在1978年就曾出现过利率和股票价格同时上升的情形。当时出现这种异常现象主要有两个原因：一是许多金融机构对美国政府当时维持美元在世界上的地位和控制通货膨胀的能力没有信心；二是当时股票价格已经下降到极低点，远远偏离了股票的实际价格，从而使大量的外国资金流向了美国股市，引起了股票价格上涨。在我国香港，1981年也曾出现过同样的情形。当然，这种利率和股票价格同时上升和同时回落的现象至今为止也还是比较少见的。

既然利率与股价运动呈反向变化是一种一般情况，那么投资者就应该密切关注利率的升降，并对利率的走向进行必要的预测，以便在利率变动之前，抢先一步对股票买卖进行决策。

2. 财政政策

财政政策是通过国家调整财政预算、税收政策和财政支出进行的。国家的财政收支是通过作用于国民经济各方面、经济景气度进而作用于证券价格的。财政收支占国民收入一个较大比例，政府采取积极的财政政策还是紧缩的财政政策，对经济有不同影响。如为后者，政府在保证各种必需的开支外，并不从事大规模投资；如为前者，政府积极投资于基础设施、大型工程项目的建设，从而刺激相关产业，特别是投资于工业的发展，会对经济产生深远影响。

财政收支对股价的影响，可以从以下两个方面加以分析。

① 财政支出增加，刺激经济发展，利率下降，可能促使股市上升；财政支出减少，则会降低需求，造成经济不景气，使股价下跌。

② 财政收支出现巨额赤字时，虽然扩大了需求，但却增加了经济不稳定因素，推动通货膨胀加剧，物价上涨，有可能使投资者对经济的预期不乐观，反而造成股价下跌。另外，为了弥补赤字而大规模发行国债，将加剧股市和债市对资金的争夺，而不利于股价上涨。

一些国家为了刺激企业投资的增长，还经常采用一系列税收优惠政策，如减税、退税等。由于税收优惠，公司税后利润增加，股价也会随之上升。此外，对证券投资者收益的税收政策变化，也会引起股票价格的升降。

印花税的调整，关系到投资者的交易成本，同时投资者也认为上调或下调印花税率体现出了政府对待市场的一种态度，因此历次印花税的调整给市场都带来了一定程度的影响。

历年来股票交易印花税变化对股市的影响如表3-5所示。

表3-5 历年来股票交易印花税变化对股市的影响

时间	证券交易印花税调整幅度	市场动态
2008年4月24日	从3‰调整为1‰	沪市高开7.98%；涨9.29%
2007年5月30日	从1‰调整为3‰	两市收盘跌幅均超6%，跌停个股达859家，12346亿元市值在一日间被蒸发
2005年1月23日	从2‰调整为1‰	沪市高开1.19%；涨1.73%，此后一个月内现波段行情，随后继续探底，直至股改行情启动
2001年11月16日	从4‰调整为2‰	股市产生一波100多点的波段行情
1999年6月1日	B股交易印花税降低为3‰	上证B指一月内从38点升至62.5点，涨幅高达50%
1998年6月12日	从5‰下调至4‰	沪市高开1.93%；涨2.65%，上证综指此后形成阶段性头部，调整近一年

续表

时间	证券交易印花税调整幅度	市场动态
1997年5月12日	从3‰上调至5‰	当天形成大牛市顶峰,此后股指下跌500点,跌幅达到30%
1992年6月12日	按3‰税率缴纳印花税	当天指数没剧烈反应,盘整一月后从1100多点跌到300多点,跌幅超70%
1991年10月	深市调至3‰,沪市开始双边征收3‰	大牛市行情启动,半年后上证指数从180点飙升至1429点,升幅高达694%

二、行业分析

（一）行业分析的意义

经济分析主要分析了社会经济的总体状况，但没有对社会经济的各组成部分进行具体分析。社会经济的发展水平和增长速度反映了各组成部分的平均水平和速度，但各部门的发展并非都和总体水平保持一致。在宏观经济运行态势良好、速度增长、效益提高的情况下，有些部门的增长与国民总收入、国内生产总值增长同步，有些部门高于或是低于国民总收入、国内生产总值的增长。因此，经济分析为证券投资提供了背景条件，但没有为投资者解决如何投资的问题，故要对具体投资对象加以选择，还需要进行行业分析和公司分析。

（二）我国证券市场的行业划分

1. 上证指数分类法

上海证券市场为编制新的沪市成分指数，将全部上市公司分为五类，即工业、商业、地产业、公用事业和综合类，并分别计算和公布各分类股价指数。

2. 深证指数分类法

深圳证券市场也将在深市上市的全部公司分成六类，即工业、商业、金融业、地产业、公用事业和综合类，同时计算和公布各分类股价指数。

我国的两个证券交易所为编制股价指数而对产业进行的分类显然是不完全的，这与我国证券市场发展状况有关。我国上市公司数量少，不能涵盖所有行业。例如，农业方面的上市公司就较为少见。但为了编制股价指数，从目前的情况来看，这些分类是适当的。行业划分的方法多样，除上述的划分方法外，还有其他划分方法。例如，按资源集约度来划分，可把行业分成资本集约型行业、劳动集约型行业和技术集约型行业等。

（三）行业的经济结构分析

在生活中，我们可以观察到，某些企业或某些行业的员工福利待遇往往要好于别的企业或行业。这种现象与行业的市场结构有关。行业的经济结构随该行业中企业的数量、产品的性质、价格的制定和其他一些因素的变化而变化。由于经济结构的不同，行业基本上可分为四种市场类型：完全竞争、不完全竞争、寡头垄断、完全垄断。

1. 完全竞争

通常是指下列条件占主导地位的市场状况，即市场上存在大量的具有合理的经济行为的卖者和买者；产品是同质的，可互相替代而无差别化；生产要素在产业间可自由流动，不存在进入或退出障碍；卖者或买者对市场都不具有某种支配力或特权；卖者和买者间不存在共谋、暗中配合行为；卖者和买者具有充分掌握市场信息的能力和条件，不存在不确定性。但股票价格受此影响波动较大，投资风险相应提高。农产品或餐饮业比较接近完全竞争市场类型。我国餐饮企业的上市公司有全聚德、湘鄂情（现改名中科云网）、西安饮食等，小盘股居多。

2. 不完全竞争

不完全竞争是指许多生产者生产同种但不同质产品的市场情形。其市场特点是公司数量仍然很多，虽然各公司生产的产品仍具统一性特征，但在质量、服务、特性以及由此产生的品牌上存在一定程度的差异。因而，该行业各公司的产品价格在市场评论价格的基础上也存在一定程度的差异，公司利润也因此受到产品品牌、质量、服务特性等因素的影响，比如说家电、食品、饮料、纺织等轻工业企业。这一特征也决定了这类行业公司的分化较大。那些生产规模大、质量好、服务优、品牌知名度高的公司在同行业中具有较强的竞争能力，受此影响，其经营业绩一般较好且相对稳定，投资风险相对较小。比如明晟中国A股指数成分股中包含的家电、食品饮料上市公司有贵州茅台、美的集团、五粮液、海天味业、青岛海尔、双汇发展、老板电器等，都是大家所熟知的行业中的老大。这些上市公司所在的行业正是不完全竞争行业。

3. 寡头垄断

寡头垄断又称寡头、寡占，是一种由少数卖方（寡头）主导市场的市场状态。寡头垄断是同时包含垄断因素和竞争因素而更接近于完全垄断的一种市场结构。它的显著特点是少数几家厂商垄断了某一行业的市场，这些厂商的产量在全行业总产量中占很高的比例，从而控制着该行业的产品供给，如钢铁、水泥、石油、汽车、航空、移动通信、银行等行业。市场上一个行业中只有两个企业相互竞争的情况是寡头垄断中的一种特殊情况，称为双占垄断或双头垄断。一般为资金密集型和技术密集型行业，往往由于资金、技术等因素限制了新公司的进入，因而，个别公司对其产品价格有较强的控制力。

4. 完全垄断

完全垄断是指整个行业的市场完全处于由一家公司控制的状态，其市场特点是该行业为独家公司生产经营，产品价格与市场也为独家公司所控制。这类行业主要是公用事业，如电力、煤气、自来水公司，其产品为社会生产、人民生活不可缺少，但又高度垄断，政府为稳定社会生产与人民生活，通常对其价格的确定及变动有较为严格的控制。此类上市公司比如国家电网控股的国电南自、国电南瑞，一般不会出现破产的风险。

（四）经济周期与行业分析

1. 增长型行业

增长型行业的运动状态与经济活动总水平的周期及其振幅无关。这些行业收入增长的速率相对于经济周期的变动来说，并未出现同步影响，因为它们主要依靠技术的进步、新产品推出及更优质的相关产品的购买相应增加。例如消费服务，从而使其经常呈现出增长形态。在过去的几十年内，计算机和汽车行业表现出了这种形态。投资者对高增长的行业十分感兴趣，主要是因为这些行业对经济周期性波动来说，提供了一种财富"套期保值"的手段。然而，这种行业增长的形态却使得投资者难以把握精确的购买时机，因为这些行业的股票价格不会随着经济周期的变化而变化。

2. 周期型行业

周期型行业的运动状态直接与经济周期相关。当经济处于上升时期，这些行业会紧随其扩张；当经济衰退时，这些行业也相应衰落。高档次消费品生产行业以及其他随着经济的改善需求相应增加从而使公司收入也增加的行业，均属于周期性行业，汽车、钢铁、房地产、有色金属、石油化工也是典型的周期性行业，其他周期性行业还包括电力、煤炭、机械、造船、水泥等。

3. 防御型行业

还有一些行业被称为防御型行业。这些行业运动形态的存在是因为其产业的产品需求相对稳定，并不受经济周期处于衰退阶段的影响。正是因为这个原因，对其投资便属于收入投资，而非资本利得投资。有时候，当经济衰退时，防御型行业或许会有实际增长。例如，食品业和公用事业属于防御型行业，因为需求的收入弹性较小，所以这些公司的收入相对稳定。

三、公司分析

公司分析是基本分析的重点，无论什么样的分析报告，最终都要落实在某家公司股票价格的走势上。如果没有对发行股票的公司状况进行全面的分析，就不可能准确地预测其股票的价格走势。公司分析侧重对公司的竞争能力、赢利能力、经营管理能力、发展潜力、财务状况、经营业绩以及潜在风险等进行分析，借此评估和预测股票的投资价值、价格及其未来变化的趋势。

（一）公司分析的作用

在实际投资活动中，投资者对于上市公司的了解是必要的，否则其收益将面临很大的风险。因此，无论是进行判断投资环境的宏观经济分析，还是进行选择投资领域的中观行业分析，对于具体投资对象的选择最终都将落实在微观层面的上市公司分析上（市场指数投资除外）。

公司分析中最重要的是公司财务状况的分析。财务报表通常被认为是最能够获取有关公司信息的工具。在信息披露规范的前提下，已公布的财务报表是上市公司投资价值预测与股票定价的重要信息来源。股票分析师对真实、完整、详细的财务报表的分析，是其预测公司股东收益和现金流的各项因素的基础，也是其作出具体投资建议的直接依据之一。

此外，就投资者个人而言，宏观面分析与中观面分析难度较大，不具备分析基础，而相对简单、直接且行之有效的就是公司分析。

（二）公司基本分析的实际运用

1. 分析公司所属产业

包括分析产业的发展历史沿革与发展前景、影响产业增长和赢利能力的关键因素、产业进入的壁垒、来自产业内外的竞争、政府对产业的支持和管制、上下游产业的市场前景和供需状况、国民经济波动对产业的影响等。

2. 分析公司的背景和历史沿革

包括分析公司的性质、集团及其关联企业、规模、股本结构和主要投资者、中长期发展战略和发展方向的历史沿革、主要产品和利润的主要来源、主要优势和劣势等。

3. 分析公司的经营管理

包括分析公司的员工技术层次和培训费用、工资奖励制度、关键工作人员及其简历、保留核心员工的方法、公司的组织结构与管理体制、生产能力和生产效率、原材料构成及其供应、与主要供货商的关系等。

4. 分析公司的市场营销

包括分析公司主要产品的市场需求弹性、产品销售的季节性或周期波动、主要客户组成及与主要客户的关系、产品覆盖的地区与市场占有率、销售成本与费用控制、顾客满意度和购买力、主要竞争对手的市场占有率等。

5. 分析公司的研究与开发

包括分析公司研究与开发的重点项目、研究设施与研究人员的比例、研究开发费用支出占销售收入的比例，分析新产品开发频率与市场需求、生产规模与投资需求等。

6. 分析公司的融资与投资

包括分析公司目前的资金缺口、融资前后的资本结构及所有权形式、融资资金的主要用途、投资项目和投资收益、公司的投资结构与方式、投资项目的可行性等。

以上所述内容并非上市公司调研中公司基本面分析的全部内容，在具体分析上市公司的过程中往往还会遇到许多特殊性问题。只有对上市公司有更全面的认识和了解，投资分析才能更切合实际。

表3-6是一家证券投资基金公司的企业竞争优势评估系统。

表3-6 汇添富企业竞争优势评估系统

评估优势分类	评估内容	定量分析	定性分析
管理层优势	稳定性	中高层流失比例	职业化倾向
	工作能力	项目成功率/以往经营业绩	战略思维/执行力
	品行评价	—	员工评价/言行对比/个人背景考察
生产优势	生产过程	产能利用率	质量控制/物流管理
	生产资源	原材料自给率/垄断性	可持续获得能力
	生产规模	产量比率/产能扩张	产业链的长度和深度
市场优势	产品线分析	—	产品结构/性能和特性/可维护性和附加价值
	营销渠道	—	营销模式/网络完善性/网络效率
	品牌竞争力	—	品牌所有权及价值/知名度/忠诚度/丰满度
	评估内容	定量分析	定性分析
	专利权保护	数量及年限	技术含量/价值创造能力
	研究发展	研发投入比率/新品收入贡献率	研发激励机制
	竞争管制	公司的行业排名	产业组织与竞争管制类型
	税收或补贴政策	补贴类型及数量	税收的类型及持续性
	关税水平	公司规模与出口规模	企业盈利影响
	信息披露	—	公开报告的详尽度/公众股东沟通渠道的畅通度
	大股东状况	—	稳定性/关联交易/独立性
	激励约束机制	—	MBO股权激励/内控制度/代理人利益的一致性

（三）资产负债表的财务报表分析

上市公司必须遵守财务公开的原则，定期公开自己的财务状况，提供有关财务资料，便于投资者查询。上市公司公布的财务资料中，主要是一些财务报表。在这些财务报表中，最为重要的有资产负债表、利润表和现金流量表。

资产负债表是反映企业在某一特定日期财务状况的会计报表，它表明权益在某一特定日期所拥有或控制的经济资源、所承担的现有义务和所有者对净资产的要求权。

我国资产负债表按账户式反映，即资产负债表分为左方和右方，左方列示资产各项目，右方列示负债和所有者权益各项目。"总资产＝负债＋净资产（资本、股东权益）"，即资产各项目的合计等于负债和所有者权益各项目的合计。通过账户式资产负债表，可以反映资产、负债和所有者权益之间的内在关系,并达到资产负债表左方和右方平衡,如表3-7所示。同时,资产负债表还提供年初数和期末数的比较资料。

表3-7 资产负债表(节选)

编制单位:　　　　　　　　　　　年　月　日　　　　　　　　　　　单位:元

资产	行次	年初数	期末数	负债和所有者权益(或股东权益)	行次	年初数	期末数
流动资产				流动负债			
货币资金	1			短期借款	68		
短期投资	2			应付票据	69		
应收票据	3			应付账款	70		
应收股息	4			应代付职工薪酬	72		
应收账款	6			应付福利费	73		
其他应收款	7			应付利润	74		
存货	10			应缴税金	76		
待摊费用	11			其他应交款	80		
一年内到期的长期债权投资	21			其他应付款	81		
其他流动资产	24			预提费用	82		
流动资产合计	31			一年内到期的长期负债	86		
长期投资				其他流动负债	90		
长期股权投资	32			流动负债合计	100		
长期债权投资	34			长期负债			
长期投资合计	38			长期借款	101		

解读资产负债表首先可以从"资产结构"角度开始。当货币资金所占比例大时,说明企业经营条件相对宽松、管理可能出现松懈、具备扩大生产和开展多种经营的条件;当短期投资所占比例大时,表明企业将较多的资金投入资本市场运营;当应收账款所占比例大时,反映企业扩大商业信用尺度,具有一定的经营风险;当原材料所占比例大时,存在原材料超储可能及原材料价值贬值的风险;当固定资产占总资产比例大时,反映房产或经营设备增加;当无形资产占总资产比例大时,反映企业经营依靠外购知识产权。负债方面,当长期负债占总负债的比例大时,对于企业资金运营条件来说较为宽松;当应付贷款成为流动负债主要因素时,在买方市场环境下,暂时的拖欠不会引发挤兑现象,长时间的拖欠,会降低自身资信,且流动负债大于或等于流动资产时,对企业经营将产生严重影响。

其次还可以将资产负债表的某项资产、负债、所有者权益的结构比连起来,如年、季、月,就可以掌握财务发展趋势。货币资金呈增长趋势对经营有利,但过大的资金存量会造成资金闲置;应收账款、存货在销售扩大的状态下,呈下降趋势对经营有利;其他应收款在没有对外往来的情况下,呈下降趋势对经营有利。在债务方面,长期负债的增长显然要好于流动负债的增长。其中,在应收账款、存货减少的状况下,运用在流动资产的短期借款对经营有利。所有者权益方面,并购企业形成的注册资本增量,或者因市场规模的扩大,投资者再投入资本对经营有利;溢价资本和接受捐赠呈增长趋势对经营有利;经营积累形成的所有者权益增长对经营有利。

(四) 利润及利润分配表分析

利润表是反映企业一定期间生产经营成果的会计报表,表明企业运用所拥有的资产进行获利的能力。利润表把一定期间的营业收入与其同一会计期间相关的营业费用进行配比,以计算企业一定时期的净利润(或净亏损)。我国一般采用多步式利润表格,如表3-8所示。

利润表主要反映以下几方面的内容。

1. 构成主营业务利润的各项要素

主营业务利润从主营业务收入出发，减去为取得主营业务收入而发生的相关费用（包括相关的流转税）后得出。

2. 构成营业利润的各项要素

营业利润在主营业务利润的基础上，加上其他业务利润，减营业费用、管理费用和财务费用后得出。

3. 构成利润总额（或亏损总额）的各项要素

利润总额（或亏损总额）在营业利润的基础上，加减投资收益、补贴收入和营业外收支等后得出。

表 3-8　利润表

编制单位：　　　　　　　　　　　年　月　日　　　　　　　　　　　　单位：元

项目	行次	本月数	本年累计数
一、主营业务收入	4		
减：主营业务成本	1		
主营业务税金及附加	5		
二、主营业务利润（亏损以"—"号填列）	10		
加：其他业务利润（亏损以"—"号填列）	11		
减：营业费用	14		
管理费用	15		
财务费用	16		
三、营业利润（亏损以"—"号填列）	18		
加：投资收益（损失以"—"号填列）	19		
营业外收入	23		
减：营业外支出	25		
四、利润总额（亏损总额以"—"号填列）	27		
减：所得税	28		
五、净利润（净亏损以"—"号填列）	30		

4. 构成净利润（或净亏损）的各项要素

净利润（或净亏损）在利润总额（或亏损总额）的基础上，减去本期计入损益的所得税费用后得出。

利润分配表是反映企业一定期间对实现净利润的分配或亏损弥补的会计报表，是利润表的附表。通过利润分配表，可以了解企业利润表上反映的净利润的分配情况或亏损的弥补情况，了解利润分配的构成以及年末未分配利润的数额。

对利润表的分析，主要是看不同时期（基期和报告期）各个项目，包括营业收入、营业利润、净利润等的变动情况。

比如关注营业收入的增长幅度，以判断其收入增长的稳定性。结合市场占有率情况进行考察，公司营业收入增幅相当大，但市场占有率下降，说明公司营业收入增长率低于行业增长水平；相反，如果行业销售大幅下滑，公司销售照样大幅增长，市场占有率肯定会大幅提升。还有营业利润的增加是由于营业收入大幅增加还是财务费用大幅降低所致，或二者共同作用。在分析净利润的变动额时，同时关注企业的营业成本、销售费用、管理费用是否大幅变动，并和同行业其他企业进行比较，利润增长率相同但成本高的企业居于劣势。

（五）现金流量表分析

现金流量表反映企业一定期间现金的流入和流出，表明企业获得现金和现金等价物的能力，如表3-9所示。现金流量表主要分经营活动、投资活动和筹资活动产生的现金流量三个部分。

表3-9　现金流量表

编制单位：A公司　　　　　　　　　　　　　　　　　　　　2005年6月　会企03

表单位：元

项目	行次	金额
一、经营活动产生的现金流量：		
销售商品、提供劳务收到的现金：	1	124999006.99
收到的税费返还：	3	
收到的其他与经营活动有关的现金：	8	3621880.97
现金流入小计	9	128620887.96
购买商品接受劳务支付的现金	10	118378581.62
支付给职工以及为职工支付的现金	12	5000.00
支付的各项税费	13	1379597.39
支付的其他与经营活动有关的现金	18	12716599.00
现金流出小计	20	132479778.01
经营活动产生的现金流量净额	21	−3858890.05
二、投资活动产生的现金流量：		
收回投资所收到的现金	22	—
取得投资收益所收到的现金	23	—

分析现金流量表可从以下角度考虑。

当经营活动现金流入量小于流出量，投资活动现金流入量大于流出量，筹资活动现金流入量大于流出量时，说明企业经营活动现金流入不足，主要靠借贷维持经营。如果投资活动现金流入量净额是依靠收回投资或处置长期资产所得，说明企业财务状况较为严峻。

当经营活动现金流入量小于流出量，投资活动现金流入量小于流出量，筹资活动现金流入量大于流出量时，说明企业经营活动和投资活动均不能产生足够的现金流入，各项活动完全依赖借债维系，一旦举债困难，财务状况将十分危险。

当经营活动现金流入量小于流出量，投资活动现金流入量大于流出量，筹资活动现金流入量小于流出量时，说明企业经营活动现金流入不足，筹集资金发生了困难，可能主要依靠收回投资或处置长期资产所得维持运营，说明企业财务状况陷入了困境。

当经营活动现金流入量小于流出量，投资活动现金流入量小于流出量，筹资活动现金流入量小于流出量时，说明企业三项活动均不能产生现金净流入，说明企业财务状况处于瘫痪状态，面临着破产或被兼并的危险。

当经营活动现金流入量大于流出量，投资活动现金流入量大于流出量，筹资活动现金流入量大于流出量时，说明企业财务状况良好。但要注意对投资项目的可行性研究，否则增加投资会造成浪费。

（六）财务分析中应注意的问题

财务报表是按会计准则编制的，它们合乎规范，但不一定能反映该公司的客观实际。

① 报表数据未按通货膨胀或物价水平调整。

② 非流动资产的余额，是按历史成本减折旧或摊销计算的，不代表现行成本或变现

价值。

③ 有许多项目，如科研开发支出和广告支出，从理论上看是资本支出，但发生时已列作当期费用。

④ 有些数据基本上是估计的，如无形资产摊销和开办费摊销，但这种估计未必正确。

⑤ 发生了非常的或偶然的事项，如财产盘盈或坏账损失，可能歪曲本期的净收益，使之不能反映赢利的正常水平。

（七）股票发行增资对财务结构的影响

1. 配股增资对财务结构的影响

公司通过配股融资后，由于净资产增加，而负债总额和负债结构都不会发生变化，因此公司的资产负债率和权益负债比率将降低，减小了债权人承担的风险，而股东所承担的风险将加大。

2. 增发新股对财务结构的影响

增发新股后，公司净资产增加，负债总额以及负债结构都不会发生变化，因此公司的资产负债率和权益负债比率都将降低。

（八）阅读会计报表附注

会计报表中所规定的内容具有一定的固定性和规定性，只能提供定量的会计信息。会计报表附注是会计报表的补充，主要对会计报表不能包括的内容或者披露不详尽的内容作进一步的解释说明。通过详尽地阅读会计报表附注，能更深入地理解和使用会计信息。会计报表附注主要包括以下内容：基本会计假设、会计政策和会计估计的说明、重要会计政策和会计估计变更的说明、或有事项的说明、资产负债表日后事项的说明、会计报表重要项目的说明等。其中，存货流转假设、损失准备计提方法和比例、长期投资核算方法、固定资产折旧方法、收入确认方法、或有事项的存在、关联方交易等因素会在一定程度上影响公司变现能力比率、资产管理比率、负债比率、赢利能力比率等指标对公司实际变现能力、实际营运能力、实际偿债能力及实际赢利能力的客观反映。因此，股票分析师在进行公司财务分析时，一般应特别关注以下财务报表附注内容。

① 重要会计政策变动，包括报表合并范围的变化、折旧方法及其他资产摊销政策的变更、长期、重大供销合同利润的确认，特别收入事项的确认等。

② 关联方交易的性质与金额，包括与关联方之间的应收款项或应付款项。这一附注信息往往能在一定程度上反映出大股东非正常占用上市公司资金的问题，揭示关联风险。

③ 分析性附表。附表所反映的是财务报表中某一项目的明细信息，包括项目构成情况及年度内的增减来源及金额。股票分析师一般可从应收账款账龄表、主营收入明细表、营业外收支明细表等重要附表中判断公司相关业务的稳定持续与否，从而对公司收益的质量作出判断。

四、技术分析

所谓股价的技术分析，是相对于基本分析而言的。正如上一部分所述，基本分析法着重于对一般经济情况以及各个公司的经营管理状况、行业动态等因素进行分析，以此来研究股票的价值、衡量股价的高低。而技术分析则是透过图表或技术指标的记录，研究市场过去及现在的行为反应，以推测未来价格的变动趋势。其依据的技术指标的主要内容是由股价、成交量或涨跌指数等数据计算而得的，我们也由此可知：技术分析只关心证券市场本身的变化，而不考虑会对其产生某种影响的经济方面、政治方面等各种外部的因素。

（一）技术分析的四大要素：价、量、时、空

在股票市场中，价格、成交量、时间和空间是进行分析的四大要素。这四大要素之间的相互关系是进行正确分析的基础。

1. 价，是指股票过去和现在的成交价

技术分析中主要依据的价格有开盘价、最高价、最低价和收盘价。

可以从排序中看出，"价"是四大要素之首，它包括如下含义：首先是个股本身所具备的价值，这一点涉及基本面分析，因为个股的价格归根结底是由其基本面决定的。但这里要强调一点，个股的价值投资并不能简单以现在的业绩论英雄，业绩只能说明过去，而不能说明将来，价格和价值也是不同的两个概念。股票投资正好就是投资未来的艺术。当个股业绩很好的时候，往往市场早已提前炒作，是它价格达到历史高点的时候，而它的业绩能一直这样维持吗？这需要好好斟酌，仔细进行行业分析、财务分析。一般来说，能够维持长期高增长的股票是非常少的，大多聚集在垄断行业、特殊资源行业之中。在目前国内外上市公司财务造假屡见不鲜的情况下，进行财务分析要具有专业水准才行。其次是个股目前价格在市场价格体系中的位置。我们可以把市场所有的股票价格大致分成高价区、中价区和低价区，看看我们的目标股目前处于什么位置。从概率上来说，目标股目前价位越低，它的上涨空间也就越大。再次对照目标个股同行业及相关行业个股的价格分布，看看目标股所处的位置，这是瞄准比价效应。当然，即使是同行业个股的自身情况往往差别也很大，要具体情况具体分析。最后对照目标个股自身的历史价位分析个股目前的位置，这一条可以说才是最重要的。技术分析本身就是依据历史经验，得出一个关于概率而非必然的推论，而最重要的历史经验当然来源于个股本身。一般来说，个股目前价位距离其本身历史高点、近期高点越遥远，它上涨的概率自然越大；而一旦突破历史高点，那么也说明这一个股或者市场环境发生了根本变化，已到了调整对该个股固有认识的时候。

2. 量，是指股票过去和现在的成交量（或成交额）

技术分析要做的工作就是利用过去和现在的成交价和成交量资料来推测市场未来的走势。价升量增、价跌量减、价升量减、价跌量增是技术分析所依据的最重要的价量关系。

对成交量的分析是仅次于价格分析的，其实作为对市场价格短期运动的分析，成交量分析的价值更甚于价格分析。因为很多时候市场的行为并非完全理性的，股票价格的波动是围绕股票本身的价值进行波动，但又并不限于股票本身的价值。股票买卖的并不仅仅是现在，还有未来，正因这一特性，股票才有了如此动人的魅力。特别是在我们这样的新兴市场，人为控制股价的色彩浓厚，更需要我们提高对成交量分析的重视。因为对一个价格的认同与否，需要以成交量来体现：①当市场对价格认同度越高时，往往成交量越小。而成交量越小的时候，越容易成为底部的先兆，但这需要观察个股最近的调整幅度才能判定，当然是调整幅度越大时成交量缩小越可靠。不过这里还有一个前提，即此时价格必须停止创新低。②当市场对价格分歧越大时，成交量往往会持续放大或突然放大。成交量大幅放大一般会出现在三个位置：市场价格经历低位缩量横盘后反转时、对重要价格进行向上突破时、经过一定上涨后引发市场抛售时。以上三个位置的放量是标志性的、易于把握的，而其他位置的放量，骗钱居多，要慎重对待。一般来说，成交量越大，越说明市场主力活跃其中。而我们的任务，就是观察成交量放大后的价格运动方向和力度，分析其中利弊，作出对我们有利的抉择。③对成交量的研判，必须以其他三大要素为基础，研究成交量的价值，主要在于对中短

期的价格波动,可以比较清晰地判断出较佳的介入时机。运用前,要以较为严苛的其他技术条件相配合。运用成交量的要诀是突变性和可持续性。

3. 时,是指股票价格变动的时间因素和分析周期

一个已经形成的趋势在短时间内不会发生根本改变,中途出现的反方向波动对原来趋势不会产生大的影响。一个形成的趋势不可能永远不变,经过一段时间又会有新的趋势出现。循环周期理论着重关心的就是时间因素,它强调了时间的重要性。分析人员进行技术分析时,还要考虑分析的时间周期,可以以"日"为单位,也可以以"周""月""季"或"年"为单位。比如用日K线、周K线、月K线、季K线或年K线来进行短期、中期或长期分析。

时间是技术分析必须考虑的重要因素,这是因为:①当市场价格在一个区域维持运动越久,那么市场成本会越集中于这个价格区域,当向上或向下有效突破该价格区间的时候,其所具有的意义也就越大。所谓'横有多长,竖有多高',就是这个意思。同样,横有多长,向下的话也会有多深。②当个股下跌所花的时间越少,而跌幅越大时,说明该个股下跌动力充足,在短暂反弹后还会继续探底。但这里又要结合具体情况进行分析,观察该个股下跌所处阶段,如果该个股快速下跌处于下跌初期,那么要以回避为主;但如果是在该个股已经经历绵绵阴跌之后,才出现的加速度大跌,则往往是重要底部将要出现的征兆,这个时候出现的成交量巨幅放大反转的现象,多半情况下是短期黑马。③当个股上涨所花的时间越少,而涨幅越大时,它将来的调整幅度和速度自然也应该越大,但这里要考虑个股基本面因素的变化。一般来说,强者恒强,这样的股票总会给投资者充足的逃跑时间,不过此时要密切关注成交量的变化。如果出现单日25%以上的换手率,还是应立即撤退,保住胜利果实要紧,毕竟肥肉已经吃完,剩下点骨头渣留给他人也无妨。如果个股大幅上涨后始终没有出现大幅度的成交量,或者在大成交量之后仍能常以不高的换手率创新高,则该股成为长期牛股的希望很大。④个股在上涨或下跌途中,所花的时间越长,而价格波动幅度越小,则往往是该股不活跃的象征,其在后来的下跌或上涨过程多数情况下也会相对缓慢,而且涨、跌幅度小,要改变这一局面几乎只有成交量发生突增才能实现。⑤价格运动过程中会形成一些规律性的周期,我们要善于利用这种周期运动对股价的影响。可以参考《江恩时间法则》。

4. 空,是指股票价格波动的空间范围

从理论上讲,股票价格的波动是"上不封顶、下不保底"的。但是,市场是以趋势运行的。在某个特定的阶段中,股票价格的上涨或下跌由于受到上升趋势通道或下跌趋势通道的约束而在一定的幅度内震荡运行,空间因素考虑的就是趋势运行的幅度有多大。不言而喻,一个涨势或一个跌势会延续多大的幅度对市场投资者实际运作有着重要的指导意义。①分析股价的上涨或下跌空间首先要参考历史最高价和历史最低价,并以黄金分割理论相互印证。②当个股价格创出历史新高或新低时,需要对该股进行重新认识。③个股短期涨跌空间可以参考该股近期形态,并以形态理论为依据进行分析。一般来说,重要高点和低点以及经过盘整的位置会构成阻力和支撑。④成交量的堆积位置也对股价影响很大,要特别关注成交量突增的位置及其对股价的推动方向以及推动速度。⑤移动平均线系统对于股价有吸引、支撑和阻力作用,吸引作用在股价距离均线系统越远时发生越有效,而支撑、阻力作用则在股价调整幅度越大时越有效。这也是判断股价涨跌空间的一个重要工具。

(二) 技术分析的主要理论

1. 空中楼阁理论

空中楼阁理论是美国著名经济学家凯恩斯于1936年提出的,该理论完全抛开股票的内

在价值，强调心理构造出来的空中楼阁。投资者之所以要以一定的价格购买某种股票，是因为他相信有人将以更高的价格向他购买这种股票。至于股价的高低并不重要，重要的是存在更大的"笨蛋"愿以更高的价格向你购买。精明的投资者无需去计算股票的内在价值，他所需做的只是抢在最大的"笨蛋"之前成交，即股价达到最高点之前买进股票，而在股价达到最高点之后将其卖出。

2. 道氏股价波动理论

根据道氏理论，股票价格运动有三种趋势，其中最主要的是股票的基本趋势，即股价广泛或全面性上升或下降的变动情形。这种变动持续的时间通常为一年或一年以上，股价总升（降）的幅度超过20%。对投资者来说，基本趋势持续上升就形成了多头市场，持续下降就形成了空头市场。

股价运动的第二种趋势称为股价的次级趋势。因为次级趋势经常与基本趋势的运动方向相反，并对其产生一定的牵制作用，因而也称为股价的修正趋势。这种趋势持续的时间从3周至数月不等，其股价上升或下降的幅度一般为股价基本趋势的1/3或2/3。股价运动的第三种趋势称为短期趋势，反映了股价在几天之内的变动情况。修正趋势通常由3个或3个以上的短期趋势所组成。

在三种趋势中，长期投资者最关心的是股价的基本趋势，其目的是想尽可能地在多头市场上买入股票，而在空头市场形成前及时卖出股票。投机者则对股价的修正趋势比较感兴趣。他们的目的是想从中获取短期的利润。短期趋势的重要性较小，且易受人为操纵，因而不便作为趋势分析的对象。人们一般无法操纵股价的基本趋势和修正趋势，只有国家的财政部门才有可能对其进行有限的调节。

道氏理论的缺陷：①道氏理论主要目标是探讨股市的基本趋势（primary trend）。一旦基本趋势确立，道氏理论假设这种趋势会一路持续，直到趋势遇到外来因素破坏而改变为止。像牛顿定律所说，所有物体移动时都会以直线发展，除非有额外因素力量加诸其上。但有一点要注意的是，道氏理论只推断股市的大势所趋，却不能推动大趋势里的升幅或者跌幅将会到哪个程度。②道氏理论每次都要两种指数互相确认，这样做已经慢了半拍，走失了最好的入货和出货机会。③道氏理论对选股没有帮助。④道氏理论注重长期趋势，对中期趋势，特别是在不知是牛市还是熊市的情况下，不能带给投资者明确启示。

3. 波浪理论

波浪理论是技术分析大师R.E.艾略特所发明的一种价格趋势分析工具，它是一套完全靠观察而得来的规律，可用以分析股市指数、价格的走势，它也是世界股市分析上运用最多，而又最难以了解和精通的分析工具。艾略特认为，不管是股票还是商品价格的波动，都与大自然的潮汐、波浪一样，一浪跟着一波，周而复始，具有相当程度的规律性，展现出周期循环的特点，任何波动均有迹可循。因此，投资者可以根据这些规律性的波动预测价格未来的走势，在买卖策略上实施使用。

波浪理论的四个基本特点：①股价指数的上升和下跌将会交替进行。②推动浪和调整浪是价格波动的两个最基本形态，而推动浪（即与大市走向一致的波浪）可以再分割成五个小浪，一般用第1浪、第2浪、第3浪、第4浪、第5浪来表示，调整浪也可以划分成三个小浪，通常用a浪、b浪、c浪表示，如图3-7所示。③在上述八个波浪（五上三落）完毕之后，一个循环即告完成，走势将进入下一个八波浪循环。④时间的长短不会改变波浪的形态，因为市场仍会依照其基本形态发展。波浪可以拉长，也可以缩短，但其基本形态永恒不变。

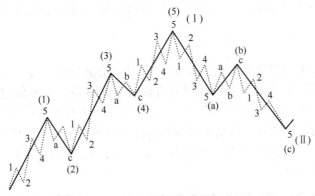

图 3-7 波浪理论图

4. 股市发展阶段与成长周期理论

证券市场发展的道路不完全一样，但一般都要经历五个阶段。

（1）休眠阶段　此阶段了解证券市场的人并不多，股票公开上市的公司也少，但过了很长一段时间，投资者发现，即便不算潜在的资本增值，获得的股利也超过其他投资形式得到的收益，于是他们就买进股票，但开始还是小心谨慎。

（2）操纵阶段　一些证券经纪商和交易商发现，由于股票不多，流动性有限，只要买进一小部分股票就能哄抬价格。只要价格持续高涨，就会吸引其他人购买，这时操纵者抛售股票就能获取暴利。因此，他们开始哄压市价，操纵市场，获取暴利。

（3）投资阶段　有些人通过买卖股票得到了大量的资本增值，不管已经实现了的或还只是账面上的，这些暴利的示范作用都会吸引更多的人加入投机行列，投机阶段就开始了，股票价格大大超过实际的价值，交易量扶摇直上。新发行的股票往往被超额急购，吸引了许多公司都来发行股票，原来惜售的持股者也出售股票以获利，于是扩大了上市股票的供应。

（4）崩溃阶段　到一定时机，用来投机的资金来源会枯竭，认购新发的股票越来越少，而越来越多的投资者头脑冷静下来，开始认识到股票的价格被抬得太高了，与本来的价值脱节得太厉害。这时只要外界一有风吹草动，股价就会动摇，然后价格开始下降。

（5）成熟阶段　在股市下跌之后，需要几个月甚至几年的时间使公众对股票市场重新恢复信心。这个时间的长短视价格跌落的幅度、购买新股票的刺激、机构投资者的行为等因素而定。跌市使有些人亏了大本，他们只留着作长期投资，寄希望于将来价格的回升。一些私人投资者变得谨慎了，一些没有经历过崩溃阶段的新的投资者加入进来，机构投资者的队伍也扩大了，这样成熟阶段就开始了。这里股票供应增加，流动性更大，投资者更有经验，交易量更稳定，虽然股票价格还是会波动，但不像以前那样激烈了，而是随着经济和企业的发展上下波动。

5. 黄金分割率理论

在股价预测中，根据该两组黄金比有两种黄金分割分析方法。

第一种方法：以股价近期走势中重要的峰位或底位，即重要的高点或低点为计算测量未来走势的基础，当股价上涨时，以底位股价为基数，跌幅在达到某一黄金比时可能受到支撑。当行情接近尾声，股价发生急升或急跌后，其涨跌幅达到某一重要黄金比时，则可能发生转势。

第二种方法：行情发生转势后，无论是止跌转升的反转抑或止升转跌的反转，以近期走势中重要的峰位和底位之间的涨额作为计量的基数，将原涨跌幅按 0.191、0.382、0.5、

0.618、0.809分割为五个黄金点。股价在反转后的走势将有可能在这些黄金点上遇到暂时的阻力或支撑。

6. K线理论

K线图最早是日本德川幕府时代大阪的米商用来记录当时一天、一周或一月中米价涨跌行情的图示法，后被引入股市。K线图有直观、立体感强、携带信息量大的特点，蕴涵着丰富的东方哲学思想，能充分显示股价趋势的强弱、买卖双方力量平衡的变化，预测后市走向较准确，是各类传播媒介、电脑实时分析系统应用较多的技术分析手段。

① 根据每只股票当日的开盘价、收盘价、最高价、最低价四项数据，可以将股价走势图画成如图3-8所示K线图。

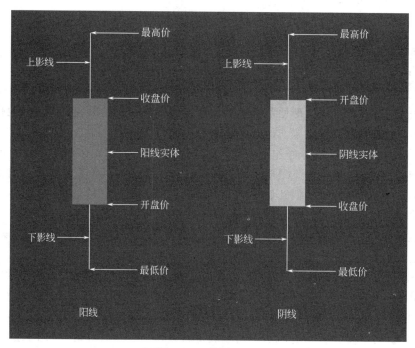

图3-8　K线图（一）

收盘价高于开盘价时，则开盘价在下收盘价在上，二者之间的长方柱用红色或空心绘出，称之为阳线；其上影线的最高点为最高价，下影线的最低点为最低价。

收盘价低于开盘价时，则开盘价在上收盘价在下，二者之间的长方柱用黑色或实心绘出，称之为阴线；其上影线的最高点为最高价，下影线的最低点为最低价。

② 根据K线的计算周期可将其分为日K线、周K线、月K线、年K线。周K线是指以周一的开盘价、周五的收盘价、全周最高价和全周最低价来画的K线图。月K线则以一个月的第一个交易日的开盘价、最后一个交易日的收盘价和全月最高价与全月最低价来画的K线图，同理可以推得年K线定义。周K线、月K线常用于研判中期行情。对于短线操作者来说，众多分析软件提供的5分钟K线、15分钟K线、30分钟K线和60分钟K线也具有重要的参考价值。

③ 根据开盘价与收盘价的波动范围，可将K线分为极阴、极阳，小阴、小阳，中阴、中阳和大阴、大阳等线形。它们一般的波动范围如图3-9所示。

极阴线、极阳线的波动范围在0.5%左右；小阴线和小阳线的波动范围一般在0.6%～1.5%；中阴线和中阳线的波动范围一般在1.6%～3.5%；大阴线和大阳线的波动范围在

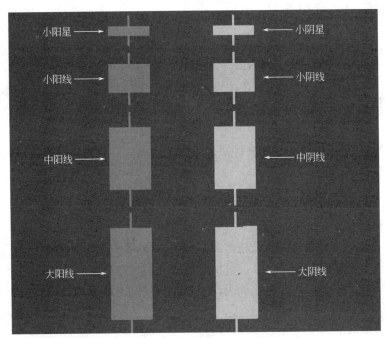

图 3-9　K 线图（二）

3.6％以上。

④ K 线大法归纳为简单的三招，即一看阴阳，二看实体大小，三看影线长短。

"一看阴阳"，阴阳代表趋势方向，阳线表示将继续上涨，阴线表示将继续下跌。以阳线为例，在经过一段时间的多空拼搏，收盘高于开盘表明多头占据上风。根据牛顿力学定理，在没有外力作用下价格仍将按原有方向与速度运行，因此阳线预示下一阶段仍将继续上涨，最起码能保证下一阶段初期能惯性上冲。故阳线往往预示着继续上涨，这一点也极为符合技术分析中三大假设之一股价沿趋势波动，而这种顺势而为也是技术分析最核心的思想。同理可得阴线继续下跌。

"二看实体大小"，实体大小代表内在动力，实体越大，上涨或下跌的趋势越明显，反之趋势则不明显。以阳线为例，其实体就是收盘高于开盘的那部分，阳线实体越大，说明上涨的动力越足，就如质量越大与速度越快的物体，其惯性冲力也越大的物理学原理；阳线实体越大代表其内在上涨动力也越大，其上涨的动力将大于实体小的阳线。同理可得阴线实体越大，下跌动力也越足。

"三看影线长短"，影线代表转折信号，向一个方向的影线越长，越不利于股价向这个方向变动，即上影线越长，越不利于股价上涨，下影线越长，越不利于股价下跌。以上影线为例，在经过一段时间多空斗争之后，多头终于败下阵来，一朝被蛇咬，十年怕井绳。不论 K 线是阴还是阳，上影线部分已构成下一阶段的上档阻力，股价向下调整的概率居大。同理可得下影线预示着股价向上攻击的概率居大。

K 线一点通的简单三招，既可对日 K 线、周 K 线、月 K 线甚至年 K 线进行分析，也可对二根、三根甚至 N 根 K 线进行研判。

经典 K 线组合图解（节选）

a. T 形线（蜻蜓），如图 3-10 所示。

应用法则：底部看涨、顶部看跌的变盘线。

b. V形反转，如图 3-11 所示。

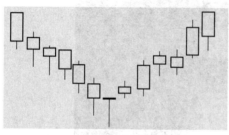

图 3-10　T 形线

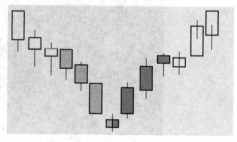

图 3-11　V 形反转

应用法则：底部见底，反转上升。

c. 长上影线，如图 3-12 所示。

应用法则：长上影线出现在上升趋势的高位，若成交量放大，则意味着多头追高积极，但高位抛压沉重，股价向上攀越艰难，行情很可能掉头回档或反转；长上影线出现在下降趋势的低位，若成交量放大，则意味着多头抄底盘介入，但不能有效遏制抛压，多空双方已逐渐转向势均力敌。

d. 长十字星，如图 3-13 所示。

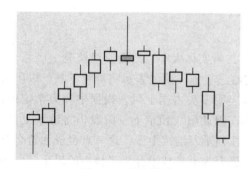

图 3-12　长上影线

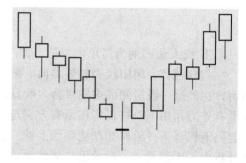

图 3-13　长十字星

应用法则：十字线可能构成重要的警告信号。原趋势停顿或反转；只有在一个市场不经常出现十字线的条件下，十字线才具有重要意义；如果具有很长的上影线，或者具有很长的下影线则更加意味着市场犹豫不决；较普通的十字线更具有预示着原趋势停顿或反转的研判意义。

e. 长下影线，如图 3-14 所示。

应用法则：长下影线出现在上升趋势的高位，若成交量放大，则意味着抛压加重，承接踊跃，但有多头力竭之感；长下影线出现在下降趋势的低位，若成交量放大，则意味着有恐慌性筹码抛出，但低位接盘踊跃，有大量多头抄底盘介入。

f. 出水芙蓉，如图 3-15 所示。

应用法则：一根大的阳线上穿三条均线，改变均线为多头排列，后势看涨。

g. 大阳线，如图 3-16 所示。

应用法则：大阳线在上升行情中出现，则意味着行情剧烈地向上攀升；大阳线在下跌行情中出现，则意味着行情剧烈地向上反弹。

7. **分时图的基础知识**

分时图是指大盘和个股的动态实时（即时）分时走势图，其在实战研判中的地位极其重

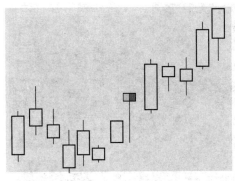

图 3-14 长下影线

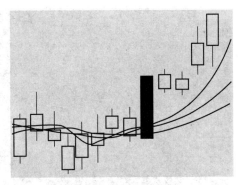

图 3-15 出水芙蓉

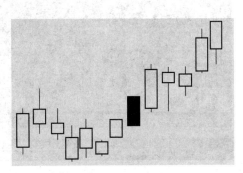

图 3-16 大阳线

要,是即时把握多空力量转化即市场变化的直接依据。

大盘指数即时分时走势图,如图 3-17 所示。

(1) 白色曲线 表示大盘加权指数,即证交所每日公布媒体常说的大盘实际指数。

(2) 黄色曲线 大盘不含加权的指标,即不考虑股票盘子的大小,而将所有股票对指数影响看作相同而计算出来的大盘指数。

参考白黄二曲线的相互位置可知:①当大盘指数上涨时,黄线在白线之上,表示流通盘较小的股票涨幅较大;反之,黄线在白线之下,说明盘小的股票涨幅落后于大盘股。②当大盘指数下跌时,黄线在白线之上,表示流通盘较小的股票跌幅小于盘大的股票;反之,盘小的股票跌幅大于盘大的股票。

可以简单地认为白线表示大盘股,黄线表示小盘股。谚语:黄线在上,民心所向。

(3) 红绿柱线 在红白两条曲线附近有红绿柱状线,是反映大盘即时所有股票的买盘与卖盘在数量上的比率。红柱线的增长减短表示上涨买盘力量的增减;绿柱线的增长缩短表示下跌卖盘力度的强弱。

(4) 黄色柱线 在红白曲线图下方,用来表示每一分钟的成交量,单位是手(每手等于 100 股)。

(5) 委买委卖手数 代表即时所有股票买入委托下三档和卖出上三档手数相加的总和。

(6) 委比数值 是委买委卖手数之差与之和的比值。当委比数值为正值的时候,表示买方力量较强股指上涨的概率大;当委比数值为负值的时候,表示卖方的力量较强股指下跌的概率大。

个股即时分时走势图如图 3-18 所示。

(1) 白色曲线 表示该种股票即时实时成交的价格。

(2) 黄色曲线 表示该种股票即时成交的平均价格,即当天成交总金额除以成交总股数。

(3) 黄色柱线 在红白曲线图下方,用来表示每一分钟的成交量。

(4) 成交明细 在盘面的右下方为成交明细显示,显示动态每笔成交的价格和手数。

(5) 外盘内盘 外盘又称主动性买盘,即成交价在卖出挂单价的累积成交量;内盘主

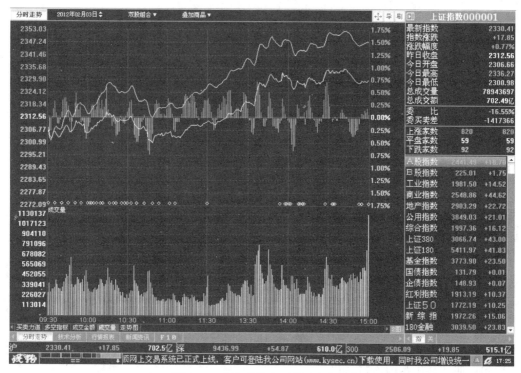

图 3-17 大盘指数即时分时走势图

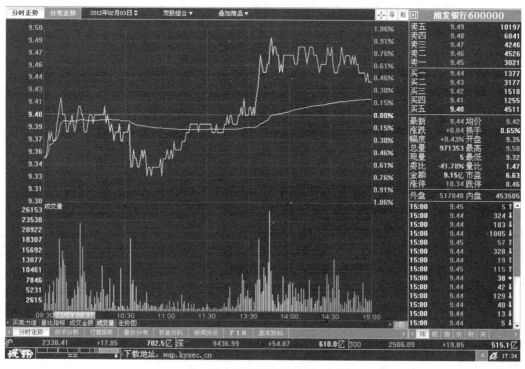

图 3-18 个股即时分时走势图

动性卖盘，即成交价在买入挂单价的累积成交量。外盘反映买方的意愿，内盘反映卖方的意愿。

(6) 量比 是指当天成交总手数与近期成交手数平均的比值,具体公式为:现在总手/[(5日平均总手/240)×开盘多少分钟]。量比数值的大小表示近期此时成交量的增减,大于1表示此时刻成交总手数已经放大;小于1表示此时刻成交总手数萎缩。

实战中的K线分析,必须与即时分时图分析相结合,才能真实可靠地读懂市场的语言、洞悉盘面股价变化的奥妙。

8. 技术分析的操作原则

由技术分析定义得知,其主要内容有图表解析与技术指标两大类。事实上早期的技术分析只是单纯的图表解析,亦即透过市场行为所构成的图表形态,来推测未来的股价变动趋势。但因这种方法在实际运用中易受个人主观意识影响,而有不同的判断。这也就是许多人戏称图表解析是一项艺术工作,九个人可能产生十种结论的原因。为减弱图表判断的主观性,市场逐渐发展出一些可运用数据计算的方式,来辅助个人对图形形态的知觉与辨认,使分析更具客观性。从事技术分析时,有下述11项基本操作原则可供遵循。

① 股价的涨跌情况呈一种不规则的变化,但整个走势却有明显的趋势。也就是说,虽然在图表上看不出第二天或下周的股价是涨是跌,但在整个长期的趋势上,仍有明显的轨迹可循。

② 一旦一种趋势开始后,则难以制止或转变。这个原则意指当一种股票呈现上涨或下跌趋势后,不会在短期内产生180°的转弯。但须注意,这个原则是针对纯粹的市场心理而言,并不适用于重大利空或利多消息出现时的情况。

③ 除非有肯定的技术确认指标出现,否则应认为原来趋势仍会持续发展。

④ 未来的趋势可由线本身推论出来。基于这个原则,我们可在线路图上依整个头部或底部的延伸线明确画出往后行情可能发展的趋势。

⑤ 任何特定方向的主要趋势经常遭反方向力量阻挡而改变,但1/3或2/3幅度的波动对整个延伸趋势的预测影响不会太大。也就是说,假设个别股票在一段上涨幅度为三元的行情中,回档一元甚至二元时,仍不应视为上涨趋势已经反转,只要不超过2/3的幅度,仍应认为整个趋势属于上升行情中。

趋势线可以衡量价格波动的方向,由趋势线的方向可以明确地看出价格的趋势。在上升趋势中,将两个低点连成一条直线,就得到上升趋势线。在下降趋势中,将两个高点连成一条直线,就得到下降趋势线。要得到一条真正起作用的趋势线,要经多方面的验证才能最终确认。首先,必须确实有趋势存在;其次,画出直线后,还应得到第三个点的验证才能确认这条趋势线是有效的,如图3-19所示。

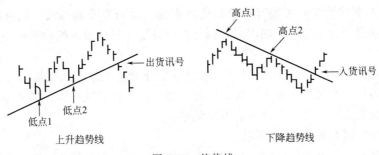

图3-19 趋势线

⑥ 股价横向发展数天甚至数周时，可能有效地抵消反方向的力量。这种持续横向整理的形态有可辨认的特性。

⑦ 趋势线的背离现象伴随线路的正式反转而产生，但这并不具有必然性。换句话说，这个原则具有相当的可靠性，但并非没有例外。

⑧ 依据道氏理论的推断，股价趋势产生关键性变化之前，必然有可资辨认的形态出现。例如，头肩顶出现时，行情可能反转；头肩底形成时，走势会向上突破。头肩底与头肩顶形态都是出现频率较高且可靠性较强的一种反转形态。

一个完整的"头肩顶"形态包括左肩、头部和右肩，分别为图3-20中的1、3和5。

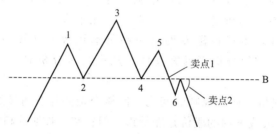

图3-20　头肩顶形态示意图

"头肩底"形态在K线分析中也占有相当重要的地位，一个真正完善有效的形态形成之后，能量相当巨大，如图3-21所示。

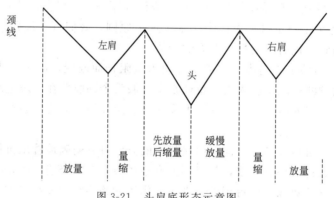

图3-21　头肩底形态示意图

⑨ 在线路产生变化的关键时刻，个别股票的成交量必定含有特定意义。例如，线路向上挺升的最初一段时间，成交量必定配合扩增；线路反转时，成交量必定随着萎缩。

⑩ 市场上的强势股票有可能有持续的优良表现，而弱势股票的疲态也可能持续一段时间。我们不必从是否有主力介入的因素来探讨这个问题，只从最单纯的追涨心理即可印证此项原则。

⑪ 在个别股票的日线图或周线图中，可清楚地分辨出支撑区及抵抗区。这两种区域可用来确认趋势将持续发展或是完全反转。假设线路已向上突破抵抗区，那么股价可能继续上扬；一旦向下突破支撑区，则股价可能再现低潮。

支撑线与压力线，如图3-22所示。

当股价跌到某一较低的价位时，随即出现较强的买盘，股价停止下跌，有时还会出现反弹；当股价涨到某一较高价位时，马上出现较大的卖单，股价随即停止上涨，或者转而

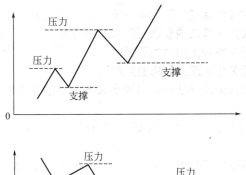

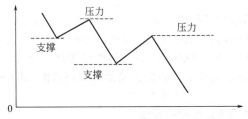

图 3-22　支撑线与压力线

下跌。

支撑线（抵抗线）：一系列股价之谷的连线。当价格跌到某个价位附近时，价格停止下跌，甚至有可能回升。这个起着阻止价格继续下跌或暂时阻止价格继续下跌的价格就是支撑线所在的位置。

压力线（阻力线）：一系列股价之峰的连线。当价格上涨到某价位附近时，价格会停止上涨，甚至加速回落。这个起着阻止或暂时阻止价格继续上升的价位就是压力线所在的位置。

支撑线和压力线的作用是阻止或暂时阻止价格向一个方向继续运动。同时，支撑线和压力线又有彻底阻止价格按原方向变动的可能。要维持这种趋势，保持原来的变动方向，就必须冲破阻止其继续向前的障碍。

小常识

散户：就是买卖股票数量较少的小额投资者。

作手：在股市中炒作哄抬，用不正当方法把股票炒高后卖掉，然后设法压低行情，低价补回；或趁低价买进，炒作哄抬后，高价卖出。这种人被称为作手。

吃货：作手在低价时暗中买进股票。

出货：作手在高价时不动声色地卖出股票。

惯压：用不正当手段压低股价的行为。

坐轿子：目光锐利或事先得到信息的投资人，在大户暗中买进或卖出时，或在利多或利空消息公布前，先期买进或卖出股票，待散户大量跟进或跟出，造成股价大幅度上涨或下跌时，再卖出或买回，坐享厚利。

抬轿子：利多或利空消息公布后，认为股价将大幅度变动，跟着抢进抢出，获利有限，甚至常被套牢的人，就是给别人抬轿子。

热门股：是指交易量大、流通性强、价格变动幅度大的股票。

冷门股：是指交易量小、流通性差，甚至没有交易、价格变动小的股票。

投资股：指发行公司经营稳定，获利能力强、股息高的股票。
投机股：指股价因人为因素造成涨跌幅度很大的股票。
高息股：指发行公司派发较多股息的股票。
无息股：指发行公司多年未派发股息的股票。
成长股：指新添的有前途的产业中，利润增长率较高的企业股票。成长股的股价呈不断上涨趋势。
行情牌：一些大银行和经纪公司，证券交易所设置的大型电子屏幕，可随时向客户提供股票行情。
盈亏临界点：交易所股票交易量的基数点，超过这一点就会实现赢利，反之则亏损。
填息：除息前，股票市场价格大约等于没有宣布除息前的市场价格加将分派的股息。因而在宣布除息后股价将上涨。除息完成后，股价往往会下降到低于除息前的股价。二者之差约等于股息。如果除息完成后，股价上涨接近或超过除息前的股价，二者的差额被弥补，就叫填息。
票面价值：指公司最初所定股票票面值。
僵牢：指股市上经常会出现股价徘徊缓滞的局面，在一定时期内既上不去，也下不来，上海投资者们称此为僵牢。
配股：公司发行新股时，按股东所有人参份数，以特价（低于市价）分配给股东认购。
要价、报价：股票交易中卖方愿出售股票的最低价格。
法定资本：例如一家公司的法定资本是 2000 万元，但开业时只需 1000 万元便足够，持股人缴足 1000 万元便是缴足资本。
蓝筹股：指资本雄厚、信誉优良的挂牌公司发行的股票。
信托股：指公积金局批准公积金持有人可投资的股票。
可进行按金交易股：指可以利用按金买卖的股票。
股票周转率：一年中股票交易的股数占交易所上市股票股数、个人和机构发行总股数的百分比。
盘档：是指投资者不积极买卖，多采取观望态度，使当天股价的变动幅度很小，这种情况称为盘档。
整理：股价经过一段急剧上涨或下跌后，开始小幅度波动，进入稳定变动阶段，这种现象称为整理，整理是下一次大变动的准备阶段。
盘坚：股价缓慢上涨，称为盘坚。
盘软：股价缓慢下跌，称为盘软。回档是指股价上升过程中，因上涨过速而暂时回跌的现象。
成交笔数：是指当天各种股票交易的次数。
成交额：是指当天每种股票成交的价格总额。
最后喊进价：是指当天收盘后，买者欲买进的价格。
最后喊出价：是指当天收盘后，卖者的要价。

第三节 股票投资的操作程序

股票交易的基本过程包括开户、委托、成交、结算等几个步骤，如图 3-23 所示。

一、开户

开户有两个方面,即开立证券账户和开立资金账户。证券账户用来记载投资者所持有的证券种类、数量和相应的变动情况;资金账户则用来记载和反映投资者买卖证券的货币和结存数额。

开立证券账户和资金账户后,投资者买卖证券所涉及的证券、资金变化就会从相应的账户中得到反映。例如,某投资者买入 A 股票 1000 股,包括股票价格和交易税费的总费用为 10000 元,则投资者的证券账户上就会增加 A 股票 1000 股,资金账户上就会减少 10000 元。

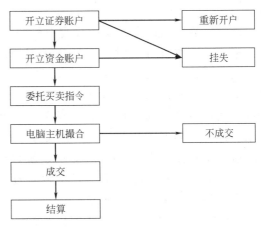

图 3-23　证券交易程序

开户流程如下。

① 到证券公司开户,同时开通上证或深证股东账户卡、资金账户、网上交易业务、电话交易业务等有关手续。然后,下载证券公司指定的网上交易软件。

② 到银行开活期账户,并开通银证转账业务,把钱存入银行。

③ 通过网上交易系统或电话交易系统把钱从银行转入证券公司资金账户。

④ 通过网上交易系统或电话交易系统可以买卖股票。

⑤ 开户费用一般是开股东卡费用,按交易所规定,上海股东卡开户费为 40 元人民币,深圳股东卡开户费为 50 元人民币。

⑥ 买股票必须委托证券公司代理交易,所以必须找一家证券公司开户。买股票的人不可直接到上海证券交易所买卖。这跟二手房买卖一样,是由中介公司代理的。

注意事项如下。

① 务必本人办理开户手续。首先,要开立上海、深圳证券交易所账户;其次,开立资金账户,即可获得一张证券交易卡;最后,根据证券交易所的规定,应办理指定交易,办理指定交易后方可在营业部进行证券市场的股票买卖。

② 开立证券账户须持本人身份证原件及复印件,开立资金账户还须携带证券账户卡原件及复印件。如需委托他人操作,需与代理人(代理人也须携带本人身份证)一起前来办理委托手续。

③ 一张身份证只能开立一个证券账户。如果已在其他证券公司开户,则需要在该证券公司办理了撤销指定交易和转托管手续之后,再办理开户,开户时仅需开立资金账户和办理指定交易即可。我国从 2015 年开始,一人一户全面解禁,一人最多可以开 20 个股票账户,可以选择不同的证券公司开户。如果投资者对证券公司的服务或佣金不满意,只需要到别的证券公司新开一个账户即可。

二、委托

在证券交易所市场,投资者买卖证券是不能直接进入交易所办理的,而必须通过证券交易所的会员来进行。换言之,投资者需要通过经纪商的代理才能在证券交易所买卖证券。在这种情况下,投资者向经纪商下达买进或卖出证券的指令,称为"委托"。证券经纪商接到投资者的委托指令后,首先要对投资者身份的真实性和合法性进行审查。审查合格后,经纪商要将投资者委托指令的内容传送到证券交易所进行撮合。这一过程称为"委托的执行",也称为"申报"或"报盘"。

证券交易所在证券交易中接受报价的方式主要有口头报价、书面报价和电脑报价三种。采用口头报价方式时,证券公司的场内交易员接到交易指令后,在证券交易所规定的交易台前或者指定的区域,用口头方式喊出自己的买价或者卖价,同时辅以手势,直至成交。而采用书面报价方式时,交易员将证券买卖要求以书面形式向证券交易所申报,然后按规定的竞价交易原则撮合成交。电脑报价则是指证券公司通过计算机交易系统进行证券买卖申报,其做法是:证券公司将买卖指令输入计算机终端,并通过计算机系统传给证券交易所的交易系统,交易系统接收后即进行配对处理。若买卖双方有合适的价格和数量,交易系统便自动撮合成交。目前,我国通过证券交易所进行的证券交易均采用电脑报价方式。

在委托未成交之前,委托人有权变更和撤销委托,冻结的资金或证券可以及时解冻。而一旦竞价成交,买卖即到成交,则成交部分不得撤单。

三、成交

竞价成交按照一定的竞争规则进行,其核心内容是价格优先、时间优先原则。价格优先原则是在买进证券时,较高的买进价格申报优先于较低的买进价格申报;卖出证券时,较低的卖出价格申报优先于较高的卖出价格申报。时间优先原则要求当存在若干相同价格申报时,应当由最早提出该价格申报的一方成交。即同价位申报,按照申报时序决定优先顺序。我国证券交易所有两种竞价方式,即在每日开盘前采用集合竞价方式,在开盘后的交易时间里采用连续竞价方式。

在上海证券交易所和深圳证券交易所,产生股票价格的方式有两种:其一是在开盘时的集合竞价,其二是开盘后的连续竞价(注意深交所的收盘价是最后3分钟进行集合竞价产生的)。

我国股票市场竞价的原则:先以"价格优先、时间优先"来排列买卖有效委托,以"不高于买价,不低于卖价"的原则成交。

(一)集合竞价

集合竞价指对所有有效委托进行集中处理,深、沪两户的集合竞价时间为交易日上午9:15~9:25。集合竞价由投资者按照自己所能接受的心理价格自由地进行买卖申报,电脑交易主机系统对全部有效委托进行一次集中撮合处理。系统按成交量最大且首先确定的价格产生股票当日的开盘价,并及时反映到屏幕上。在集合竞价时间内的有效委托报单未成交,则自动有效进入9:30开始的连续竞价。通过集合竞价,可以反映出该股票是否活跃。如果是活跃的股票,集合竞价所产生的价格一般较前一日为高,表明买盘踊跃,股票有上涨趋势;如果是非活跃股或冷门股,通过集合竞价所产生的价格一般较前一日为低,买盘较少,股票则有下跌趋势(下午开市没有集合竞价)。

集合竞价的基本过程如下。

设股票G在开盘前分别有6笔买入委托和5笔卖出委托,根据价格优先的原则,按买入价格由高至低和卖出价格由低至高的顺序将其分别排列如下。

序号	委托买入价	数量（手）	序号	委托卖出价	数量（手）
1	3.80	2	1	3.52	5
2	3.76	6	2	3.57	1
3	3.65	4	3	3.60	2
4	3.60	7	4	3.65	6
5	3.54	6	5	3.70	6
6	3.45	3			

按不高于申买价和不低于申卖价的原则，首先可成交第一笔，即 3.80 元买入委托和 3.52 元的卖出委托，若要同时符合申买者和申卖者的意愿，其成交价格必须是在 3.52～3.80 元，但具体价格要视以后的成交情况而定。这对委托成交后其他的委托排序如下。

序号	委托买入价	数量（手）	序号	委托卖出价	数量（手）
1			1	3.52	3
2	3.76	6	2	3.57	1
3	3.65	4	3	3.60	2
4	3.60	7	4	3.65	6
5	3.54	6	5	3.7	6
6	3.45	3			

在第一次成交中，由于卖出委托的数量多于买入委托，按交易规则，序号 1 的买入委托 2 手全部成交，序号 1 的卖出委托还剩余 3 手。

第二笔成交情况：序号 2 的买入委托价格为不高于 3.76 元，数量为 6 手。在卖出委托中，序号 1～3 的委托数量正好为 6 手，其价格意愿也符合要求，正好成交，其成交价格在 3.60～3.76 元的范围内，成交数量为 6 手。应注意的是，第二笔成交价格的范围是在第一笔成交价格的范围之内，且区间要小一些。第二笔成交后剩下的委托情况如下。

序号	委托买入价	数量（手）	序号	委托卖出价	数量（手）
3	3.65	4			
4	3.60	7	4	3.65	6
5	3.54	6	5	3.70	6
6	3.45	3			

第三笔成交情况：序号 3 的买入委托其价格要求不超过 3.65 元，而卖出委托序号 4 的委托价格符合要求，这样序号 3 的买入委托与序号 4 的卖出委托就正好配对成交，其价格为 3.65 元。因卖出委托数量大于买入委托，故序号 4 的卖出委托仅成交了 4 手。第三笔成交后的委托情况如下。

序号	委托买入价	数量（手）	序号	委托卖出价	数量（手）
4	3.60	7	4	3.65	2
5	3.54	6	5	3.70	6
6	3.45	3			

完成以上三笔委托后，因最高买入价为3.60元，而最低卖出价为3.65元，买入价与卖出价之间再没有相交部分，所以这一次的集合竞价就已完成，最后一笔的成交价就为集合竞价的平均价格。剩下的其他委托将自动进入开盘后的连续竞价。

在以上过程中，通过一次次配对，成交的价格范围逐渐缩小，而成交的数量逐渐增大，直到最后确定一个具体的成交价格，并使成交量达到最大。在最后一笔配对中，如果买入价和卖出价不相等，其成交价就取两者的平均。

在这次的集合竞价中，三笔委托共成交了12手，成交价格为3.65元。按照规定，所有这次成交的委托无论是买入还是卖出，其成交价都定为3.65元，交易所发布的股票G的开盘价就为3.65元，成交量12手。

当股票的申买价低申卖价高而导致没有股票成交时，上海股市就将其开盘价空缺，将连续竞价后产生的第一笔价格作为开盘价。而深圳股市对此却另有规定：若最高申买价高于前一交易日的收盘价，就选取该价格为开盘价；若最低申卖价低于前一交易日的收盘价，就选取该价格为开盘价；若最低申买价不高于前一交易日的收盘价、最高申卖价不低于前一交易日的收盘价，则选取前一交易日的收盘价为今日的开盘价。

（二）连续竞价

上海证券交易所在正常交易时间即每周1～5上午9：30～11：30，下午13：00～15：00为连续竞价时间。

深圳证券交易所在正常交易时间即每周1～5上午9：30～11：30，下午13：00～14：57为连续竞价时间。

连续竞价的成交方式与集合竞价有很大的区别，先以"价格优先、时间优先"来排列买卖有效委托，它是在买入的最高价（买一）与卖出的最低价（卖一）的委托中，以"不高于买价，不低于卖价"的原则成交，一对一对地成交，其成交价如下。

① 最高买入申报价格与最低卖出申报价格相同，以该价格为成交价格。

② 买入申报价格高于即时揭示的最低卖出申报价格的，以即时揭示的最低卖出申报价格为成交价格（在体现了"不高于买价，不低于卖价"的同时，也体现了"时间优先"原则）。

③ 卖出申报价格低于即时揭示的最高买入申报价格的，以即时揭示的最高买入申报价格为成交价格（在体现了"不高于买价，不低于卖价"的同时，也体现了"时间优先"原则）。

接下来我们对以上成交原则举例说明。

有甲、乙、丙、丁四人：甲卖出价为10.70元，时间13：35；乙卖出价为10.40元，时间13：40；丙卖出价为10.75元，时间13：25；丁卖出价为10.40元，时间13：38。那么顺序为：丁、乙、甲、丙。

由于集合竞价是将一段时间内所有的委托一同成交，其价格不易受个别报价的影响，且能反映绝大多数交易者的买卖意愿，产生的价格比较公平和合理，且可以防止操纵股价的行为。深交所以前在股票交易中均采用集合竞价的方法产生价格，其优点是每一次价格的产生都基本不会受偶然因素影响，即使股民的申报价格偏离较大或错报，其成交价一般也不会偏离前一成交价太大，所以集合竞价产生的价格变动比较平滑。而连续竞价因为是一对一撮合，产生的价格波动较大，股市行情的变化也容易大起大落，特别是当股民错报委托价格时，交易系统会毫不留情地按照所报价格成交。

四、股权登记，证券存管、清算交割交收

为了减少证券和价款的交割数量，有证券登记结算机构对每一营业日成交的证券与价款

分别予以轧抵，计算证券和资金的应收或应付净额的处理过程。通过对同一证券经纪上的同一种证券的买与卖进行冲抵清算，确定应当交割的证券数量和价款数额，以便于按照"净额交收"的原则办理证券和价款的交割。

例行日交割是主要形式。A 股、基金、债券采用 T+1 交割，B 股采用 T+3 交割。

五、股票的交易费用

股票的交易费用通常包括印花税、佣金、过户费、其他费用等几个方面的内容。

（一）印花税

印花税是根据国家税法规定，在股票（包括 A 股和 B 股）成交后对买卖双方投资者按照规定的税率分别征收的税金。印花税的缴纳是由证券经营机构在同投资者交割中代为扣收，然后在证券经营机构同证券交易所或登记结算机构的清算交割中集中结算，最后由登记结算机构统一向征税机关缴纳。其收费标准是按 A 股成交金额的 1‰ 计收，买入不收，仅卖出时收，基金、债券等均无此项费用。

（二）佣金

佣金是指投资者在委托买卖证券成交之后按成交金额的一定比例支付给券商的费用。此项费用一般由券商的经纪佣金、证券交易所交易经手费及管理机构的监管费等构成。佣金的收费标准为：①上海证券交易所，A 股的佣金为成交金额的 3‰，起点为 5 元；债券的佣金为成交金额的 2‰（上际，可浮动），起点为 5 元；基金的佣金为成交金额的 3‰，起点为 5 元；证券投资基金的佣金为成交金额的 2.5‰，起点为 5 元。②深圳证券交易所，A 股的佣金为成交金额的 3‰，不得超过，可以下浮，起点为 5 元；债券的佣金为成交金额的 2‰（上限），起点为 5 元；基金的佣金为成交金额的 3‰，起点为 5 元；证券投资基金的佣金为成交金额的 2.5‰，起点为 5 元。

（三）过户费

过户费是指投资者委托买卖的股票、基金成交后买卖双方为变更股权登记所支付的费用。这笔收入属于证券登记清算机构的收入，由证券经营机构在同投资者清算交割时代为扣收。过户费的收费标准为：上海证券交易所 A 股、基金交易的过户费为成交票面金额的 1‰，起点为 1 元，其中 0.5‰ 由证券经营机构交登记公司；深圳证券交易所免收 A 股、基金、债券的交易过户费。

（四）其他费用

其他费用是指投资者在委托买卖证券时，向证券营业部缴纳的委托费（通信费）、撤单费、查询费、开户费、磁卡费以及电话委托、自助委托的刷卡费、超时费等。这些费用主要用于通信、设备、单证制作等方面的开支，其中委托费在一般情况下，投资者在上海、深圳本地买卖沪、深证券交易所的证券时，向证券营业部缴纳 1 元委托费，异地缴纳 5 元委托费。其他费用由券商根据需要酌情收取，一般没有明确的收费标准，只要其收费得到当地物价部门批准即可。目前有相当多的证券经营机构出于竞争的考虑而减免部分或全部此类费用。

六、港股交易

（一）沪港通

2014 年 4 月 10 日，中国证券监督管理委员会和香港证券及期货事务监察委员会发布

《中国证券监督管理委员会香港证券及期货事务监察委员会联合公告》，决定原则批准上海证券交易所（以下简称上交所）、香港联合交易所有限公司（以下简称联交所）、中国证券登记结算有限责任公司（以下简称中国结算）、香港中央结算有限公司（以下简称香港结算）开展沪港股票市场交易互联互通机制试点（以下简称沪港通）。

沪港通，即沪港股票市场交易互联互通机制，指两地投资者委托上交所会员或者联交所参与者，通过上交所或者联交所在对方所在地设立的证券交易服务公司，买卖规定范围内的对方交易所上市股票。沪港通包括沪股通和港股通两部分。

沪股通，是指投资者委托联交所参与者，通过联交所证券交易服务公司，向上交所进行申报，买卖规定范围内的上交所上市股票。

港股通，是指投资者委托上交所会员，通过上交所证券交易服务公司，向联交所进行申报，买卖规定范围内的联交所上市股票。

中国结算、香港结算相互成为对方的结算参与人，为沪港通提供相应的结算服务。

（二）交易规则

内地投资者参与港股通交易时要参照香港市场的交易规则，而香港市场的交易规则和内地不尽相同。

1. 港股通交易额度限制

交易所对港股通交易分别进行了总额度和每日额度的控制，是以买卖相抵后的净流量为统计口径，限于报价或成交金额，不含交易税费和公司派发的现金红利、利息等非交易行为产生的资金金额。

2. 总额度

港股通的总额度为 2500 亿元人民币。

$$总额度余额 = 总额度 - 买入成交总金额 + 卖出成交总金额$$

总额度余额是在每个交易日结束后进行计算，当总额度余额少于一个每日额度时，上交所 SPV 将于下一个交易日暂停接受新的买单。

3. 每日额度

港股通的每日额度为 105 亿元人民币。

$$当日可用余额 = 每日额度 - 买入申报金额 + 卖出成交金额 +$$
$$被撤销和被联交所拒绝接受的买入申报金额 +$$
$$买入成交价低于申报价的差额$$

开市前时段每日额度不足后由于买单申报撤销等情况导致当日额度余额大于 0 时，当日额度可恢复；持续交易时段，当日额度余额用尽时，上交所 SPV 停止接受买单，且当日不再恢复，但仍接受卖单申报。

4. 结算和交收机制

T+2 交收：根据香港市场的规则，证券和款项均在 T+2 日进行交收。

投资者与结算参与者以人民币参与并进行交收，中国结算和香港结算以港币进行交收。

具体交收情况如图 3-24 所示。

5. 代码、简称及参与货币

代码：仍以标的证券在香港市场的 5 位证券代码进行申报。

简称和名称：港股通标的股票仍沿用在香港市场的简称和名称。

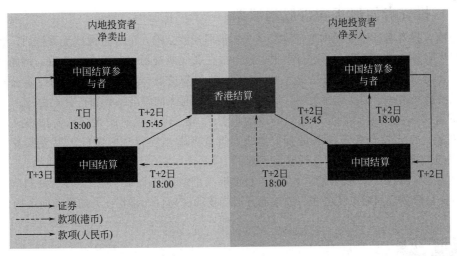

图 3-24 交收情况示意图

交易货币：内地投资者参与港股通交易，标的股票以港币报价，以人民币作为支付货币。

6. 交易指令申报规则

最小申报单位：沿用香港市场的规定，不同价位的股票，最小报价单位不同，具体情况如表 3-10 所示。

表 3-10 港股通标的股票

不同价位的股票，最小的价格变动单位不同			
0.01～0.25	适用价位 0.001	100.00～200.00	适用价位 0.100
0.25～0.50	适用价位 0.005	200.00～500.00	适用价位 0.200
0.50～10.00	适用价位 0.010	500.00～1000.00	适用价位 0.500
10.00～20.00	适用价位 0.020	1000.00～2000.00	适用价位 1.000
20.00～100.00	适用价位 0.050	2000.00～5000.00	适用价位 2.000

交易单位：沿用港交所的规则，上市公司自行决定其股票的买卖单位，申报数量应为该证券买卖单位的整数倍（卖出碎股除外）。

最大申报限制：每个买卖盘手数上限为 3000 手，每个买卖盘股数上限为 99999999。

7. 申报价格控制

开市前时段：（采用竞价限价盘报价）买卖盘价格不可偏离上日收市价或按盘价的 9 倍或以上；开市前时段结束后，任何未完成但报价在合理区间内的竞价限价盘将自动转为持续交易时段。

持续交易时段：（采用增强限价盘报价）买卖盘价格不可偏离按盘价 9 倍。除开市价外，买（卖）盘价一般不可低（高）于当时买（卖）盘价 24 个价位。

8. 其他限制

① 港股通交易支持整手买卖的回转交易（T+0），但不允许客户裸卖空。
② 港股通交易不可修改订单，可撤销订单后再申报。
③ 港股不设涨跌幅限制，但申报价必须在以上所述合理报价范围内。
④ 港股通暂不纳入融资融券标的。
⑤ 不得暗盘交易，即不得在联交所以外的场所撮合成交。
⑥ 不得参与联交所自动对盘外的交易。

(三）投资者如何买卖港股通股票

一方面，投资者通过委托内地证券公司买卖港股通股票的，证券公司接受委托后，经由上交所证券交易服务公司，向联交所进行申报，该申报在联交所交易平台撮合成交后，将通过相同路径向证券公司和投资者返回成交情况。另一方面，在结算交收方面，投资者通过证券公司与中国结算完成清算交收，中国结算作为港股通股票的名义持有人向香港结算履行交收责任。

投资者买卖港股通股票前，应当与内地证券公司签订港股通证券交易委托协议，签署风险揭示书等。个人投资者还须满足有关港股通投资者适当性管理的条件。投资者若已有沪市人民币普通股账户的，无需另行开立股票账户。

沪港通业务将仅在沪港两地均为交易日且能够满足结算安排时开通。具体交易日安排，将由两所证券交易服务公司对市场公布。沪港通开通当年的交易日安排将在开通之前向市场公布。

小常识

香港交易及结算所有限公司，简称"香港交易所"，是全球领先的交易所及结算所营运机构，按市值计算是全球最大的交易所集团之一。香港交易所经营证券及衍生产品市场以及相关的结算所，是香港上市公司的前线监管机构，旗下成员包括世界首屈一指的基本金属市场——英国的伦敦金属交易所。其中，投资者通过港股通交易的证券是在香港交易所旗下的联交所上市的证券。

截至 2014 年 5 月底，联交所主板及创业板上市的企业共有 1673 家，总市值约为 23 万亿港元，日均成交总额约为 652 亿港元。在港上市的内地企业一共有 822 家，占了香港市场的半壁江山——包括 188 家 H 股公司、129 家红筹公司及 505 家内地民营企业。这三类企业的港股市值分别为 47000 亿港元、46000 亿港元、39000 亿港元，共占香港主板市场总市值的 56%。关于香港交易所每月市场概况的最新信息，投资者可以登录联交所网站，通过"香港交易所每月市场概况"栏目查询。

从市场层次上看，香港股票市场包括主板和创业板两个层次。在总体市场规模和筹资方面，主板占有主导地位。

从投资者结构来看，香港市场以机构投资者为主，同时，海外投资者所占比例高。就成交量而言，截至 2014 年 4 月，整体机构投资者成交占比高达 61%，远远高于个人投资者 23% 的水平；从地域分布来看，海外投资者占比 46%。

从上市公司构成来看，在联交所市场，油气服务行业、金融行业特色类公司（如资产管理）、地产特色类公司（如地产经营）、可选消费（如专卖店、鞋类、运动与休闲服装、电影与娱乐、博彩、餐饮等）、电信与科技（电信公司、互联网与软件）等行业的品牌具有优势。

第四节
股票投资的策略与技巧

一、如何制订投资计划

只要入市，就有风险。相信没有人能够准确无误地预测股市行情，所以才有众多的股市行情分析和投资专家们的意见。股市中有两类人最容易失败：一是不听任何人的话；二是任何人的话都听。在具体的投资活动前，都应树立风险意识，并做好如下准备工作。

1. 掌握必要的证券基础知识

若想拥有稳健收益，就必须花些心血和时间去研究最基本的证券知识。如果连一些基本的投资知识都没有就妄想碰运气赚大钱，即使运气好误打误撞捞上一笔，也是少有的偶然。

2. 认清投资环境，把握投资时机

股市与经济、政策环境息息相关，经济衰退、股市萎缩、股价下跌；反之，经济复苏、股市繁荣，股价上涨。政治环境亦如此。政治安定、社会进步、人心踏实、股市繁荣，股价上涨；反之，人心惶惶、股市萧条，股价下跌。有这么一句股市格言："选时重于选股。"即在投资前应先认清形势，避免逆势买卖。

3. 确定投资方式

一般而言，不以赚取差价为主要目的，而参与公司固定分红的多采用长期投资方式；上班族没时间盯盘，又有相当积蓄及投资经验的，中期投资。时间较空且有丰富经验，反应灵活的人可炒短线。理论而言，短期投资利润最高，次为中、长期投资。但事实刚好相反。

4. 制订周详的资金运作计划

这样做的最终目的就是分散风险。不要以为分散投资风险就是将所有的资金投资在不同的股票上。假如将6万元平均用于6个不同股票上，实际操作中6类投资里只要有3种行情走反，接踵而来的变化就会让你无法应付。真正的风险分散方案就是不要一次性全部介入，把所有可投资的资金悉数砸进市场。

初入市者，持股结构应该尽量单纯，可将资金分成三份：第一份作为主投入，第二份作为备份，第三份作为最后预备队。在对行情进行分析后，选择适当品种投入第一份资金开仓交易。当行情和预测走势一样时，随即投入第二份资金逐渐加码，并随即决定获利离场；当行情走反时，第二份资金则配合做摊平。而最后一份资金可以灵活运用、追涨杀跌。

5. 正确选择投资对象

选择投资对象，要视经济环境现状、自身特点、对股市的认知程度以及经验而定。具冒险精神、经验丰富的人多半喜欢买卖涨跌幅度大的热门投机股；而初入市者应该投资于获利能力强、涨跌幅度稍缓而流通性仍然很大的优良热门股。

二、不同投资者的投资策略

风险承受能力分析如表3-11所示。

表3-11 风险承受能力分析表

投资属性	保守型	稳健型	进取型	冒险型
风险程度	低	中	高	最高
预期获利	7%~10%	10%~15%	15%~20%	>20%
资金运用期限	短期	中期	中长期	长期
较适年龄	>50岁	50~40岁	40~30岁	<30岁
社会阶段	退休养老	有家庭负担	创业中的新婚夫妇	单身无家庭负担

1. 冒险型投资者选股之招

若投资组合中高风险证券所占比例较大，说明投资者的投资姿态是冒险型的。冒险型投资者的目标是尽量在最短的时间内使其投资组合的价值达到最大。因此，其投资对象主要是震荡幅度较大的股票。在选择冒险型股票时，投资者通常都运用技术分析法，认真分析市场多空双方的对比关系、均衡状态等情况，而不太注意公司基本面的因素，并以此为依据作出预测，选择有上升空间的股票。一般而言，冒险型股票的选择有以下几条标准可供参考：①以往表现较为活跃。②最好有市场主力介入。③有炒作题材配合。④量价关系配合良好。⑤技术指标发出较为明显的信号。冒险型投资的优点是重视技术分析的运用，往往能在短期内获得较大的收益，缺点是忽略了基本分析，是一种不全面的分析方法，因此，预测结果通常不会很高，风险系数较大。

2. 稳健型投资者选股之招

如果投资组合中无风险或低风险的比例较大，那么投资者的投资姿态是稳健型的。稳健型投资者都很强调本期收入的稳定性和规则性，因此，通常都选择信用等级较高的债券和红利高而且安全的股票。所以，选股时应把安全性当作首要的参考指标。具体应注意以下几个方面：①公司赢利能力较为稳定。②股票市盈率较低。③红利水平较高。④股本较大，一般不会有市场主力光顾。为了兼顾本期收入的最大化，稳健型投资者可将股票、基金和债券融合在一起，共同组成投资组合。另外，证券投资基金作为一种由专家管理的金融工具，也不失为一种较好的投资对象。

3. 进取型投资者选股之招

进取型是介于冒险型和稳健型之间的一种投资心态。通俗地讲，就是要在风险尽可能小的前提下，使利润达到最大化。当然，其风险系数要大于稳健型投资者，而小于冒险型投资者。进取型的投资者在选择股票时，可以采用基本分析法，深入了解各公司的产品经营特点、需求状况、竞争地位以及管理水平等情况，并以此对各公司的赢利和红利作出预测，从而根据各股票的内在价值与市场价格的对比，选择价格被低估的股票。可参考以下几点进行分析：①赢利和红利的增长潜力大。②红利水平较低。③预期收益率较高。④赢利增长率较高。进取型投资最大的优点在于其基本分析，投资者通过对基本资料和国家政策的分析，往往能预测出市场行情的变化。如果投资者预测经济将由危机转为复苏，就应加大高风险证券在投资组合中的比例，也就是说转为冒险型投资者；如果投资者预测经济将由繁荣走向衰退，则应加大低风险证券在投资组合中的比例，从而转为稳健型投资者。

三、常见投资方法与思路

1. 渔翁撒网法和反渔翁撒网法

投资者在上升行情中进行短线操作时，当难以确定何种股票涨价时，可以像渔翁撒网那样同时购买多种股票，哪种股票上涨到一定比例时就卖掉该种股票。由于股市大势上涨，可能会出现各种股票轮番上涨的局面，获益的可能会比较大。如果意外出现跌势，因为资金分散在多种股票上，可避免只选一两种股票投资所承担的风险。这就是渔翁撒网法。采用这种方法，应该注意不断卖出优质股票却没有获得较大的价差，而手中最终积攒下的都是劣质股票。为避免上述缺欠，可以采用反渔翁撒网法，即有选择地购进多种股票，哪种股票价格最先上升就追加买进，而后择机卖掉价格下跌或长久不动的股票，以使投资组合中获得较多的强势股票，提高总体获利水平。

2. 博傻主义操作法

博傻主义操作法是一种典型的投机方法，是大户操纵股市的惯用手法。这种方法的前提是自己是"傻瓜"，但总会有人比自己更傻，因此就可能"傻瓜赢傻瓜"。投资者预计股价上涨还将持续一段时间，大胆以高价买进，伺机在价格更高时出手获得价差；当行情下跌时，投资者预期下跌还会持续一段时间,在低价时卖出,而在价格更低时购回。投资者操作时必须注意以下几点:首先,所选股票必须具有很好的前景,在人们眼中普遍看好,因此即使买进后价格下跌,也有保留和等待的价值;其次,要密切关注股市的人气,只有大家普遍乐观时股价才有可能继续上扬,"博傻"才能成功;最后,选择的股票应该是绩优股,这类股票由于公司业绩稳定,出现价格意外波动的可能性较小。这种高买低卖策略有极大的投机性和风险性,因此要求投资人必须对行情走势、大户的行踪有深入的分析,否则无异于孤注一掷。

3. 逆我操作法

这是一种反向思维操作法。当市场的情绪感染你趋于购入股票时,考虑卖出股票;当市场情绪使你觉得应该卖出股票时,反而购入股票。这是因为,市场上大多数投资者纷纷购入股票时,往往价格也会较高,上升的空间已经比较小了,风险也相应加大,不如干脆卖出获利,待股价下跌后再买进;而股价下跌后,大多数投资者因为惧怕套牢而卖出股票,如果适时以较低价位购入股票,就有机会在将来市场回转时卖出获利。这种"逆潮行船"的方法讲来容易明白,实施起来却很困难,因为首先要克服自己的感情倾向。

4. 投资心理准备

股票市场人来人往、潮起潮落,是纷纭嘈杂世界的缩影。股票交易有买有卖、有盈有亏,既给你带来失败的烦恼,又给你带来成功的喜悦,满足各种性格的人的挑战。如果希望进入股市后仍然能够笑口常开,首先当然应该掌握经济金融、操作分析等学术知识,也要做些相应的常识上和心理上的准备,锻炼自己不惧风险、知足常乐,不为人言驱使、不为失利动容,始终保持开朗豁达的心境。

5. 提倡投资,减少投机

股票的收益来自两部分,一是从发行公司获得的股息和红利,二是来自买卖的差价。股市上习惯于把长期持有股票,注重获取股息和股利的行为称为投资,而把频繁买进卖出,注重价差收入的行为称为投机。投资与投机没有严格的界限,二者往往同时体现在一个投资者身上。长期持有的股票,当价格上升到一定高度时出手,投资就变为投机;频繁买卖过程中将后市看好的股票收仓保存获息获利,投机又成为投资。侧重于投资行为的投资者,也希望能获得价差收益,但他们的行为较为保守,更倾向于较低的投资风险;倾向于投机的投资者相对富于冒险精神,他们不甚关心对证券发行者的考察分析,而更多地关心市场行情的变化和可能引起行情变化的各种信息。因为投机性投资的前提就在于正确预测市场可能发生的变化,分析这些变化,采取相应的策略买进卖出,赚取价差。

长期的投资行为是发行公司稳定发展的重要保证,投机行为则是影响股市健康发展的不良因素。但是投机行为的迅捷获利诱惑一切投资者又直接刺激股票市场的成长和繁荣,继而引来更多的投资资金。因为投机行为充斥较多赌博、欺诈等消极因素;有较大的风险性,所以股市上更提倡健康的投资行为。

6. 理智投资,量力而为

投资者涉足证券市场,会受到很多因素的限制。冷静衡量自己的资金、信息、时间、心理等因素和风险承受能力,根据自己的实际情况,才能作出正确的投资决策。首先投资者要充分考虑自己的投资心理承受能力和资金能力,有多大资金投多大资,有多大承受能力承担多大风险,绝对不可以心血来潮、草率行事。明智的投资者为了增强自身对风险的防范能力,绝不把全额资金倾仓投入,总要保留部分现金以备不时之需。这样,即使万一失算,仍有东山再起的筹码。自不量力、孤注一掷,往往是一败涂地的导火索。量力而为、理智投资，是规避风险的第一道避风港。

7. 关注大户，适度跟进

大户是指那些资金实力雄厚，持股很多的投资者，很多是机构投资者。他们的资金少则几十万，多则千万或上亿。他们通常都有资深的专业人士作为智囊，有八面来风、灵通准确的信息网络，有手法精熟的操盘手专门操作，兼具天时、地利、人和的优势。大户的行为具有强烈的投机色彩，短期运作后获取价差是他们的唯一目的。大户的资金入市或离市不但可能影响某个股价位，甚至引起大盘整体的波动。尤其是大户联手炒作时，股价走势会呈现明显的大户特征，而这种大户勾结操纵股市的现象在股市中又绝非少见。作为大户财源的普通投资者，必须关注大户行踪，巧妙利用机会，防止落入圈套。

压低吸货、拉高出货是大户赢利的本质手段。在盘面上通常显现为：成交量突然放大，往往是大户开始进货；成交量持续放大，可能是大户在炒作；股价虽然偏低，每天仍以最低价收盘，估计大户在压低收购；收盘价有较大提高，可能是大户拉高行情的手法；股价急速上扬，让持股人喜出望外、乐不胜收，估计是大户在营造利多气氛；股价急剧跳动，起伏不定，往往是大户在震仓洗盘；买盘卖盘过分集中，或每笔成交量数额很大，都可能是大户的手笔。由于大户混迹于一般投资者之中，他们又在竭尽全力掩盖自己的行踪和目的，散户必须花较大力气才可能识别出来。有幸掌握大户脉搏，顺势而为，当然可以获得较大的收益；万一判断失误，落入圈套，难免损失惨重，后悔莫及。因此，在紧密关注大户行踪时适度跟进，见好就收，对一般投资者是较为可取的。

8. 独立思考，切忌盲从

投资者千差万别、心态各异。股市似乎有一种神奇的魔力，使他们在相互的影响之下逐渐减少异议，形成一种整体性的倾向。这种倾向不但可以操纵很多人的情绪和行为，有时甚至可以成为左右股市行情的最大力量。当股市人声鼎沸，大多数人会受到感染争相入市，股价自然攀升；当这种倾向趋于冷漠，大多数人悲观涣散，抛售离市，股价就会下跌。这种倾向虽不无合理之处，但往往与市场的基本因素没有紧密关系，没有逻辑性，原则上是非理性的，因此是大户操纵股市时最佳也是最终的利用对象。初入股市的人往往都有这样的经历，看见大家都在购入股票，自己唯恐丧失时机，便马上跟进，偏偏刚买到手股价就开始跌价。大家都在争相出售，自己也就迅速脱手，却刚刚卖掉价格就开始回升，似乎总是事与愿违。其实问题很容易想明白：当大家都认为有利可图争相购入时，股价已经涨到高位，庄家大户和一批先行者已经赚足了利润，空仓离场，价格必然回落；而当大家竞相出货时，恰恰是庄家在震仓洗盘，甩掉包袱，目的达到后自然要开始拉高。所以，理智的投资者应该冷静考察股市上风起风落的原因，独立思考，合理利用市场情绪，杜绝盲目跟风，避免成为牺牲品。

9. 广采信息，谨慎判断

股票市场上各类信息交错纵横，很多信息都对股价行情有强烈的扰动作用。因此，信息灵通、情报准确及时，是投资者成功地进行投资操作的重要条件，而消息闭塞、武断投资，无异于盲人瞎马，很容易落得人仰马翻。投资者需要掌握的信息主要有三个方面：宏观经济信息、发行公司的信息和股市交易信息。信息来源通常包括广播、电视、报纸、杂志、专刊等大众传媒，也有股市大盘、股票实时系统、上市公司公告报表等专用媒体。广播电视节目中的新闻、财经消息、股市点评和行情介绍，是可以轻易得到的信息；证券报纸和专刊更为及时和专门地提供股市方面的信息；上市公司提供的各类说明、年报、季报等则为投资者了解该只股票提供了第一手资料。另外，雨后春笋般涌出的各类电话、广播、电脑股票实时系统，既为广大投资者提供深沪两市全面的即时和历史的系统资料，也提供所有上市股票分别具体的即时行情和全部历史记录，还提供全面的分析、预测数据和手段。投资者还可以通过观察股市或证券交易场所的实地情况获得信息。比如，股市人潮汹涌，是行情高涨的显示；股市门庭冷落，是进入熊市的表现。股市还是消息纷扬的场所，各种消息往往代表各种不同的愿望和心态。对于股市流传的消息一定要审慎对待，凡是不能确定真伪的，最好采取置若罔闻的态度，避免因为莫须有的传言影响自己的正常判断，陷入消息陷阱，造成损失。老练的投资者善于利用一切可能的消息来源，观察分析后作出正确判断，有的放矢，从而成为经常的赢家。

10. 被套不惊，冷静化解

股市风云变幻、阴晴叵测，即便是再老谋深算的投资者也有失误被套的时候，正所谓"常在河边走，哪有不湿鞋"。尤其是在市场非理性急转直下时，投资者大量被绑也不足为奇。这时是评价投资者理性思维和心理承受力的关键时刻，也是考验其降低或化解损失的应急智慧的最佳时机。一般来说，假如被套的是业绩较优的股票，所占投资比例不大，投资者又不急用资金，又有足够的心理承受能力，就应该继续持有。因为这类股票每年还有股息、赠股、派股等收入，股票成本自然下降，股票只要不出手，赔钱就没有成为现实，再说股市有跌必有升，连本带利收回则不会很难。如果持有的股票泡沫成分很大，公司前景看淡，或该股占用了大量资金以致妨碍正常支出，或投资者急用资金，从其他方面可以赢利挽回损失，或投资者已被搞得神不守舍，就应该当机立断，忍痛割爱，停止损失，以便东山再起。

还有一种方法就是利用摊平止损法，随着行情下跌，有计划地购入该种股票，降低平均成本，缓解被套的深度，也就是缩短被套的时间。常用的摊平止损法有平均加码摊平法和倍数加码摊平法，两者的区别是：前者在价格每降低一定比例后与原有股票数逐次等量买进，后者则在价格每下降一定比例后逐次加倍买进；前者比后者耗用的资金少些，后者对降低平均成本力度更大。运用摊平止损法的必要前提是股票要有进一步投资的价值、有一定数量的可用资金，而且宏观经济前景好景不会很长，否则资金越套越多，越来越被动。

11. 卖高买低，适可而止

投资股票的目的就是获利，但对利益的追求要有尺度。贪得无厌是投资者最大的心理障碍，也是股市上最大的陷阱。当股价上升时，一再提高售出的价格指标，迟迟不肯善罢甘休，以图更大的利润，往往使已经到手的利益成为泡影；当股价下跌时，迟迟不肯入市，总希望能够买到更加便宜的股票，直到价格反弹才如梦初醒，结果坐失良机。最低价买进、最高价卖出是买卖操作的理想状态，可遇而不可求，要靠牺牲机会和承担风险来换取，更何况得失成败并非靠一笔交易决定。所以，审时度势、适可而止是保证长期获利最可取的策略。

12. 当机立断，遇事不慌

在买入股票时，当很多人为股票的收益、价位等犹豫徘徊时，成熟的投资者早已买定；当别人最终确认购买时，不是早已被抢购一空，就是价位已经较高。在卖出股票时，当一般投资者还在考虑价格是否有望继续上升时，成熟的投资者往往已经成交获利；待到大家都认定时机已到时，经常是已经时过境迁，不是价位不如当初，就是跌势降临。初涉股市的投资者在止损时表现更显举棋不定。他们虽然意识到购进了不当的股票，却不忍承担损失迅速卖出，总希望有朝一日会出现奇迹，直到深度套牢时才悔不当初。而成熟的投资者则会果断止损，把损失降低到最低程度。股票市场上没有永远的赢家。丧失一次赢利机会还有重新补救的机会，不能及时止损却可能令你元气大伤。难怪股市上流传这样的说法："入市后的第一课不是收利，而是止损。"一旦发现走错了方向，应该马上考虑的就是减少损失。成熟的投资者与一般投资者的重要区别就在于当机立断。一般投资者很容易犹豫不决，犹豫不决很容易转为惊慌失措。一经失误,稍有风吹草动,就怕旧戏重演。上升行情中,涨得稍一出乎意外就马上抛出,担心到手的薄利也变为乌有;下跌行情中更是见跌就逃,唯恐重蹈覆辙。股价升中有降、降中有升都属必然,就像晴天转阴、阴天转晴一样自然;股市上利多利空消息随时可见,其中绝大多数是有意营造或自寻烦恼;即使真的出现问题,惊慌失措也于事无补,无须大惊失色。为了防止瞻前顾后带来的心理煎熬,投资者可以在每次投资之前冷静周密地拟定出投资计划,严格按照计划操作,就可以免受任何感情和心理因素的干扰,更可能占据有利时机。

小常识

市场会跌到什么时候

1. 市场会跌到什么时候

股市中经常会出现股价大跌,就如同东北地区严冬时分经常会出现暴风雪一样。如果事先做好充分准备,根本不会遭到什么损害。股市大跌时那些没有事先准备的投资者会吓得胆战心惊,慌忙低价割肉,逃离股市,许多股票会变得十分便宜,对于事先早做准备的投资者来说反而是一个低价买入的绝佳机会。

——选自彼得林奇《战胜华尔街》

2. 大众心理与市场人气

总是会有事让人担心。不要为周末报刊上那些危言耸听的分析评论而焦虑不安,也不要理会最近新闻报道中的悲观预测言论,不要被吓得担心股市会崩盘就匆忙卖出。放心,天塌不下来。除非公司基本面恶化,否则坚决不要恐慌害怕而抛出手中的好公司股票。

——选自彼得林奇《战胜华尔街》

按照大众心理的变化,每一轮行情从心理变化的角度都可以分成四个阶段,分别是涣散、绝望、复苏、高涨。在人气涣散阶段,期望值就应该降低,仓位就要调低。就像彼得林奇说的,如果事先做好充分准备,根本不会遭到什么损害。

3. 中期行情,如何选股

当你持有好公司的股票时,时间就会站在你这一边;持有时间越长,赚钱的机会就越大。耐心持有好公司股票终将有好回报,即使错过了像沃尔玛这样的优秀公司股票前5年的大涨,未来5年内长期持有仍然会有很好的回报。

——选自彼得林奇《战胜华尔街》

资料来源:和讯股票 http://stock.hexun.com/2008-06-13/106677386_6.html

本章小结

本章共分四节,第一节分别介绍了股票的概念、特征与分类。股票的性质在于它在证券体系中的属性,股票收益性、风险性、流通性、永久性、参与性和波动性的特征。由于自20世纪80年代中期我国股份制形式的试点企业就开始出现,并在近年迅速增加,因此我国现行的股票类型比较复杂,有国有股、法人股、公众股和外资股四种。第二节介绍了股票投资分析的理论,重点是K线分析。第三节介绍了股票的投资程序。第四节介绍了一些股票投资的策略与技巧。

思考题

1. 股票的特征有哪些？
2. 简述我国股票的分类。
3. 进行股票投资分析时，主要进行哪几方面的分析？
4. 简述 K 线的分类及 K 线三招。
5. 如何购买 A 股？
6. 案例思考题

阿里首日市值 2314 亿美元　成为全球第二大互联网公司

北京时间 2015 年 9 月 19 日晚，阿里巴巴正式在美国纽约证券交易所挂牌交易，交易代码为 BABA。在经过两个多小时的博弈后，阿里巴巴开盘价定为 92.7 美元，较发行价 68 美元上涨 36.32%。截至北京时间 9 月 20 日收盘时，阿里巴巴股价达到 93.89 美元，涨幅为 38.07%。以收盘价计算，阿里巴巴市值超过 2314 亿美元，成为全球第二大互联网公司。同时，此次 IPO（首次公开募股）也使马云个人获得巨大财富，根据收盘价计算，马云身价超过 200 亿美元，成为中国首富。

请问阿里巴巴属于什么股？

第四章
债券投资

案例导入

中国债券市场自20世纪90年代成立以来，不断发展壮大，在一般人的印象中，债券是低风险、低回报的投资品种，债券市场离普通百姓似乎很遥远，只有机构投资者才会参与。事实上2017年6月债券市场总的估值市值已经超过了70万亿，这个时间点股票市场的市值大约53万亿左右。融资功能方面，2016年社会融资总额17.8万亿，直接融资占到24%。这个24%当中有17%是债权融资，7%是股票融资。从开放度看，股票市场通过沪港通、深港通已经做了开放。债券市场从2016年已经实现面向全球的全面开放，引进境外投资人8000亿资本。债券市场正面临着重大的发展机会，前途不可限量。本章我们就来学习债券投资的相关知识。

关键词：债券、债券投资、投资分析

第一节
债券概述

在生活中，很多人都听过或见过"借条"。比如甲需要资金，向乙借了10000元，约定1年后归还并向乙支付利息，口说无凭，立字为证，这就是借条，上面写了借款人和还款人以及借款期限和利息率。债券在本质上就是借条，不过不是个人对个人，而是机构或政府向社会公众借钱。

债券是政府、金融机构、工商企业等直接向社会借债筹措资金时，向投资者发行，承诺按一定利率支付利息并按约定条件偿还本金的债权债务凭证。债券的本质是债的证明书。债券购买者与发行者之间是一种债权债务关系。债券发行人即债务人，投资者（债券持有人）即债权人。债券是一种有价证券。由于债券的利息通常是事先确定的，所以债券是固定利息证券（定息证券）的一种。在金融市场发达的国家和地区，债券可以上市流通。由此，债券包含以下四层含义。

① 债券的发行人（政府、金融机构、企业等机构）是资金的借入者。
② 购买债券的投资者是资金的借出者。
③ 发行人（借入者）需要在一定时期还本付息。

④ 债券是债的证明书，具有法律效力。债券购买者与发行者之间是一种债权债务关系，债券发行人即债务人，投资者（或债券持有人）即债权人。

债券作为证明债权债务关系的凭证，一般用具有一定格式的票面形式来表现。通常，债券票面上基本标明的内容要素如表4-1所示。

表4-1 债券票面内容

票面价值	包括：币种；票面金额
还本期限	指债券从发行之日起至偿清本息之日止的时间
债券利率	债券利息与债券票面价值的比率，通常年利率用百分比表示
发行人名称	指明债券的债务主体，为债权人到期追回本金和利息提供依据

上述四个要素是债券票面的基本要素，但在发行时并不一定全部在票面印制出来。例如，在很多情况下，债券发行者是以公告或条例形式向社会公布债券的期限和利率。此外，一些债券还包含其他要素，如还本付息方式。

（一）债券的特征

(1) 偿还性　债券一般都规定有偿还期限，发行人必须按约定条件偿还本金并支付利息。

(2) 流通性　债券一般都可以在流通市场上自由转让。

(3) 安全性　与股票相比，债券通常规定有固定的利率。与企业绩效没有直接联系，收益比较稳定，风险较小。此外，在企业破产时，债券持有者享有优先于股票持有者对企业剩余资产的索取权。

(4) 收益性　债券的收益性主要表现在两个方面，一是投资债券可以定期或不定期地给投资者带来利息收入；二是投资者可以利用债券价格的变动，买卖债券赚取差额。

（二）债券的分类

我国自1981年恢复发行国债以来，债券市场已走过了30多年的发展历程。目前我国债券市场已发展为以国债为主体，包括政策性金融债、央行票据、商业银行次级债、企业债、短期融资券等多品种的，以机构投资者为主的批发与零售相结合的；以银行间债券市场为主体，包括交易所债券市场和银行柜台债券市场的多元化、分层次的债券市场体系。

1. 按发行主体分类

(1) 政府债券　政府债券是政府为筹集资金而发行的债券。主要包括国债、地方政府债券等，其中最主要的是国债。国债因其信誉好、利率优、风险小而又被称为"金边债券"。

(2) 金融债券　金融债券是由银行和非银行金融机构发行的债券。在我国目前金融债券主要由国家开发银行、中国进出口银行等政策性银行发行（见图4-1）。

(3) 公司（企业）债券　公司（企业）债券是企业依照法定程序发行，约定在一定期限内还本付息的债券。公司债券的发行主体是股份公司，但也可以是非股份公司的企业发行债券。所以，一般归类时，公司债券和企业发行的债券合在一起可直接成为公司（企业）债券。

2. 按付息方式分类

(1) 贴现债券　贴现债券指债券券面上不附有息票，发行时按规定的折扣率，以低于

国家开发银行增发2017年第九期金融债券发行情况公告

债券名称	国家开发银行2017年第九期金融债券	债券简称	17国开09
债券代码	170209	债券期限	3年
计息方式	附息债	发行日	2018年1月4日
计划发行总额	不超过60亿	实际发行总额	60亿
发行价格	100.12元/百元面值	参考收益率	4.6312%
主承销商	—		
联席主承销商	无		

注：本债券通过国家开发银行2017年金融债券承销团成员承销发行。

国家开发银行　资金局

图 4-1　金融债券

债券面值的价格发行，到期按面值支付本息的债券。贴现债券的发行价格与其面值的差额即为债券的利息。

（2）**零息债券**　零息债券指债券到期时和本金一起一次性付息、利随本清，也可称为到期付息债券。付息特点一是利息一次性支付，二是债券到期时支付。

（3）**附息债券**　附息债券指债券券面上附有息票的债券，是按照债券票面载明的利率及支付方式支付利息的债券。息票上标有利息额、支付利息的期限和债券号码等内容。持有人可从债券上剪下息票，并据此领取利息。附息国债的利息支付方式一般是在偿还期内按期付息，如每半年或一年付息一次。

（4）**固定利率债券**　固定利率债券就是在偿还期内利率固定的债券。

（5）**浮动利率债券**　浮动利率债券是指利率可以变动的债券。这种债券的利率确定与市场利率挂钩，一般高于市场利率的一定百分点。

3. 按计息方式分类

（1）**单利债券**　单利债券指在计息时，不论期限长短，仅按本金计息，所生利息不再加入本金计算下期利息的债券。

（2）**复利债券**　复利债券与单利债券相对应，指计算利息时，按一定期限将所生利息加入本金再计算利息，逐期滚算的债券。

（3）**累进利率债券**　累进利率债券指年利率以利率逐年累进方法计息的债券。累进利率债券的利率随着时间的推移，后期利率比前期利率更高，呈累进状态。

4. 按利率确定方式分类

（1）**固定利率债券**　固定利率债券指在发行时规定利率在整个偿还期内不变的债券。

（2）**浮动利率债券**　浮动利率债券是与固定利率债券相对应的一种债券，它是指发行时规定债券利率随市场利率定期浮动的债券，其利率通常根据市场基准利率加上一定的利差来确定。浮动利率债券往往是中长期债券。由于利率可以随市场利率浮动，采取浮动利率债券形式可以有效地规避利率风险。

5. 按偿还期限分类

（1）长期债券　一般来说，偿还期限在 10 年以上的为长期债券。

（2）中期债券　期限在 1 年或 1 年以上、10 年以下（包括 10 年）的为中期债券。

（3）短期债券　偿还期限在 1 年以下的为短期债券。

我国企业债券的期限划分与上述标准有所不同。我国短期企业债券的偿还期限在 1 年以内，偿还期限在 1 年以上 5 年以下的为中期企业债券，偿还期限在 5 年以上的为长期企业债券。

6. 按债券形态分类

（1）实物债券（无记名债券）　实物债券是以实物债券的形式记录债权，券面标有发行年度和不同金额，可上市流通。由于其发行成本较高，已被取消。

（2）凭证式债券　凭证式债券的形式是一种债权人认购债券的收款凭证，而不是债券发行人制定的标准格式的债券。我国近年通过银行系统发行的凭证式国债，券面上不印制票面金额（而是根据认购者的认购额填写实际的缴款金额），是一种国家储蓄债，可记名、挂失，以"凭证式国债收款凭证"记录债权，不能上市流通，从购买之日起计息。在持有期内，持券人如果遇到特殊情况，需要提取现金，可以到购买网点提前兑取。提前兑取时，除偿还本金外，利息按实际持有天数及相应的利率档次计算，经办机构按兑付本金的 0.2% 收取手续费。

（3）记账式债券　是指没有实物形态的票券，投资者持有的债券登记于证券账户中，投资者仅取得收据或对账单以证实其所有权的一种债券。我国债券市场的债券以记账式债券为主。如果投资者在交易所债券市场进行记账式债券的买卖，就必须在证券交易所设立账户；在银行间债券市场进行记账式债券的买卖，则必须在中央国债登记结算有限责任公司开立债券托管账户；在证券公司或商业银行柜台买卖债券，则必须在证券公司或商业银行的柜台系统开立账户。由于记账式国债发行和交易均无纸化，所以交易效率高、成本低，是未来债券发展的趋势。

投资者可以打开软件随时查看记账式债券的行情，如图 4-2 所示。

	代码	名称	利率	利息	涨幅%	现价	成交量	昨收	今开	最高
1	010107	21国债(7)	4.26	1.94	+0.06	100.26	1715	100.20	100.20	100.26
2	010303	03国债(3)	3.40	0.820	+0.02	95.83	1580	95.81	95.84	95.88
3	010504	05国债(4)	4.11	0.664	—	—	0	99.78	—	—
4	010512	05国债(12)	3.65	0.590	—	—	0	98.71	—	—
5	010609	06国债(9)	3.70	0.183	—	—	0	100.00	—	—
6	010619	06国债(19)	3.27	0.529	—	—	0	97.00	—	—
7	010706	07国债06	4.27	0.667	—	—	0	100.00	—	—
8	010713	07国债13	4.52	1.86	—	—	0	100.00	—	—
9	018002	国开1302	5.84	0.160	-0.08	101.74	1177	101.82	101.82	101.83
10	018003	国开1401	5.85	4.38	+0.00	107.00	77	107.00	106.91	107.10
11	018005	国开1701	3.78	2.92	+0.01	99.02	8215	99.01	99.00	99.04
12	018006	国开1702	3.91	3.02	—	96.39	30	96.21	96.30	96.40

图 4-2　记账式债券行情示意图

（4）储蓄国债　储蓄国债（也称电子式国债）是政府面向个人投资者发行、以吸收个人储蓄资金为目的、满足长期储蓄性投资需求的不可流通记名国债品种。电子储蓄国债就是以电子方式记录债权的储蓄国债品种。与传统的储蓄国债相比较,电子储蓄国债的品种更丰富,购买更便捷,利率也更灵活。由于其不可交易性,决定了任何时候都不会有资本利得。这一点与现有的凭证式国债相同,主要是鼓励投资者持有到期。

7. 按募集方式分类

(1) 公募债券　指按法定手续,经证券主管机构批准在市场上公开发行的债券。这种债券的认购者可以是社会上的任何人。发行者一般有较高的信誉。除政府机构、地方公共团体外,一般企业必须符合规定的条件才能发行公募债券,并且要求发行者必须遵守信息公开制度,向证券主管部门提交有价证券申报书,以保护投资者的利益。

(2) 私募债券　指以特定的少数投资者为对象发行的债券,发行手续简单,一般不能公开上市交易。

8. 按担保性质分类

(1) 有担保债券　有担保债券(mortgage bonds)指以特定财产作为担保品而发行的债券。以不动产如房屋等作为担保品的,称为不动产抵押债券;以动产如适销商品等作为提供品的,称为动产抵押债券;以有价证券如股票及其他债券作为担保品的,称为证券信托债券。一旦债券发行人违约,信托人就可将担保品变卖处置,以保证债权人的优先求偿权。

(2) 无担保债券　无担保债券(debenture bonds)亦称信用债券,指不提供任何形式的担保,仅凭筹资人信用发行的债券。政府债券属于此类债券。这种债券由于其发行人的绝对信用而具有坚实的可靠性。除此之外,一些公司也可发行这种债券,即信用公司债。与有担保债券相比,无担保债券的持有人承担的风险较大,因而往往要求较高的利率。但为了保护投资人的利益,发行这种债券的公司往往受到种种限制,只有那些信誉卓著的大公司才有资格发行。

(3) 质押债券　质押债券是指以其有价证券作为担保品所发行的债券。我国的质押债券是指已由政府、中央银行、政策性银行等部门和单位发行,在中央国债登记结算有限责任公司托管的政府债券、中央银行债券、政策性金融债券,以及经人民银行认可、可用于质押的其他有价证券。

9. 按债券的可流通与否分类

可分为可流通债券(上市债券)和不可流通债券(非上市债券)。目前深、沪证券交易所上市债券如图4-3所示。

发行结束后可在深、沪证券交易所,即二级市场上上市流通转让的债券为上市债券,包括上市国债、上市企业债和上市可转换债券等。上市债券的流通性好,变现容易,适合需随时变现的闲置资金的投资需要。

10. 可转换公司债券

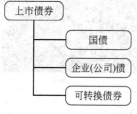

图4-3　上市债券示意图

可转换公司债券是指发行公司依法发行、在一定期间内一举约定的条件可以转换成股份的公司债券。按照最新的《上市公司证券发行管理办法》,可转换债券的期限最短为1年,最长为6年。《上市公司证券发行管理办法》还规定符合条件的上市公司可以发行可分离交易的可转换公司债券。普通可转换公司债券中的转换权一般是与债券同步到期的,行权后债券注销;而可分离交易的可转换公司债券的认股权和债权分开上市交易，认股权的行权不影响纯债的存在。普通可转换公司债券在转换前是公司债形式，转换后相当于增发了股票，兼有债权和股权的双重性质。普通可转换公司债券与一般的债券一样，在转换前投资者可以定期得到利息收入，但此时不具有股东的权利；当发行公司的经营业绩取得显著增长时，普通可转换公司债券的持有人可以在约定期限内，按预定的转换价格转换成公司的股份，以分享公司业绩增长带来的收益。而分离交易的可转换公司债券的纯债部分与一般的债券完全一样，认股权和一般的认股权证一样，认股权行权相当于一次股票增发。

债券的划分方法很多，随便一张债券都可以归于许多种类。如国债998，它可归于国债、附息债券、长期债券、上市债券，还可以归于无担保债券和公募债券。其他的债券也是如此。

国际债券

国际债券（international bonds）是一国政府、金融机构、工商企业或国家组织为筹措和融通资金，在国外金融市场上发行的，以外国货币为面值的债券。国际债券的重要特征，是发行者和投资者属于不同的国家，筹集的资金来源于国外金融市场。国际债券的发行和交易，既可用来平衡发行国的国际收支，也可用来为发行国政府或企业引入资金从事开发和生产。依发行债券所用货币与发行地点的不同，国际债券又可分为外国债券和欧洲债券。

一般来说，各国运用国际债券来筹集资金的主要目的有以下五个方面：①用以弥补发行国政府财政赤字。对于一国政府来说，弥补财政赤字除了可以用国内债券的方式外，还可以通过发行国际债券的形式筹集资金，作为国内债券的补充。②用以弥补发行国政府国际收支的逆差。发行国际债券所筹集的资金在国际收支平衡表上表现为资本的流入，属于资本收入，因而有利于减少国际收支逆差。在1973～1975年的石油危机中，许多西方工业国家都采用发行国际债券的方式来弥补由于石油价格上涨而造成的国际收支逆差。③用以为大型或特大型工程筹集建设资金。这主要由一些国际金融债券或公司集团组成的投资机构来发行。④用以为一些大型的工商企业或跨国公司增加经营资本来筹措资金，从而增强其实力。大型企业为增强其实力，故需要大量资金的支持。⑤用以为一些主要的国际金融组织等筹措活动资金。例如世界银行就曾多次发行外国债券，以筹措巨额相关资金，实施其开发计划。

资料来源：百度百科。

第二节 债券投资的操作程序

一、债券交易类型

1. 现券交易

现券交易是指交易双方以约定的价格转让债券所有权的交易行为。被批准在相应交易场所交易的债券都可进行现券交易。目前各交易场所均可进行现券交易。

2. 质押式回购

质押式回购也叫封闭式回购，是指在交易中买卖双方按照约定的利率和期限达成资金拆借协议，由资金融入方提供一定的债券作为质押获得资金，并于到期日向资金融出方支付本金及相应利息。目前银行间债券市场和交易所债券市场均可进行质押式回购交易。质押式回购是成交量最大的交易类型。

3. 买断式回购

买断式回购又称开放式回购，是指债券持有人在将一笔债券卖出的同时，与买方约定在未来某一日期，再由卖方以约定价格从买方购回该笔债券的交易行为。目前银行间债券市场和交易所债券市场均可进行买断式回购交易。与质押式回购相比，买断式回购得标的债券的所有权发生了转移，因此质押式回购仅有融资功能，而买断式回购兼具融资和融券的功能。但买断式回购推出后成交并不活跃。

4. 远期交易

远期交易指交易双方约定在未来某一日期以约定价格和数量买卖标的债券。远期交易于2005年6月15日推出，目前仅银行间债券市场可进行远期交易。

5. 利率互换

人民币利率互换交易是指交易双方约定在未来的一定期限内，根据约定数量的人民币本金交换现金流的行为，其中一方的现金流根据浮动利率计算，另一方的现金流根据固定利率计算。利率互换于2006年2月推出试点，截至2015年3月，共有119家机构成为人民币利率互换备案机构。

6. 债券借贷

债券借贷是指债券融入方以一定数量的债券为质物，从债券融出方借入标的债券，同时约定在未来某一日期归还所借入标的债券，并由债券融出方返还相应质物的债券融通行为。目前，债券借贷已成为国际债券市场广泛使用的重要工具之一。

二、债券的交易程序

债券交易市场包括场内交易市场和场外交易市场两部分。

（一）场内债券交易程序

场内交易也叫交易所交易，证券交易所是市场的核心，在证券交易所内部，其交易程序都要经证券交易所立法规定，其具体步骤明确而严格。债券的交易程序有五个步骤：开户、委托、成交、清算和交割、过户（和股票交易程序基本相同）。

1. 开户

债券投资者要进入证券交易所参与债券交易，首先必须选择一家可靠的证券经纪公司，并在该公司办理开户手续。

（1）订立开户合同　开户合同应包括如下事项。

① 委托人的真实姓名、住址、年龄、职业、身份证号码等。

② 委托人与证券公司之间的权利和义务，并同时认可证券交易所营业细则和相关规定以及经纪商公会的规章作为开户合同的有效组成部分。

③ 确立开户合同的有效期限，以及延长合同期限的条件和程序。

（2）开立账户　在投资者与证券公司订立开户合同后，就可以开立账户，为自己从事债券交易做准备。在我国上海证券交易所允许开立的账户有现金账户和证券账户。现金账户只能用来买进债券并通过该账户支付买进债券的价款，证券账户只能用来交割债券。因投资者既要进行债券的买进业务又要进行债券的卖出业务，故一般都要同时开立现金账户和证券账户。上海证券交易所规定，投资者开立的现金账户，其中的资金要首先交存证券商，然后由证券商转存银行，其利息收入将自动转入该账户；投资者开立的证券账户，则由证券商免费代为保管。

2. 委托

投资者在证券公司开立账户以后，要想真正上市交易，还必须与证券公司办理证券交易委托关系，这是一般投资者进入证券交易所的必经程序，也是债券交易的必经程序。

（1）委托关系的确立　投资者与证券公司之间委托关系的确立，其核心程序就是投资者向证券公司发出"委托"。投资者发出委托必须与证券公司的办事机构联系，证券公司接到委托后，就会按照投资者的委托指令，填写"委托单"，将投资交易债券的种类、数量、价格、开户类型、交割方式等一一载明。而且"委托单"必须及时送达证券公司在交易所中的驻场人员，由驻场人员负责执行委托。投资者办理委托可以采取当面委托或电话委托两种方式。

（2）委托方式的分类

① 买进委托和卖出委托。

② 当日委托和多日委托。

③ 随行就市委托和限价委托。

④ 停止损失委托和授权委托。

⑤ 停止损失限价委托、立即撤销委托和撤销委托。

⑥ 整数委托和零数委托。

3. 成交

证券公司在接受投资客户委托并填写委托说明书后，就要由其驻场人员在交易所内迅速执行委托，促使该种债券成交。

（1）债券成交的原则　在证券交易所内，债券成交就是要使买卖双方在价格和数量上达成一致。这个程序必须遵循特殊的原则，又叫竞争原则。这种竞争原则的主要内容是"三先"，即价格优先、时间优先、客户委托优先、价格优先就是证券公司按照交易最有利于投资委托人利益的价格买进或卖出债券；时间优先就是要求在相同的价格申报时，应该与最早提出该价格的一方成交；客户委托优先主要是要求证券公司在自营买卖和代理买卖之间，首先进行代理买卖。

（2）竞价的方式　证券交易所的交易价格按竞价的方式进行。竞价的方式包括口头唱报、板牌报价以及计算机终端申报竞价三种。

4. 清算和交割

债券交易成立以后就必须进行券款的交付，这就是债券的清算和交割。

（1）债券的清算　债券的清算是指对同一证券公司在同一交割日对同一种国债券的买和卖相互抵消，确定出应当交割的债券数量和应当交割的价款数额，然后按照"净额交收"原则办理债券和价款的交割。一般在交易所当日闭市时，其清算机构便依据当日"场内成交单"所记载的各证券商的买进和卖出某种债券的数量和价格，计算出各证券商应收应付价款相抵后的净额以及各种债券相抵后的净额，编制成当日的"清算交割表"，各证券商核对后再编制该证券商当日的"交割清单"，并在规定的交割日办理交割手续。

（2）债券的交割　债券的交割就是将债券由卖方交给买方，将价款由买方交给卖方。在证券交易所交易的债券，按照交割日期的不同，可分为当日交割、普通日交割和约定日交割三种。如上海证券交易所规定，当日交割是在买卖成交当天办理券款交割手续；普通日交割是买卖成交后的第四个营业日办理券款交割手续；约定日交割是买卖成交后的15日内，买卖双方约定某一日进行券款交割。

5. 过户

债券成交并办理了交割手续后，最后一道程序是完成债券的过户。过户是指将债券的所有权从一个所有者名下转移到另一个所有者名下。基本程序如下。

① 债券原所有人在完成清算交割后，应领取并填过户通知书，加盖印章后随同债券一起送到证券公司的过户机构。

② 债券新的持有者在完成清算交割后，向证券公司索要印章卡，加盖印章后送到证券公司的过户机构。

③ 证券公司的过户机构收到过户通知书、债券及印章卡后，加以审查，若手续齐备，则注销原债券持有者证券账户上同数量的该种债券，同时在其现金账户上增加与该笔交易价款相等的金额。对于债券的买方，则在其现金账户上减少价款，同时在其证券账户上增加债券的数量。

（二）场外债券交易程序

场外债券交易就是在证券交易所以外的证券公司柜台进行的债券交易，场外交易又包括自营买卖和代理买卖两种。

1. 自营买卖债券的程序

场外自营买卖债券就是由投资者个人作为债券买卖的一方，由证券公司作为债券买卖的另一方，其交易价格由证券公司自己挂牌。自营买卖程序十分简单，具体包括以下内容。

① 买入、卖出者根据证券公司的挂牌价格，填写申请单。申请单上载明债券的种类提出买入或卖出的数量。

② 证券公司按照买入、卖出者申请的券种和数量，根据挂牌价格开出成交单。成交单的内容包括交易日期、成交债券名称、单价、数量、总金额、票面金额、客户的姓名、地址、证券公司的名称、地址、经办人姓名、业务公章等，必要时还要登记卖出者的身份证号。

证券公司按照成交量，向客户交付债券或现金，完成交易。

2. 代理买卖债券程序

场外代理买卖债券就是投资者个人委托证券公司代其买卖债券，证券公司仅作为中介而不参与买卖业务，其交易价格由委托买卖双方分别挂牌，达成一致后形成。场外代理买卖的程序包括以下内容。

① 委托人填写委托书。内容包括委托人的姓名和地址、委托买卖债券的种类数量和价格、委托日期和期限等。委托卖方要交验身份证。

② 委托人将填好的委托书交给委托的证券公司。其中买方要缴纳买债券的金额保证金，卖方则要交出拟卖出的债券，证券公司为其开临时收据。

③ 证券公司根据委托人的买入或卖出委托书上的基本要素，分别为买卖双方挂牌。

④ 如果买方、卖方均为一人，则通过双方讨价还价，促使债券成交；如果买方、卖方为多人，则根据"价格优先、时间优先"的原则，顺序办理交易。

⑤ 债券成交后，证券公司填写具体的成交单。内容包括成交日期、买卖双方的姓名、地址及交易机构名称、经办人姓名、业务公章等。

⑥ 买卖双方接到成交单后，分别交出价款和债券。证券公司收回临时收据，扣收代理手续费，办理清算交割手续，完成交易过程。

3. 国债发行时如何购买

（1）凭证式国债的购买　凭证式国债主要面向个人投资者发行。其发售和兑付是通过各大银行的储蓄网点、邮政储蓄部门的网点以及财政部门的国债服务部办理。其网点遍布全国城乡，能够最大限度满足群众购买、兑取需要。投资者购买凭证式国债可在发行期间内持款到各网点填单交款，办理购买事宜。由发行点填制凭证式国债收款凭单，其内容包括购买日期、购买人姓名、购买券种、购买金额、身份证件号码等，填完后交购买者收妥。办理手续和银行定期存款办理手续类似。凭证式国债以百元为起点整数发售，按面值购买。发行期过后，对于客户提前兑取的凭证式国债，可由指定的经办机构在控制指标内继续向社会发售。投资者在发行期后购买时，银行将重新填制凭证式国债收款凭单，投资者购买时仍按面值购买。购买日即为起息日。兑付时按实际持有天数、按相应档次利率计付利息（利息计算到到期时兑付期的最后一日）。

（2）记账式国债的购买　记账式国债是通过交易所交易系统以记账的方式办理发行。投资者购买记账式国债必须在交易所开立证券账户或国债专用账户，并委托证券机构代理进行。因此，投资者必须拥有证券交易所的证券账户，并在证券经营机构开立资金账户才能购买记账式国债。

（3）储蓄式国债的购买　储蓄式国债有两种购买方式，一是网银，二是银行柜台。选择网银购买比较节约时间。目前支持购买储蓄式国债的网银有：中行、工行、农行、建行、招行、交行、广发等网银。登录网银，找到开通国债账户的版块，开通国债账户。如开通账户中遇到各种问题，可打电话咨询银行客服或是直接去银行柜台开通。工行网银在"国债投资"版块下开通国债投资账户，农行网银和建行网银在"投资理财"版块下开通国债投资账户。

国债一般是早上8：30开售，所以购买资金一般要在8：00前到位。国债分三年期和五年期的，在购买前，要计划好自己准备买三年期还是五年期的。

购买国债之后，会有一份国债认购确认书，可在网银查询，也可打印出来存档，国债作为长期投资，一般不建议提前支取，但是，如果万一有事需要提前支取时，要注意提前支取的扣息情况。电子式国债每年付息，建议关注每年的国债发行时间及自己购买国债的付息时间，国债每年付息之后可以手动转入购买下一期国债，以实现复利增值的目的。

4. 如何看国债（记账式）交易行情

看行情前首先要会看国债代码，比如019721。2007年以后发行的国债代码前三位固定为"019"。7表示年份尾数，这里表示2017年发行的。21表示国债期数，表示当年发行的第21期国债。综合起来019721表示2017年发行的第21期国债。

记账式国债是上市交易债券，记账式国债的交易实行净价交易制度。所谓净价交易是指以不含有自然增长应记利息的价格进行报价并成交的交易方式，也就是成交价。

我国自1981年恢复国债的发行以来，绝大部分债券的购买和转让方式是以全价（净价＋应计利息额）交易方式进行的。根据财政部、中国人民银行、中国证券监督管理委员会通知，深、沪证券交易所于2002年3月起实行国债净价交易。

例如"21国债（7）"是20年期，年利率4.26%，半年付息记账式品种，2002年1月31日起开始第二个半年期交易。如果该品种在3月22日的收盘价是109.20元，那么实行净价交易后，应将此收盘价转换成净价交易的收盘价作为3月25日开始实行净价交易的"前收盘价"。如果该品种3月22日的应计利息额为0.59523287元（根据国债净价交易技术方案，应计利息额的计算保留小数点后8位，根据四舍五入原则，实际显示保留到小数点后2位）。因此，该品种3月22日净价交易的收盘价＝3月22日的收盘价－

当日到期的应计利息额。所以,该国债品种 3 月 25 日实行净价交易的前收盘价为 108.60 元,各债券交易详情如表 4-2～表 4-4 所示。

表 4-2　国债、企业债现券交易

交易方法	国债实行净价交易;企业债实行全价交易	交易单位	以"手"为单位(1 手为 1000 元面值)
计价单位	每百元面值债券的价格	申报价格最小变动单位	0.01 元
交易方式	T+0 回转交易,即当天买入的债券可在当日卖出	交易清算	债券结算按 T+1 方式进行

表 4-3　国债、企业债质押式回购交易

申报账户	国债按证券账户申报;企业债实行按席位申报	申报办法	融资方按"买入"申报;融券方按"卖出"申报
申报单位	以"手"为单位(1 手为 1000 元面值)	申报数量	申报 100 手或其整数倍,不超过 1 万手
计价单位	每百元资金到期年收益	申报价格最小变动单位	0.005 元
交易方式	当日购买的债券,当日可用于质押券申报,并可进行相应的债券回购交易	交易清算	一次交易,两次结算,清算交收 T+1

表 4-4　国债买断式回购交易

申报账户	按证券账户申报	申报办法	融资方按"买入"申报;融券方按"卖出"申报
申报单位和数量	以"手"为单位(1 手为 1000 元面值),申报数量 1000 手或其整数倍,不超过 5 万手	申报价格最小变动单位	0.01 元或其整数倍
申报价格	每百元面值债券到期购回净价	交易清算	一次交易,两次结算,清算交收 T+1

5. 转换债券交易

① 可转换债券的买卖交易同国债和企业债。

② 行权:在规定的转换期间内投资者可按照约定的价格和比例将可转换债券转为普通股票。

③ 可分离交易的可转换债券纯债部分的买卖交易同国债和企业债;认股权的买卖交易和行权同权证。

6. 一级市场申购

① 国债和网上发行系统发行的企业债。申购方法同现券买入交易。

② 可转换债券。申购方法同新股申购。

③ 安排柜台零售的企业债。在安排零售的网点柜台系统开立账户认购,债券托管在证券公司的代理总户下,待债券在交易所上市后可以由售出债券的证券公司协助将认购债券转托管到个人投资者的深沪证券账户下。

三、银行间债券市场交易

1. 账户开立

银行间债券市场账户结构如下,如图 4-4 所示。

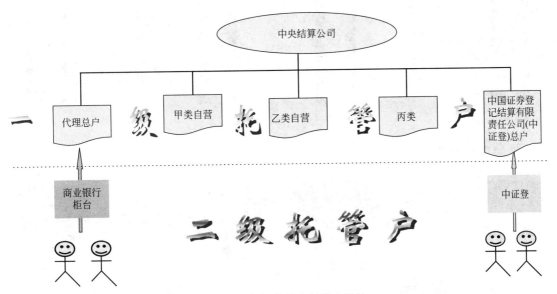

图 4-4 银行间债券市场账户结构

金融机构投资者可选择在中央结算公司开立甲类或乙类托管账户，或通过债券结算代理人开立丙类托管账户；其他机构投资者可通过债券结算代理人在中央结算公司开立丙类托管账户。

2. 一级市场认购流程

一级市场认购流程，如图 4-5 所示。

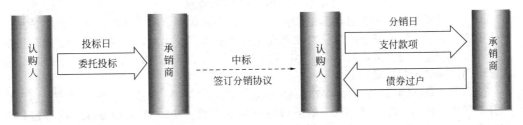

图 4-5 一级市场认购流程

3. 现券交易流程

现券交易流程，如图 4-6 所示。

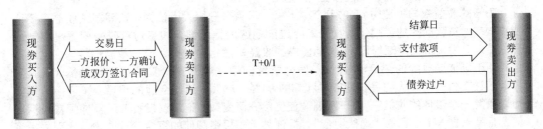

图 4-6 现券交易流程

4. 回购交易流程

回购交易流程，如图 4-7 所示。

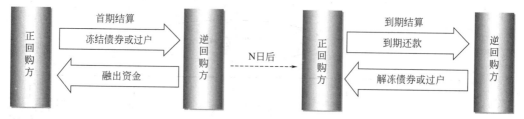

图 4-7　回购交易流程

5. 远期交易流程

远期交易流程，如图 4-8 所示。

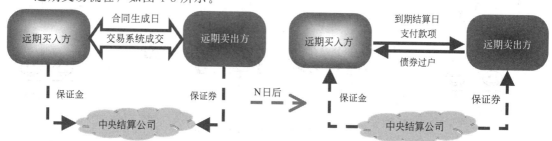

虚线表示约定了履约保证

图 4-8　远期交易流程

组合买国债　提高收益率

国债曾经是老年投资者最钟爱的投资方式，也是最简单、最易接触债券市场的方式。对于投资者来说，国债最大的吸引力就是安全性上的保障；同时，目前国债的收益率仍然比银行存款收益率高，且收益所得无须缴纳利息税。所以无论市场怎样，投资者对于国债的定位仍应是储蓄替代品种。

前几年，受连续加息以及大牛市行情的疯狂演绎，国债一度被投资者所忽略，销售情况并不理想，往年"开门就卖光"的美好时光似乎不再。加之与投资基金、银行理财产品、信托等相比，国债投资收益明显偏低，因此整体表现偏淡，并未受到市场重视。目前，股票市场仍在持续震荡调整，国债由于其稳定性成为投资理财的安全"后盾"。而购买国债最大的风险在于资金流动性风险，尤其是购买记账式国债。如果投资者很可能在到期前就提前支取资金，那么还是应该选择凭证式国债，因为它有提前支取的特点，在有加息预期的前提下，购买凭证式国债更加安全。

国债的收益率与投资时间长短密切相关。尽管有分析人士认为，长期国债收益率受通货膨胀率、贷款利率的影响，其收益率经过前期的大幅调整，加息对其收益率提高的效应逐渐减弱，投资价值逐渐显现。长期债券的收益虽然相对较高，但有着流动性差、难以抵抗长期市场波动风险的缺点。那么，怎样配置国债才能既安全又能达到收益最大化呢？中期债券支付的利率大约是长期债券利率的 80%～85%，通过合理的组合，国债投资其实可以取得一个最佳的收益。由于宏观调控仍然充满变数，不建议投资者过多地配置长期国债，而是成立一个自己的"国债组合"：把计划用于投资国债的资金分成 6 份，分别去投资 2～10 年期的国债。这样一来，每一年或两年就可以把到期的债券兑现，再投入到新的长期债券上，以便稳定获取长期债券的利率，并承担较小的风险。

资料来源：中华税务资讯网　http://www.chtax.com/view.jsp？tab＝tzzs&dataID=155871&kindID=3

第三节
债券投资分析及策略

一、债券投资的一般原则

要驾驭某一事物，必须先摸清它的运行规律，然后按这个规律办事，投资债券也应如此。第一节研究了债券的特点，即收益性、安全性和流通性等。那么，研究债券投资的一般原则，也从这几个方面入手。

1. 收益性原则

这个原则就是投资者的目的。不同种类的债券收益大小不等。国家（包括地方政府）发行的债券，是以政府的税收作担保的，具有充分安全的偿付保证，一般认为是没有风险的投资；而企业债券则存在着能否按时偿付本息的风险，作为对这种风险的报酬，企业债券的收益性必然要比政府债券高。当然，这仅仅是其名义收益的比较，实际收益的情况还要考虑其税收成本。

2. 安全性原则

投资债券相对于其他投资工具要安全得多，但这仅仅是相对的，其安全性问题依然存在。因为经济环境有变、经营状况有变、债券发行人的资信等级也不是一成不变。就政府债券和企业债券而言，政府债券的安全性是绝对高的，企业债券则有时面临违约的风险，尤其是企业经营不善甚至倒闭时，偿还全部本息的可能性不大。因此，企业债券的安全性远不如政府债券。对抵押债券和无抵押债券来说，有抵押品作偿债的最后担保，其安全性就相对要高一些。对可转换债券和不可转换债券，因为可转换债券有随时转换成股票、作为公司的自有资产对公司的负债负责并承担更大的风险这种可能，故安全性要低一些。

3. 流动性原则

这个原则是指收回债券本金的速度快慢。债券的流动性强意味着能够以较快的速度将债券兑换成货币，同时以货币计算的价值不受损失，反之则表明债券的流动性差。影响债券流动性的主要因素是债券的期限，期限越长，流动性越弱；期限越短，流动性越强。另外，不同类型债券的流动性也不同。如政府债券，在发行后就可以上市转让，故流动性强；企业债券的流动性往往就有很大差别，对于那些资信卓著的大公司或规模小但经营良好的公司，它们发行的债券其流动性是很强的；反之，那些规模小、经营差的公司发行的债券，流动性要差得多。因此，除了对资信等级的考虑之外，企业债券流动性的大小在相当程度上取决于投资者在购买债券之前对公司业绩的考察和评价。

二、债券的收益率计算方法

决定债券收益率的主要因素，有债券的票面利率、期限、面值和购买价格。最基本的债券收益率计算公式为：债券收益率＝（到期本息和－发行价格/发行价格×偿还期限）×100%。由于债券持有人可能在债务偿还期内转让债券，因此，债券的收益率还可以分为债券出售者的收益率、债券购买者的收益率和债券持有期间的收益率。各自的计算公式如下。

债券出售者的收益率＝［（卖出价格－发行价格＋持有期间的利息）/发行价格×持有年

限]×100％

债券购买者的收益率＝[（到期本息和－买入价格）/买入价格×剩余期限]×100％

债券持有期间的收益率＝[（卖出价格－买入价格＋持有期间的利息）/买入价格×持有年限]×100％

如某人于2005年1月1日以102元的价格购买了一张面值为100元、利率为10％、每年1月1日支付一次利息的2001年发行5年期国库券，并持有到2006年1月1日到期，则：债券购买者收益率＝[（100＋100×10％－102）/102×1]×100％＝7.8％，债券出售者的收益率＝[（102－100＋100×10％×4）/（100×4）]×100％＝10.5％

再如某人于2003年1月1日以120元的价格购买了面值为100元、利率为10％、每年1月1日支付一次利息的2002年发行的10年期国库券，并持有到2008年1月1日以140元的价格卖出，则债券持有期间的收益率＝[（140－120＋100×10％×5）/（120×5）]×100％＝11.7％。以上计算公式没有考虑把所获利息进行再投资的因素。把所获利息的再投资收益计入债券收益，据此计算出来的收益率，即为复利收益率。它的计算方法比较复杂，这里从略。

三、国债交易分析

1. 凭证式国债兑取有讲究

（1）到期兑取　投资者持发行期内购买的凭证式国债到期兑取时，可在兑付期内到原购买点办理。凭证式国债没有统一规定的到期日，投资者在发行期内的购买日期（哪月哪日）即为到期日期，从购买日起按债券期限（几年）对月对日计算。投资者可在从到期日起的兑付期内到原购买点办理兑付。故投资者应留意凭证式国债的购买日期，到期时利息按规定利率计算，逾期不加计利息。投资者持发行期结束后购买的凭证式国债，到期兑取时可在兑付期内到原购买点办理。利息按实际持有天数和相应档次利率计算，利息最长计算到兑付期的最后一日。如果投资者在兑付期内没有办理兑取事宜，可在原购买点问清延期兑付的地点和办法。延期兑取需付少量手续费。

（2）提前兑取　投资者购买凭证式国债后如需变现，可随时到原购买点全额提前兑取，不能部分提前兑取。提前兑取除偿还本金外，利息按实际持有天数和相应的利率档次分档计息。投资者应清楚各个档次的利率，并掌握提前兑取的利息计算方法。投资者要求提前兑取，可持"凭证式国债收款凭单"和证明本人身份的有效证件办理兑付手续。凭证式国债到期或提前兑取的手续和银行定期储蓄存款的兑取类似。只是在提前和逾期利息的计算上有较大差别。

2. 国债净价交易

所谓国债净价交易，就是一种在现券买卖时，以不含有自然增长应计利息的价格报价并成交的交易方式。也就是将国债成交价格与国债的应计利息分解，让交易价格随行就市，而应计利息则根据票面利率按天计算，从而使国债的持有人享有持有期间应得的利息收入。因此，在净价交易条件下，由于国债交易价格不含有应计利息，其价格形成及变动能够更加准确地体现国债的内在价值、供求关系及市场利率的变动趋势。

3. 国债回购交易

国债回购交易是买卖双方在成交的同时约定于未来某一时间以某一价格双方再行反向成交。亦即债券持有者（融资方）与融券方在签订的合约中规定，融资方在卖出该笔债券后须在双方商定的时间，以商定的价格再买回该笔债券，并支付原商定的利率利息。上证所开办的回购业务采用标准化国债（综合债券）抵押方式，不分券种，统一按面值计算持券量进行融资、融券业务，即融入资金与抵押国债的面值比例为1∶1。

4. 交易过程

① 回购竞价交易由交易双方按回购业务每百元资金应收（付）的年收益率报价，报价时，可省略百分号，直接输入年收益率数值，并限于小数点后三位有效数字，最小报价变动为 0.005 或其整数倍。融资方申报"B"，融券方申报"S"，申报数量单位为"手"，并以面值 10 万元，即 100 手标准券国债为最小交易单位。

② 回购交易无须申报账号，其成交后的资金结算和债券管理直接在其申报席位的自营账户内自动进行。在进行客户代理时，可在账号申报栏，输入客户股东账号，作为券商与众多客户的资金清算的区分标志。

③ 国债回购交易设 7 天、14 天、28 天、91 天、182 天五个品种，各回购品种名称及其相应代码如下。

　　7 天国债回购　　R007201001
　　14 天国债回购　　R014201002
　　28 天国债回购　　R028201003
　　91 天国债回购　　R091201004
　　182 天国债回购　　R182201005

综合债券回购分别开设 28 天、91 天、182 天三个挂牌品种，各品种名称代码为（注：回购交易的期限均以自然日计算）：

　　28 天债券回购　　RC018201006；
　　91 天债券回购　　RC091201007；
　　181 天债券回购　　RC181201008。

④ 证券公司对客户委托国债回购（综合债券）交易佣金的收取标准为：7 天、14 天、28 天的回购品种成交，分别按最高不超过回购成交金额的 0.25‰、0.5‰、1‰，28 天以上回购期品种成交佣金收取标准统一为最高不超过 1.5‰。券商应缴经手费，按回购业务佣金标准的 5‰ 收取，佣金经手费两项费用皆于回购成交发生当日一次性收取。

5. 清算资金

① 回购交易双方实行一次成交、二次清算的方法，在成交当日对双方进行融资、融券的成本清算，其成本统一按标准券的面值 100 元计算，双方据此结算当日应收（付）的款项。

② 到期回购清算，由证券交易所根据成交时的收益率计算出回购价，其计算公式为：100＋年收益率×回购天数/360，如到期回购时恰逢节假日，则顺延至到期后的第一个交易日。

③ 回购期满时，如融资方未按规定将资金划拨到位，其抵押的标准国债（综合债券）将用于交割。

6. 国债投资的分散化策略

由于目前企业债券流通市场还不十分完善，多数企业债券不能上市，也无法提前支取，而国债因其信誉高、收益稳定、安全，且个人投资国债的利息收入免缴利息税，也就越来越受到众多投资者的青睐。这里主要讨论如何投资于国债。

目前国债发行和交易有一个显著的特点，就是品种丰富，期限上有短期、中期之别；利率计算上有附息式、贴现式之异；券种形式上有无纸化（记账式）、有纸化（凭证式）之不同。面对众多品质，初涉债市的投资者容易迷失路径。如何投资国债已成为众多投资者应掌握的本领。

个人投资国债，应根据每个家庭和每个人的情况不同，以及根据资金的长、短期限来计划安排。

如有短期的闲置资金，可购买记账式国库券（就近有证券公司网点、开立国债账户）或无记名国债。因为记账式国债和无记名国债均为可上市流通的券种，其交易价格随行就市，在持有期间可随时通过交易场所卖出（变现），方便投资人在急需用钱时及时将"债"变"钱"。

如有三年以上或更长一段时间的闲置资金，可购买中、长期国债。一般来说，国债的期限越长则发行利率越高，因此，投资期限较长的国债可得到更多的收益。

要想采取最稳妥的保管手段，则购买凭证式国债或记账式国债，投资人在购买时将自己的有效身份证件在发售柜台备案，便可记名挂失。其形式如同银行的储蓄存款，但国债的利率比银行同期储蓄存款利率略高。如果国债持有人因保管不慎等原因发生丢失，只要及时到经办柜台办理挂失手续，便可避免损失。

如果能经常、方便地看到国债市场行情，有兴趣有条件关注国债交易行情，则不妨购买记账式国债或无记名国债，投资人可主动参与"债市交易"。由于国债的固定收益是以国家信誉担保、到期时由国家还本付息，因此，国债相对股票及各类企业债券而言，具有"风险小、收益稳"的优势。

发行的国债，就其期限结构而言，计划有三个月、半年、一年、两年、三年、五年及八年等品种；就其品种结构而言，还将有"凭证式"、"记账式"、"无记名式"国债相继面市，个人投资者将会更为方便地进行国债投资，国债也将作为一种稳妥增值的金融商品受到千家万户的青睐。

四、债券投机的几种情况

债券与股票相比，虽然收益相对稳定，风险相对小，但要真正获得既稳定又较大的收益，需要认真钻研。有人说，所有证券投资赚钱的多靠投机，即使不相信这个观点，也无法否认它有一定的合理性。究竟投资与投机有多大的区别，理论界至今也没有分出其界限，但可以肯定的是，投资是未来比较稳定的收入和相对安全的本金之间的媒介，含有已知的风险程度；投机却要承担较大的风险，确定性和安全性比较低。债券投机一般有如下情形。

1. 多头与空头

多头看涨是买方（先买后卖），空头看跌是卖方（先卖后买）。但是，市场上影响债券价格的因素很多，无论是多头还是空头，未必能如愿以偿。当多头买进债券后，期望它涨价了好卖出去获利，可是事与愿违，价格却跌了，卖出又无利可图，不如静观其变，这种情况即多头套牢；相反，空头卖出债券后，价格却不断上涨，买回无利可图，只有死等它跌价，这便形成了空头套牢。多头与空头，并不是一成不变的，它们也会随市场的瞬息万变而变换角色。比如，甲先用10000元买进某种债券后，却不断跌价，他认为价格上涨无望，压力很大，立即将这10000元买进的债券卖出，同时将老底也卖出，这样就由多头变成了空头。这种多头、空头互换，正是债券市场活跃的标志之一。

2. 买空和卖空

两种都是证券操作者利用债券价格的涨落变动的差价，在很短的时间内买卖同一种债券，从中赚取价差的行为。比如，甲在某证券公司开设户头后，他预计行情可能会涨，于是在开盘后就买进某种债券；其后，该债券果然上涨，涨到一定的程度，他卖出同数量的债券，获得进出之间不同价格的差额，这就是买空和卖空。又如乙认为行情会下跌，他就先卖出某种债券；其后，该债券价果然下跌，他又买回同量的该债券，这样进出之间，同样也得到了利润，这便是卖空和买空。这两种情形，都因单位价差幅度小、变化速度快、风险较大，所以事前必须研究行情的起落，交易过程中要有灵通的信息并精通操作变化，行动也要迅速、准确。

五、债券投资的风险及其防范

任何投资都是有风险的，风险不仅存在于价格变化之中，也可能存在于信用之中。尽管和股票相比，债券的利率一般是固定的，但人们进行债券投资和其他投资一样，仍然是有风险的。因此正确评估债券投资风险，明确未来可能遭受的损失，是投资者在投资决策之前必需做的工作。

1. 信用风险

信用风险又称违约风险，是指发行债券的借款人不能按时支付债券利息或偿还本金，而给债券投资者带来损失的风险。在所有债券之中，财政部发行的国债，由于有政府作担保，往往被市场认为是金边债券，所以没有违约风险。但除中央政府以外的地方政府和公司发行的债券则或多或少有违约风险。因此，信用评级机构要对债券进行评价，以反映其违约风险。一般来说，如果市场认为一种债券的违约风险相对较高，那么就会要求债券的收益率也较高，从而弥补可能遭受的损失。

规避方法：违约风险一般是由于发行债券的公司或主体经营状况不佳或信誉不高带来的风险，所以，避免违约风险最直接的办法就是不买质量差的债券。在选择债券时，一定要仔细了解公司的情况，包括公司的经营状况和公司的以往债券支付情况，尽量避免投资经营状况不佳或信誉不好的公司债券。在持有债券期间，应尽可能对公司经营状况进行了解，以便及时作出卖出债券的抉择；同时，由于国债的投资风险较低，保守的投资者应尽量选择投资风险低的国债。

2. 利率风险

债券的利率风险是指由于利率变动而使投资者遭受损失的风险。毫无疑问，利率是影响债券价格的重要因素之一。当利率上升时，债券的价格就降低；当利率降低时，债券的价格就会上升。由于债券价格会随利率变动，所以即便是没有违约风险的国债也会存在利率风险。

规避方法：应采取的防范措施是分散债券的期限，长短期配合。如果利率上升，短期投资可以迅速找到高收益投资机会；如果利率下降，长期债券却能保持高收益。总之，不要把所有的鸡蛋放在同一个篮子里。

3. 通货膨胀风险

通货膨胀风险又称购买力风险，是指由于通货膨胀而使货币购买力下降的风险。通货膨胀期间，投资者实际利率应该是票面利率扣除通货膨胀率。若债券利率为10%，通货膨胀率为8%，则实际的收益率只有2%，购买力风险是债券投资中最常出现的一种风险。实际上，在20世纪80年代末到90年代初，由于国民经济一直处于高通货膨胀的状态，我国发行的国债销路并不好。

规避方法：对于购买力风险，最好的规避方法就是分散投资以分散风险，使购买力下降带来的风险能被某些收益较高的投资收益所弥补。通常采用的方法是将一部分资金投资于收益较高的投资方式上，如股票、期货等，但带来的风险也随之加大。

4. 流动性风险

流动性风险即变现能力风险，是指投资者在短期内无法以合理的价格卖掉债券的风险。如果投资者遇到一个更好的投资机会，他想出售现有债券，但短期内找不到愿意出合理价格的买主，要把价格降到很低或者很长时间才能找到买主，那么，他将不是遭受降低损失，就是丧失新的投资机会。

规避方法：针对变现能力风险，投资者应尽量选择交易活跃的债券，如国债等，便于得到其他人的认同，冷门债券最好不要购买。在投资债券之前也应考虑清楚，应准备一定的现金以备不时之需，毕竟债券的中途转让不会给持有债券的人带来好的回报。

5. 再投资风险

再投资风险是指投资者以定期收到的利息或到期偿还的本金进行再投资时，市场利率变化使得再投资收益率低于初始投资收益率的风险。

规避方法：对于再投资风险，应采取的防范措施是分散债券的期限，长短期配合。如果利率上升，短期投资可迅速找到高收益投资机会；如果利率下降，长期债券却能保持高收益。也就是说，要分散投资以分散风险，并使一些风险能够相互抵消。

6. 经营风险

经营风险是指发行债券的单位管理与决策人员在其经营管理过程中发生失误，导致资产减少而使债券投资者遭受损失。

规避方法：为了防范经营风险，选择债券时一定要对公司进行调查，通过对其报表进行分析，了解其赢利能力和偿债能力、信誉等。由于国债的投资风险极小，而公司债券的利率较高但投资风险较大，所以，投资者需要在收益和风险之间作出权衡。

小常识

从往年的国债发行时间预计，3月份是国债发行的起点，一般最后一期国债将于当年11月份发行。每个月的10日，是凭证式国债发行的日子，紧接着次月10日，将是电子式国债发行的日子。而国债发布的公告时间将会在每个月的月初公布。

2017年国债发行时间表

品种	期限（年）	发行时间	付息方式
凭证式	3	3月10日	到期一次还本付息
	5		
电子式	3	4月10日	每年付息一次
	5		
凭证式	3	5月10日	到期一次还本付息
	5		
电子式	3	6月10日	每年付息一次
	5		
电子式	3	7月10日	每年付息一次
	5		
电子式	3	8月10日	每年付息一次
	5		
凭证式	3	9月10日	到期一次还本付息
	5		
电子式	3	10月10日	每年付息一次
	5		
凭证式	3	11月10日	到期一次还本付息
	5		

本章小结

本章分为三节，分别是债券概述、债券投资的操作程序和债券投资分析及策略。第一节主要内容包括债券的定义和特征、债券的分类等。债券是发行人依照法定程序发行，并约定在一定期限还本付息的有价证券。债券的特征表现为偿还性、流动性、安全性和收益性。债券的分类可以依据不同的标准进行。第二节介绍了债券尤其是国债的购买方式及程序。第三节介绍了投资债券的一般原则以及债券投资的收益率计算方法，并分析了债券投资的风险及防范方法。

思考题

1. 债券的票面要素及特征是什么？
2. 如何购买国债？
3. 按付息方式分，债券可以分为哪几类？
4. 债券投资的一般原则是什么？

第五章 基金投资

CHAPTER 5

案例导入

王某做生意攒了一笔钱,想让钱再生钱。于是他看到了红红火火的股票市场就想投资证券业务,但又苦于自己既没有专业知识,又没有精力。在别人的指点下,王某牵头张罗了类似自己情况的10个人合伙投资。他们雇了一个投资高手,对大家组合的资金进行投资增值。其实,这就叫作合伙投资。若把这种投资合作的模式扩大1000倍,甚至10000倍,就是基金。

关键词:基金、基金投资、操作与技巧

第一节 基金投资概述

对大多数人来说,基金已经不是一个陌生的名词,已经成为人们日常生活中街谈巷议的投资话题。那么,基金投资究竟是什么呢?我们又如何认识与理解并驾驭它呢?

一、基金

1. 基金的概念

基金(fund)有狭义和广义之分。从狭义上讲,基金是指具有特定的目的和用途的资金。这也是从财务会计的角度来讲的,如固定资产折旧基金、工资基金、住房公积金等。这些都不是本书要认识与研究的对象。从广义上讲,基金是指为了某种目的而设立的具有一定数量,并具有一定的投资价值的资金,如保险基金、信托投资基金等,主要用于证券投资。这才是本章我们要认识、了解并掌握的对象。

投资基金就是汇集众多分散投资者的资金,委托投资专家(如基金管理人),由投资管理专家按其投资策略,统一进行投资管理,为众多投资者谋利的一种投资工具。

而证券投资基金就是基金公司通过向社会公开发行基金单位筹集资金,并将资金用于证券投资。

证券投资基金的特点如下。

① 证券投资基金是由专家运作、管理并专门投资于证券市场的基金。

② 证券投资基金是一种间接证券投资方式。

③ 证券投资基金具有投资小、费用低的优点。
④ 证券投资基金具有组合投资、分散风险的好处。
⑤ 流动性强。

2. **基金的产生与发展**

证券投资基金起源于19世纪60年代，经历了产生、发展和成熟三个阶段。证券投资基金起源于英国（1868～1920），发展于美国（1921～20世纪70年代），成熟于当今。

1991年10月，"武汉证券投资基金"与"深圳南山风险投资基金"分别由中国人民银行武汉分行和深圳南山区政府批准成立，标志着中国证券投资基金市场的诞生。但此时的基金市场仍处于初级阶段。1997年11月14日《证券投资基金管理暂行办法》出台，标志着中国证券投资基金进入了规范发展的阶段。2011年7月1日，我国大陆地区与台湾地区合资的基金管理公司——方正富邦基金管理有限公司经中国证监会批准设立。至此，我国已有66家基金公司，共管理资金超过3万亿元人民币，基金持股市值约占沪深两市流通A股总市值（2011年底）的10%左右。投资基金发展呈现出品种越来越多、规模越来越大的趋势，已成为我国股票投资市场不可或缺的重要力量。

二、证券投资基金

1. **私募基金和公募基金**

通俗地讲，买基金就是买专家的理财服务，是把个人的资金交由投资专家打理，享受专家理财服务的投资乐趣。那么，向谁买、买什么，就得了解证券投资基金。证券投资基金可分为私募基金和公募基金。

私募基金是指以非公开发行方式向特定投资者募集资金并以证券为投资对象的投资基金，具有非公开性、募集性、大额投资性、封闭性和非上市性等特点。它之所以有顽强的生命力和一定的影响力，就是因为投资者一旦投资于非上市流通公司的股权或项目，若上市后所得到丰厚的投资回报，一夜之间就会变成千万或亿万富翁。当然，高回报也意味着高风险。这种投资方式只能适应或满足既有一定的资金实力，又有一定的风险承受能力的高端客户的偏好。

公募基金是指以公开发行方式向社会公众投资者募集资金并以证券投资为对象的证券基金。它具有公开性、可变现性、规范性等特点。主要适应众多中小投资者的需要。虽然投资回报相对较低，但风险也较小。只要我们投资目标明确、清晰，具有规避风险的能力，也是比较理想的一种投资方式。截至2015年12月底，我国公募基金资产合计突破8万亿元。

2. **封闭式基金和开放式基金**

根据投资运作方式不同，证券投资基金可分为封闭式基金和开放式基金。这是目前公募基金中较常用的两种基金形式。

封闭式证券投资基金又称为固定式证券投资基金，具有一定规模的发行数量，在一定的时间范围内发行，形成一定的基金规模。从组合特征看，具有股权性、债券性和监督性的特点，使人一目了然。开放式证券投资基金，又称为变动式证券投资基金，是指基金数量与基金资本可因发行新的基金或因投资者赎回基金而变动的证券投资基金。从组合特征看，该种基金规模大小相对不那么清晰。截至2016年，我国证券市场上共有近4000只公募基金，规模达到9万多亿元，其中封闭式基金54只，规模为817亿元。

二者的区别：一是基金规模的可变性不同。封闭式基金均有明确的存续期限（我国规定不少于5年），在存续期限内是不可能对已发行的基金单位进行赎回的；而开放式基金则可赎回。二是基金单位的买卖方式不同。封闭式基金发起设立是投资者可以向基金管理公司或销售机构认购，当上市交易时，投资者又可委托券商在证券交易所按市价买卖（图 5-1 为交易软件中的封闭式基金行情）。而投资者投资于开放式基金时，则可以随时向基金管理公司或销售机构申购或赎回。三是基金单位的买卖价格形成方式不同。封闭式基金在交易所上市，其买卖价格受市场供求关系影响较大，有时基金单位买卖价格高于或低于每份基金单位资产净值，从而影响到投资者所拥有的基金资产增加或减少，自然影响到投资基金的收益大小；开放式基金的买卖价格是以基金单位的资产净值为基础计算的，可直接反映基金单位资产净值的高低，其投资收益的多少取决于投资基金资产净值的大小。从基金的买卖费用讲，二者也不同：封闭式基金与上市股票买卖一样，在价格之外付出一定比例的证券交易税和手续费；而开放式基金的投资者缴纳的相关费用（首次认购费、赎回费）包含于基金价格之内。一般来讲，买卖封闭式基金的费用要高于开放式基金。四是基金的投资策略不同。由于封闭式基金不能随便被赎回，基金管理公司则可制订长期投资策略，以取得长期的经营绩效；开放式基金则必须保留一定的现金，以备投资者随时赎回，从而使资产管理公司总是不能全部用于长期投资的决策。总的发展态势，即封闭式基金与开放式基金并存，相对以开放式基金为主。

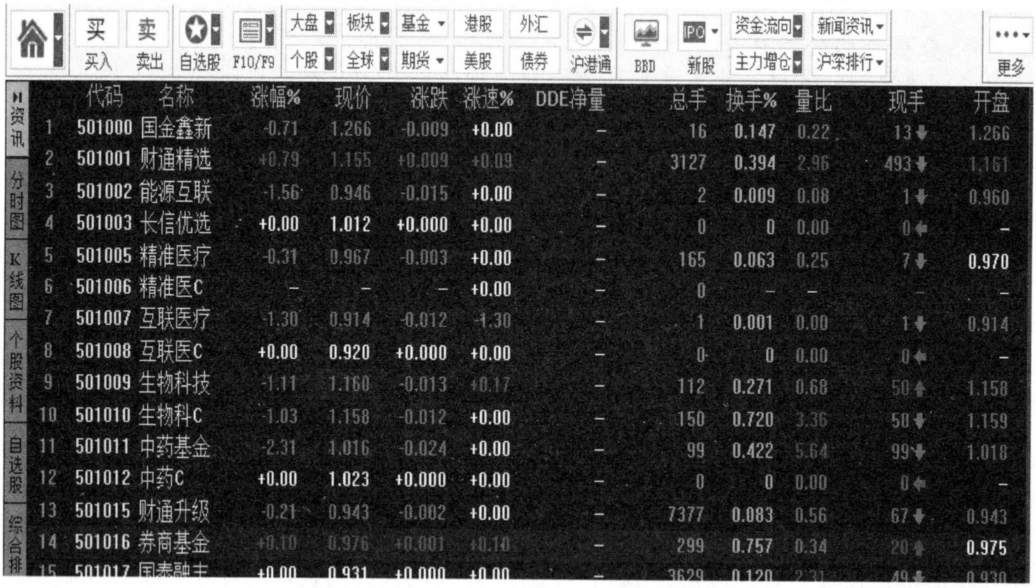

	代码	名称	涨幅%	现价	涨跌	涨速%	DDE净量	总手	换手%	量比	现手	开盘
1	501000	国金鑫新	-0.71	1.266	-0.009	+0.00	–	16	0.147	0.22	13	1.266
2	501001	财通精选	+0.79	1.155	+0.009	+0.09	–	3127	0.394	2.96	493	1.161
3	501002	能源互联	-1.56	0.946	-0.015	+0.00	–	2	0.009	0.08	1	0.960
4	501003	长信优选	+0.00	1.012	+0.000	+0.00	–	0	0	0.00	0	–
5	501005	精准医疗	-0.31	0.967	-0.003	+0.00	–	165	0.063	0.25	7	0.970
6	501006	精准医C	–	–	–	+0.00	–	0	–	–	–	–
7	501007	互联医疗	-1.30	0.914	-0.012	-1.30	–	1	0.001	0.00	1	0.914
8	501008	互联医C	+0.00	0.920	+0.000	+0.00	–	0	0	0.00	0	–
9	501009	生物科技	-1.11	1.160	-0.013	+0.17	–	112	0.271	0.68	50	1.158
10	501010	生物科C	-1.03	1.158	-0.012	+0.00	–	150	0.720	3.36	50	1.159
11	501011	中药基金	-2.31	1.016	-0.024	+0.00	–	99	0.422	5.64	99	1.018
12	501012	中药C	+0.00	1.023	+0.000	+0.00	–	0	0	0.00	0	–
13	501015	财通升级	-0.21	0.943	-0.002	+0.00	–	7377	0.083	0.56	67	0.943
14	501016	券商基金	+0.10	0.976	+0.001	+0.10	–	299	0.757	0.34	20	0.975
15	501017	国泰融丰	+0.00	0.931	+0.000	+0.00	–	3629	0.120	2.31	49	0.930

图 5-1　交易软件中的封闭式基金行情

两种基金的交易规则

（1）封闭式基金的交易规则

① 封闭式基金的交易时间为每周一至周五，上午 9：30～11：30，下午 13：00～15：00。

② 封闭式基金的交易遵从“价格优先、时间优先”的原则。

③ 封闭式基金的报价单位为每份基金的价格。

④ 我国封闭式基金的交易采用电脑集合竞价和连续竞价两种方式。

⑤ 深、沪证券交易所对封闭式基金的交易与股票交易一样实行价格涨跌幅限制，涨跌幅比例为 10％。

⑥ 我国封闭式基金的交收同 A 股一样实行 T＋1 交割、交收。

（2）开放式基金的交易规则

开放式基金的交易有以下几种渠道：银行营业所柜台、网上银行、基金公司网站（直销）、证券公司开户。以上各种方法各有特点，但最推荐的方法是通过基金公司的网站直接购买。

直销申购费率最低，最低可打 4 折，具有与网银上买卖同样的省时、省力等优点。通过网银或基金公司网站申购与赎回基金，任何一天 24 小时内的任何时间都可以操作。但是在交易日 0：00～15：00 办理完成的交易按当天的净值作为计算价格，在 15：00～24：00 和股市非交易日办理完成的交易按下一个交易日的净值作为计算价格，例如在周五15：00后办理完成的申购或赎回按下周一的净值作为计算价格。在五一、国庆和春节等长假期间办理的申购或赎回，按节后股市第一个交易日的净值作为计算价格。直销缺点是客户需要购买多家基金公司产品的时候，需要在各家基金公司逐一办理开户手续，投资管理比较复杂。

对于年纪较大的中老年基金投资者来说，可以利用银行网点众多的便利性，在银行网点完成基金的申购和赎回。缺点是认购和申购手续费没有任何优惠；当天的交易必须在15：00前完成，以及排队填表的时间，最晚应该在 14：30 前到银行，而在 14：30～15：00，股市尾盘可能出现急剧变化，与 14：30 前的行情出入较大，致使与在去银行前的理想申购或赎回的指数点位不符。

3. 证券投资基金的其他种类

证券投资基金的种类很多，主要介绍以下常用的 10 种基金。

（1）货币市场基金　是指投资于货币市场上短期（一年内）有价证券的一种基金。该基金资产投资的货币工具有国库券、商业票据、银行定期存单、政府债券、企业债券、金融债券等短期有价债券。货币市场基金只有一种分红方式——红利转投资。每份单位始终保持在一元。超过一元后的收益会自动按时转化为基金份额。拥有多少基金份额即拥有多少资产。

（2）债券基金　是指专门投资于债券的基金。通过集中众多投资者的基金，对各种债券进行组合投资，以寻求稳定的收益。另外还可投资于可转债或打新股，也是债券基金获得收益的重要渠道。据中国证监会对基金类别的分类标准，基金资产80%投资于债券的为债券基金，主要投资工具为国债、金融债券和企业债券。债券基金具有收益稳定、风险较低的特点。

（3）股票型基金　是指 60% 以上的基金资产投资于股票的基金，一般是以普通股为主。按投资基金的目的，可将股票基金分为资本增值型基金、成长型基金和收入型基金。该类基金收益高，风险也较高。

（4）混合基金　是指同时投资于股票、债券和货币市场的基金，属于没有明确投资方向的基金。该基金风险低于股票基金，短期收益又高于债券基金，为投资者提供了一种在不同资产之间进行分散投资的工具，比较适合较为保守的投资者。该基金的类型有偏股型基金、偏债型基金或平衡型基金和配置型基金，主要区分标志是配置比例不同。

（5）认股权证基金　是指以认股权证为主要投资对象的基金。该基金属于高风险基金，因为认股权证是由股份有限公司发行的，按照特定的价格，在特定的时间内购买一定数量的该公司股票的选择权凭证。而这个特定的价格决定权在于该股份制公司，其投资风险较通常的股票要高得多。

（6）期货基金　是以期货为主要投资对象的投资基金。它是指广大投资者将资金集中起来，委托给专业期货投资机构，并通过商品交易顾问进行期货投资交易，投资者承担风险并同时享有投资利润收益的一种集合投资方式。因为期货交易可以用来套期保值，可以以小博大，若预测准确，可获得很高的投资回报，当然损失也大。具有高风险、高收益的特点，属于高风险基金。

（7）期权基金　是以期权为主要投资对象的投资基金。期权也是一种合约，是指在一定时期内按约定的价格买入或卖出一定数量投资标的的权利。若市场对它履约有利，则可以买入或卖出，行使期权；反之则放弃期权使合同过期作废。

（8）指数基金　是按照证券价格指数编制原理构建投资组合进行证券投资的一种基金。从理论上讲，指数基金的运作方法，主要根据每一种证券指数中所占的比例购买相对比例的证券。一般该基金回报率与市场指数的回报率相接近，与其他开放式基金相比更具有有效规避非系统风险、交易费用低廉、延迟纳税、监控投入少和操作简便的特点。从长期来看，其业绩优于其他的基金。

（9）对冲基金　是指由金融期货和金融期权衍生工具与金融组织结合以高风险投机为手段并以营利为目的的金融基金。其意为"风险对冲过的基金"，实际上却属于高风险的基金，操作时要求具有一定的专业知识和专业操作技巧。

（10）QDII　是 Qualified domestic institutional investor（合格的境内投资者）的首字母缩写，是指在一国境内设立，经该国有关部门批准，从事境外证券市场的股票、债券及有关证券业务的证券投资基金。它与 QFII（国外机构投资者到内地投资资格认定制度）一样，是在外汇管理管制下的内地资本市场对外开放的权宜之计。

我国各类基金的基本数据如图5-2所示。

基金市场概况	共130家基金公司			截止日期：2018-01-12		数据来源：东方财富Choice数据	
	全部	股票型	混合型	债券型	指数型	QDII	保本型	货币型
基金管理规模(亿元)	115988.59	6741.29	19416.89	15681.18	4614.56	838.99	1867.87	67292.63
基金数量(只)	7155	928	2981	1469	726	230	159	696

图5-2　我国各类基金的基本数据

三、证券投资基金与股票、债券、银行理财产品的投资比较

证券投资基金属于股权合同或契约，基金受理人只是代替投资者管理基金，相当于专家为你理财。投资者一旦购买了基金，基金管理人就运用筹集的基金，根据其投资策略确定投资工具，其目的就是使基金所有人的资产增值，让投资者分享其应有的投资收益。据此把证券投资基金与股票、债券、银行产品的投资进行比较（见表5-1），从中了解与认识各自的投资价值，以适应各自的投资偏好和分散投资风险，以获得投资的最大收益。

表5-1　证券投资基金与股票、债券、银行理财产品的投资比较

区　别	证券投资基金	股　票	债　券	银行理财
反映的关系不同	信托关系	所有权关系	债权债务关系	债权债务关系
在操作上投向不同	信托工具，主要投向有价证券，是一种间接投资方式	融资工具，主要投向实业，是一种直接投资方式	主要投向实业，是一种直接投资方式	投资对象比较广泛，有票据、债券等
风险、收益不同	采取组合投资，能够在一定程度上分散投资风险，风险小于股票，收益也较稳定	收益是不确定的，其收益取决于发行公司的经济效益，投资股票有较大风险	利率一般是事先确定的，其投资风险较小	银行理财的收益较低、风险较小

续表

区 别	证券投资基金	股 票	债 券	银行理财
回收方式不同	开放式基金按基金份额净值赎回基金单位,封闭式基金的投资者在基金存续期内不得赎回基金单位,如果想变现,只能在交易所或者柜台市场上出售	没有到期日,股票投资者不能要求退股,投资者如果想变现的话,只能在二级市场出售	一般有固定的到期日,投资者可以获得本金和利息;同时,也可以在二级市场上出售流通债券	一般有固定的期限,有短期,也有1年或中长期,到期终止
信息公开	开放式基金定期公布基金投资情况和基金净值	上市公司定期披露相关报告和信息	上市公司定期披露相关报告和信息	有理财规划说明书

投资债券基金和直接购买债券有什么不同

这两者间有本质的差别,这些差别包括但不限于以下内容。

(1) 组织形式不同　债券基金是由基金管理公司和托管人负责募集的用于投资一揽子债券的集合理财产品;债券则只是由某个发行人承诺按某一期限安排支付利息和本金的合约。

(2) 交易对象不同　债券基金投资者可以通过银行、证券商或者直接向基金管理人申购和赎回份额;债券投资者必须通过证券商或者银行来购买具体债券。而且,中国许多的债券仅限于在银行间债券市场流通,意味着即使有足够的购买意愿和承担能力,投资者也并不一定可以买到自己想持有的债券来投资。

(3) 多样化程度不一样　债券基金的投资组合多样化程度远比一两只债券要强得多。

(4) 期限不同　债券基金存续期不固定;债券有明确具体的到期日。

(5) 现金流收入的规模和时间安排不同　债券基金合同既可以约定到点分红,又可以约定为视收益状况分红,其现金流规模不确定;债券的还本付息的具体数目和日期都是既定的。

(6) 流动性不同　债券基金的投资者可以在任意开放日按照净值减去适用费用的价格赎回基金份额;债券投资者需要通过二级市场交易才能卖出债券。

(7) 再投资难易程度不同　债券基金的投资者可以轻松安排收入或者本金的再投资;债券投资者如想再投资,既需满足市场的最低资金要求,又需要找到市场的有效供给。

(8) 持有期成本不同　债券基金投资者需要付出昂贵的管理费、托管费、交易手续费等投资成本;债券投资者则可能仅需要支付一次交易手续费。

资料来源:中华证券学习网

第二节　证券投资基金的设立、发行和交易

进行基金投资,首先要了解投资者投资的基金对象所涉及的管理者和经营者等要求的资格条件与相互之间的权利义务关系等,才能做到心中有数。

一、投资基金设立的条件与程序

(一) 基金设立的条件

在我国,基金的设立必须经中国证券监督管理委员会审查批准。必须具备以下条件。

① 主要发起人是按照国家有关规定设立并成立的证券公司、信托公司、基金管理公司。

第五章　基金投资

② 每个发起人的注册资本要达到规定要求（大于或等于2亿元），主要发起人要有从事证券投资业务三年以上的经历与连续赢利的记录，但基金管理公司除外。

③ 发起人、基金托管人、基金管理人有健全的组织机构和管理制度，经营管理规范，财务状况良好。

④ 基金托管人、基金管理人要有符合要求的营业场所、安全防范设施及与业务有关的其他设施和安全保障措施。

（二）基金设立的程序

根据《证券投资基金管理暂行办法》的规定，基金的设立需要完成以下工作步骤。

1. 确立基金发起人、制订基金方案

基金管理公司在基金成立后要成为基金的管理人，往往把自己公司作为主要发起人，然后在符合条件的机构和法人中寻找其他发起人，共同发起设立基金。发起人确认后，要签订发起人协议，制订与明确相互之间的权利与义务关系，并拟定该基金的总体方案和起草相关文件。

2. 提交设立基金的相关文件

设立基金的相关文件主要有：申请报告、发起人协议、基金契约、托管协议、招募说明书、发起人资格报告、法律意见书、国务院证券监督机构规定提交的其他文件或相关说明等。

3. 监督机构的审核与批准

① 中国证监会收到文件后对基金发起人资格、基金管理人资格、基金托管人资格以及所有上报资料与说明书的准确性与完整性进行审核。

② 审核若符合条件则批准并下发批准文件，基金发起人从批准之日起发布、发行招募说明书并公开发行基金。否则就下发不予批准文件。

二、投资基金的发行与交易

（一）基金的发行流程

① 基金管理公司代表基金发起人在监管机构指定的报刊上发行公告、招募说明书和基金批准等相关文件和披露相关信息。

② 举办各种路演和基金营销推介活动。

③ 基金通过证券营业所网点或者商业银行托管行网点或其他商业银行代销网点渠道发行。封闭式基金的募集期限为三个月，从该基金批准之日起计算。

④ 发行结束后，基金管理人不得动用已募集的资金进行投资，应对所募集的资金由有资格的机构和个人进行验资，并出具验资报告。若是封闭式基金在三个月内应超过批准规模的80%，该基金方可成立；否则对募集的资金并加计银行活期存款利息在30天内如数退还给基金认购人。

（二）基金的交易流程

① 基金发行募集成功后，若在证券交易所上市，先申请，获准后在交易市场上进行交易活动。

② 基金的交易单位以标准手数为单位，在证券市场营业场所的交易时间内随时进行委托买卖基金单位。

③ 基金的交易价格以证券交易市场挂牌价格为基础。封闭式基金买卖价格以基金单位的资产净值为基础，结合市场供求关系确定。

(三) 投资基金的运作流程

从基金的发行到基金的交易流程就可以看出,在基金的购买过程中既涉及基金合同的建立,又涉及基金当事人的关系,了解与认识其中的奥妙也很重要。

1. 投资基金的运作

投资基金的运作如图 5-3 所示。

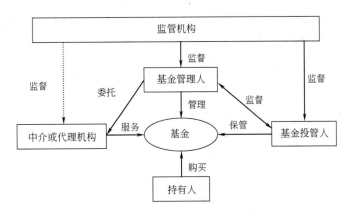

图 5-3 投资基金的运作图

2. 基金主要当事人之间的"三角关系"

基金三方当事人分别为:基金份额持有人、基金管理人和基金托管人。三方运作过程中形成的三角关系为:基金份额持有人是基金资产的所有者,对基金资产行使所有权;基金份额持有人委托基金管理人投资、委托基金托管人托管;基金管理人接受委托进行投资管理,监督基金托管人并接受基金托管人的监督;基金托管人管理基金资产,执行投资指令;同时,监督管理人还接受基金管理人的监督。因此,基金份额持有人与基金管理人之间是委托人、受益人与受托人的关系;基金份额持有人与基金托管人之间是委托人与受托人的关系;基金管理人与基金托管人之间是平行受托和互相监督的关系。三者之间的权利与义务关系通过基金契约来规范,或通过《公司法》及相关法规来规范。

(四) 基金的变更、终止和清算

1. 基金的变更

① 基金因故需要分立或合并的,须按照相关规定的要求进行操作。

② 基金因故改变基金性质,如封闭式基金变更为开放式基金,需要通过中国证监会批准方可执行。

2. 基金的终止

投资基金因为各种原因不能继续经营,将进行清算解散,但必须通过中国证监会批准后方可实施。

3. 基金的清算

当基金终止时,一是成立基金结算小组进行清算;二是按照清算程序,确定清算费用,制订基金剩余的资产分配方案,披露资产清算的公告(必须经过中国证监会批准)并做好基金资产清算和善后工作,最后将清算账册与文件妥善保存。

小常识

全新视角，2017年基金公司规模排行重磅发布

　　Wind统计显示，截至2017年12月31日，全国已发公募产品的基金管理公司达122家，管理基金数量4693只，管理规模总计11.63万亿，规模较年初增加2.46万亿。其中非货币基金资产规模总计4.49万亿，较年初减少2092亿。

　　按各基金公司管理非货币基金资产统计，易方达基金以2704亿元荣获规模榜第一，嘉实增长202亿元、华夏增长170亿元，分列第二、三名。

2017年基金公司非货币基金规模排名

排名	基金公司	最新规模（亿元）	规模变化（较去年）	排名变化
1	易方达	2,704	176	持平
2	嘉实	2,397	202	↑3
3	华夏	2,389	170	↑1
4	博时	2,269	−219	↓2
5	南方	1,988	−96	↑1
6	中银	1,888	232	↑3
7	招商	1,747	−119	持平
8	汇添富	1,454	−61	↑4
9	富国	1,305	−338	↑1
10	广发	1,290	−187	↑3

资料来源：2018-1-2 万得基金 Wind 资讯

第三节
证券投资基金的投资策略和操作技巧

[案例导入]：证券投资基金的风险

　　据乐视网（300104）1月26日发布的财报和公募基金2016年报，持有乐视的公募基金累计已亏损约6.86亿元；2016年第四季度，重仓乐视网（300104）的基金共有41只，如果忽略不计2016年第四季度新进的4只基金，另外37只公募基金累计持乐视网（300104）流通股数8121.28万股，按2016年12月6日收盘价估算，这37只公募基金因持有乐视网（300104）而浮亏约6.86亿元，其中"公募一哥"任泽松所管理的中邮基金浮亏3.5亿元。
资料来源：2017年02月05日 WWW.YUNCAIJING.COM 摘于 财联社

　　从以上案例可以看出，投资基金是存在风险的。因此，如何进行基金投资，是需要认真思考并善于操作的问题。

一、证券投资基金分析

作为非专业基金投资的投资者，了解和把握了以下几方面的信息才可以应对。

（一）投资环境分析

投资环境主要涉及宏观经济分析和行业产业分析。

1. 宏观经济分析（主要经济指标分析）

① 国内生产总值是指一个国家或地区所有常住居民在一定时期内（一年）生产活动的最终成果。这个指标反映了国民经济发展水平状况，通过该指标的变化可以看出一个国家处于什么样的发展周期。当中国经济平均增长处于8%～10%，就属于持续稳定健康发展阶段。若过低或过高，都属于不正常的经济现象，值得关注。

② 通货膨胀是指物价水平持续、普遍、明显的上涨。一般通过居民消费价格指数（CPI）或者生活费用指数反映消费者为购买消费品和付出价格的变动情况。通过生产者物价指数（PPI）反映某一时期生产领域价格变动情况，二者是相辅相成的。在日常生活中，我国通常以3%～4%为标志，若高于这个幅度，则为通货膨胀期；若低于这个幅度或者低于1%，则为通货紧缩期。衡量的标志是，虽有通货膨胀，但低于或达到4%左右，则属于可承受的通货温和期，预期可以进行投资。

③ 失业率是指劳动力人口中失业人数所占的百分比。劳动力人口是指年龄在18岁以上具有劳动能力的人的全体。这个指标在我国实施过程中是非常复杂的。一是我国尽管城镇化发展很快，农业人口比例在下降，非农业人口比例在上升，但实际上农业人口比例仍超过50%，如何统计计算还有待明确；二是从我国的国情和实际出发，把大中专学生就业率和农民进城打工、非农业人口就业情况三者综合考虑为宜，把失业率控制在5%左右都属于正常，这实际上说明我国的就业状况在世界上也是困难最多成就最大的国家，十分了不起。这是一个十分重要的经济指标，当失业率降低，人们有工作、有基本生活收入保障，社会就相对稳定，经济就处于正常发展周期。否则就会影响经济发展与稳定。

④ 国际收支是指一国居民在一定时期内与非本国居民在政治、经济、军事、文化及其他往来所产生的全部交易的系统记录。国际收支包括经常项目和资本项目。经常项目收支包括贸易收支（进出口）、劳务收支（如运输、港口、通信和旅游等）和单方面转移（如侨民汇款、无偿援助和捐赠、国际组织收支等）。资本项目包括一国同国外资金往来情况，也反映一国利用外资和偿还本金的执行情况。从实际情况看，我国已成为进出口贸易大国。出口世界第一，进口世界第二，同时又是利用外资的大国。当然也正在发生积极的变化，利用外资与对外投资并举，逐步向对外投资转化。国际收支相对平衡，或可持续稳步、健康发展，有利于投资环境的改善。否则对经济产生波动影响。

宏观经济分析涉及的经济指标很多，但这四个指标很重要，基本可以反映和评价国民经济运行状况是否良好。这些指标执行或运行情况良好，或向积极健康方面发展，就属于投资的黄金期。否则，将影响投资，甚至要终止投资。

2. 行业产业分析（主要是产业政策分析）

（1）财政政策分析　财政政策是国家实施宏观调控的重要工具之一。主要通过税收、补贴、赤字、国债、收入分配和转移支付等手段对经济运行进行调节，对产业、行业发展情况进行指导和调节。凡是符合国家行业发展要求和产业发展方向的，就从财政政策上加以支持，否则就加以限制。

（2）货币信贷政策分析　货币信贷政策是国家宏观经济政策和产业行业政策调控的重要工具之一。主要通过货币政策工具中的存款准备金政策、再贴现政策和公开市场业务"三大法宝"与信贷政策工具中的利率政策进行产业、行业总量调控与结构调节，使国民经济保持持续、健康、稳定的发展，使经济运行走上良好循环和发展的道路。

财政政策和货币信贷政策的实施加上其他政策和手段综合配套，按照社会主义市场经济运行规律进行资源配置和调节，将发挥十分重要的作用。例如国家在"十二五"时期关于房地产的调控所实施的各种政策，尤其是加大保障房的建设力度，实行价格政策的双轨制，既压又扶，既有效地抑制房价过热过快增长，又使其软着陆，避免经济大起大落。若此时我们选择保障房建设基金的投资，就是一个相对风险较小、收益有保障的选择。

（二）基金管理公司分析

作为基金投资者的首要任务是基金委托给哪家基金管理公司经营安全、收益稳定又较高，这是十分重要的问题。需要我们了解以下相关信息。

① 根据《证券投资基金法》和《公司法》规定的章程是否具备注册资本（规定要求的货币资本）和从业人员资格条件，以及相关证件是否齐全（经营许可证、营业执照、企业代码证和税务登记证）。

② 经营管理是否规范、正常，有无不良和违法记录，其经营业绩和社会信誉是否良好。

③ 所经营的基金资产是否符合国家产业、行业政策要求，是否适合所选择的基金投资对象。

④ 经营管理制度是否健全规范，尤其是基金资产风险管理制度和控制制度，是否健全与有效实施。

⑤ 其他有关信息的了解。

以上信息有的是从有关新闻媒体公布披露的信息中获取；有的是从投资者的交流交谈中获取；有的是从街谈巷议中获取，经过综合分析和真伪判断，作出个人投资的选择和决策。

二、证券基金投资策略与操作技巧

无论是经济运行环境处于上升时期还是下行阶段，都会有不同的投资以及不同的收益结果，这与我们的投资策略是否科学和操作技巧是否高明有很大的关系。

（一）基金投资策略

1. 规避风险策略

（1）规避政策风险的策略　规避政策风险的策略既要看经济走势，又要看政策走势，二者是相辅相成的。从经济周期到政策周期，总是在积极宽松、适中或从紧的三种选择中进行，不同的政策周期选择不同的基金投资，是比较理想的政策风险的规避策略。

（2）规避市场风险的策略　从商品市场周期到投资基金的选择相适应。既要看大市场格局变化，又要看小市场的变化趋势，从局部到全局、从全局到局部研究分析市场周期变化趋势，捕捉基金投资策略的灵活性和适应性。

（3）规避操作风险的策略　着重从时机的把握、品种的组合与量的增减三个方面把握，不失时机地进行有效操作是提高收益水平的重要手段和途径。

2. 投资组合策略

（1）固定比例策略　将所投资的基金按固定的比例分散投资于不同种类的基金上。当某类基金因净值变动而使投资比例发生变化就即时卖出或买进这种基金，从而保证投资比例能维持原有固定的比例。这样做的目的是降低投资成本、抵御投资风险、增加投资收益。

（2）适时进出投资策略　投资者要有所为，就是要顺应市场变化来买卖基金。当然，这对投资者来讲还需要一定的投资经验，善于捕捉市场变化信息，具有适时进出的智慧。投资也要有所不为，主要讲的是投资风险的承受能力和控制能力，千万不能被局部的或片面的信息所左右，甚至陷入不科学地买卖所形成的风险中。

（3）调整组合的策略　作为投资者在基金的选择组合上和时间买卖的把握上，既要考虑传统工具的使用，又要与现代工具相结合；既要套期保值，又要以中长期积极稳妥可持续发展考虑。因为当今社会投资市场十分复杂，变化多端，必须要有足够的智慧和操作组合才能加以应对，才能有合理、可持续的投资收益回报。

（二）基金投资操作技巧

1. 要有一个好的心态

世界上处处有风险，而规避风险和防范风险并不等于没有风险，只是我们在风险面前应积极主动应对而不是被动任意受挫。基金投资风险的存在是客观现实的，只是与一些股票等投资工具相比风险比较小，但一时的得失难以避免。只要我们有一个好的心态，将失去的东西重新找回来，获得更多的收益，这才是投资价值的追求所在。

2. 把握好两个大局

从全局考虑，任何投资者都要密切关注市场经济走势和国家政策走势这两个大局，这是不以人的意志为转移的客观规律。但对基金投资价值的认识与市场和政策走势的认识并不是那么容易把握的。好比打仗一样，敌我双方战略战术的变化与客观环境的变化是十分复杂的，只要有一方比另一方的信息掌握得多一点，战略战术调整及时一点，它就掌握了战争胜利的主动权。从自身考虑，对投资机会的把握和资金实力的对应情况，也要有足够的认识与科学合理地把握，这样才能做到知己知彼，应对自如。因此说把握两个大局，既有市场与国家政策走势的大局，又有自我认识和把握的大局。只有将两者有效地结合起来，才能争取和把握及时买入的切入点和适时卖出的准确点，才能出其不意争取战争的主动权和胜利的时刻，成为有战略眼光和战术策略的投资者。

3. 认识了解基金管理公司的三个基本点

目前证券基金投资管理公司有60多家，投资基金600多家，在这众多的基金管理公司中，选择适合的投资基金并非易事。但是我们要注意把复杂的东西简单化，看问题的本质，这样才能达到目的。这需要我们从最基本的三方面入手。

（1）时间　作为一个较成熟的基金管理公司，经营是比较规范的，尤其在应对风险方面有足够的智慧。这就要求我们看这只基金是否有投资价值，至少要看它三年或者更长时间的业绩记录。业绩记录是波动幅度偏平而总体向上的，则是可选择的对象；是大起大落反复无常的业绩记录，那就要慎重选择了。因此对基金管理公司的情况和每只基金每年排行榜的信息披露要十分关注，并作为参考选择的重要依据之一。

（2）风险　一个基金管理公司经营的好坏在很大程度上取决于风险的控制和把握。风险的表现和反映主要从两个方面进行考察和分析：一是经营的道德风险，这就是我们平时讲的有没有"老鼠仓"的问题，这是决定一个基金管理公司命运的大问题。若经营管理规范，把基民的利益放在首位，就意味着责任意识强，按章办事合规操作、规范经营，否则就不可信赖，就不能进行基金投资。二是经营风险，就是经营管理的各环节风险约束机制是否健全有效，各种操作是否相对制度透明、操作规范。只有加强这两个风险，才可以获得基民的信任。

（3）收益　作为衡量基金管理公司经营管理水平高低的最终指标就是公司的基金资产收益率和基金投资者的回报率。资产的收益率是经营管理好坏的标志。从每年基金管理的经营排行榜就可以得到相关信息，或从按规定时间要求披露的财务报表指标信息中就可了解到。基民的投资回报率主要是从分红披露的信息反映了解，是衡量其实现的净利润在分配政策上是否向投资者倾斜,也是投资者投资的目的所在。因此可以这样说,要让基金投资者关爱基金管理公司,那么基金管理公司就要更加关爱与呵护基金投资者,以形成良性循环。

4. 选好基金可参考的五大指标

(1) 成长性　如果一个基金3~5年在同类基金中一直能排在前四分之一之前或净资产收益率平均增长幅度保持在10%左右,一般就可以认为是好的基金。

(2) 流动性　如果基金所投资的企业或股票流动资金周转较快、变现能力较强或成交活跃而稳定,证明该基金流动性好,市场活动发展空间大。

(3) 稳定性　评价指标主要是标准差。它代表基金在某一时间内表现的稳定程度,标准差数字越小,基金绩效的稳定度越高,就越值得依赖。通常用β值表示基金业绩波动的指数,以1为标准,若这一数值大于1,则基金风险大于市场总体风险;反之则小于市场总体风险。代表单位风险所带来的超额收益就是夏普指数,反映了单位风险基金净值增长率超过无风险收益率的程度。如果夏普指数为零,则基金每一份风险所带来的收益和银行的定期存款相同;如果夏普指数大于零,则表示收益高于银行定期存款。

(4) 换手率　基金的交易成本是从基金净值中提取,换手率越高则交易成本也越高。

(5) 投资标的获利能力　通常来讲,如果基金持有的股票主营业务突出、法人治理结构科学、经营管理规范,则基金的净值会比较稳定,投资价值高自然获利能力强。

5. 购买新基金应遵循的六大原则

(1) "喜新厌旧"　按照市场运作的发展规律,新基金上市一般有吸引人的"买点",从投资方向讲可以与时俱进,这就要求我们买新换旧适时调整以抓住发展的新机遇。

(2) "重资历阅历,更重发展潜力"　相对于老基金,新基金没有经营业绩参考,但可以借鉴基金经理的资历与阅历分析判断其经营管理发展潜力,这无疑对新基金的选择很有参考价值。

(3) 自身风险承受能力要与新基金相匹配　我们虽然对新基金有较高的期望值,但对新基金投资工具是否有所认识或了解,其风险承受能力是否达到要求,均要有所思考。不妨考虑适当买入但要有数量的控制,在持有的过程中加以了解和认识,有利于掌握投资的主动权。

(4) 不能把低成本作为选择的主要依据　选择基金是选择未来,是以未来的发展潜力为主要依据。不要以为只有相对低成本的基金才有吸引力,要以成长型基金为根本,才是发展的硬道理。一日千里之行是快的,但更重要的是与目标方向是否一致,否则越快越背道而驰。

(5) 把握好新基金的购买良机　这与新股票的购买一样,若在发行低潮,往往是跌破发行价,因为谁买谁亏,谁还买它?因此成交量下降,价格怎能不下跌呢?基金购买良机也很重要,抓住机会不但能降低基金投资成本,而且有较大的投资增值潜力。

(6) 重基金经营业绩　说一千道一万,我们选择投资基金最根本的问题是基金管理公司的经营业绩是否可持续发展。这就好比"女怕嫁错郎,男怕入错行"一样,找对象不能只看脸蛋不重本质。我们关注的是基金管理公司经营者的经营思路和投资理念以及相关的能力水平。

6. 基金投资加仓或减仓行为的七大要求

(1) 基金加仓时要量力而行　不管是新基金还是老基金要进行基金投资必须是以闲置

的资金为前提，必须留足生活必需品开支，在结余闲置的资金中拿出一部分投资，才不会影响日常的生活，也无形中加大了风险的承受能力。

（2）基金加仓时要进行投资环境分析　在不同的市场环境下，对基金加仓所得业绩是不同的。我们要合理把握市场变化规律，选择适当的时机投入才能达到与投资目标相匹配的效果。

（3）基金加仓时要进行自我风险承受能力的评估　在基金投资品种的选择上要进行各种风险压力测试和评估，看适于自己的是保守稳妥的还是收益高风险也大的品种。因为人与人是不同的，有的人喜欢冒险，有的则不喜欢，只能摸着石头过河，否则就过不了心理承受能力这道坎。

（4）基金加仓时充分利用基金转换功能　根据市场的变化和经营环境的分析可将低风险的债券型基金或者货币型基金转换成成长型的股票型基金，相反也可以作反方向调整。这种调整本身就起到了基金投资规避风险的作用，从而达到投资收益的最大化。

（5）可利用红利进行再投资　这样做既有利于提高防范风险的承受能力，又可以加大积累投资的力度，取得事半功倍的效果。

（6）基金加仓或减仓不要盲目任性　基金投资是理财与自我调整的统一，真正的投资高手不会盲目买入卖出而是持有后会卖到点位上，这实际上是对自我意志的磨炼和心灵的考验，切记要理性而不是任性，否则更多的是后悔与丧气。

（7）基金加仓或减仓时不要犹犹豫豫　经过深思熟虑之后基金加仓时要果断，减仓时要坚决。作为投资者不仅要有止跌的勇气，更要有止赢的心态，那种前怕狼后怕虎犹犹豫豫的性格是不可取的，也难以成为一个真正的投资理财专家。

7. 购买私募基金的八项注意

私募基金之所以受人青睐，主要因其独特的投资方式、个性化的投资服务和较丰厚的投资回报让人们羡慕。但选择私募基金时须牢记八项注意。

（1）看基金经理的人脉关系与经营风格　私募基金的繁荣发展衍生出各种派系，如券商派、公募派、留洋派、民间高手派等各领风骚。作为投资者既要看重他的人脉关系与经营业绩，又要看重他的经营风格与人格魅力，是否与自己"趣味相投"。

（2）看基金经理的自制能力和风险控制能力　分析自己的投资偏好和风险控制能力是否与基金经理的自制能力和风险控制能力相适应。因为投资本身需要的是理性，而不是个人情感，这是决定投资成败的关键，也是处理人际关系的准则。

（3）看基金规模和进入门槛　每个基金都有一定的规模和加入门槛的要求，否则就没有约束。没有约束就没有原则，也就达不到目标要求。

（4）看经营模式　私募基金经营的模式很多，有的是合伙制，有的是公司制，有的是股份制等。不管哪种模式，在目前法律环境下，都要符合私募基金阳光化的要求，都必须规范运作、规范管理，将风险放在一定位置，使加入者心中有数。

（5）看管理体制　作为基金管理公司，管理体制和管理制度是否健全、规范很重要。因为任何决策若建立在基金公司经理一个人说了算的家长作风上那是十分危险的。只有既民主又集中发挥管理团队的决策作用，才是科学的，才能避免管理失误。

（6）看投资方向　作为募集的基金是否投放在风险相对小、发展潜力较大的行业或产业十分重要，尤其是人们关注的新兴产业，是否有由小变大、由大变强的投资潜力更加重要。因为，思路决定出路。

(7) 看分成方式　不能只看收益，还要看自己的投资回报高低，这就要看分配方式和分配比例。尤其是规模较大、门槛较高的私募基金分配方式和分配制度更重要，这是决定是否投资的关键所在。

(8) 要签合同，更要注意合同的核心条款　对基金投资者和基金管理者的权利与义务，以及注意的相关事项都要载明和界定清晰，尤其是涉及敏感条款和不可抗拒条款如何处理和应对都要有可行的措施，应具有可操作性与实施性。

8. 切记基金投资常见的九大误区

(1) 不要总以为基金投资无风险，股票有风险　若基金投资工具把握不当，风险照样很大。问题不在于谁的风险大谁的风险小，总之都有风险，关键在于投资者对投资经营机会的把握和风险控制的能力。

(2) 不要以为基金分红越多越好　分红与基金净值有关系，分红越多就使基金单位净值下降，表面上基金的累积净值并没有改变，但会影响到基金资产的质量和含金量。

(3) 不要总喜欢买新基金，不买老基金　相当多的投资者一旦有新基金推出就急匆匆购入，不进行货比三家，盲目追从。其实基金投资的价值不在于基金推出时间的先后，而在于基金管理的好坏，尤其是老基金我们有参照物更有优劣评价的标准，买与卖心中相对有数，而新基金还待分析判断是否有投资价值。

(4) 不要把鸡蛋放在同一个篮子里　基金投资是有风险的，而每只基金的投资风险总是变化无常的。当你选择投资时首先应考虑的不是投资的收益大小，而是对投资风险的判断与分析。真正成熟的老基民总是坚持投资的"三三制"，即每月收入中所积累的资金30％用于存款，30％用于保险，30％用于投资，而投资基金的主要途径是寻求各类基金的最佳组合，这样投资风险相对较小，投资收益每月相当于给自己多发了一份奖金。

(5) 不要人云亦云，盲目崇拜明星基金与明星基金经理　在民间有不少投资高手，即明星基金与明星基金经理，确实令人崇拜。但这只能证明他们有独特的投资与经营管理的艺术优势，代表的是他们的过去而并不代表他们是常胜将军。因为你投资所选择的基金主要看它的成长发展性，以是否具有较高的投资价值为基础，建立在你对所掌握的信息资料的分析判断上，应该对你所选择的决策有信心。至于他人是否是民间基金投资高手、明星基金或明星基金经理，还要经过你的分析评价认同方可参考，但绝不能作为依据。世界上从来没有救世主，救世主就是自己，应该对自己充满信心。

(6) 不要只看净值，不看基本面　一只基金的未来业绩增长潜力有多大，不完全表现在基金的净值上，它只是一个相对参考的重要指标，而不是唯一的依据。主要还看基金管理人的经营运作和管理能力，他是否可以审时度势分析预测科学决策、并能对基金投资方向加以及时的调整与有效的组合，特别是基金资源的有效配置品种的持续增长潜力。基金的基本面分析主要是在评价、评估基金经理们的投资运作风险行为、创新能力、分红能力的同时，还要评估基金的交易成本和基金的持续经营能力。

(7) 不要总有高净值恐惧症　不要总觉得基金净值这么高了，是不是风险太大了等。从全球来看我国的基金业还十分年轻，当前最高的基金份额净值超过5元。而美国富达基金管理旗下的麦哲伦基金2005年4月底的净值曾达（经营40多年）到114.96美元。因此只能说对于基金净值高的基金投资要慎重，并不是没有投资价值，真正的投资价值不在于净值的高低，而在于经营运作的能力。就像我们买股票，取决于有多少回报而不在于股票是低价股还是高价股。

(8) 不要像割韭菜一样买基金　基金投资是短期投资好还是长期投资好，不是取决于投资本身，而是取决于投资偏好。比如说投资股票型基金不是说只要大盘涨了你的基金就增值了，大盘跌了你的基金就缩水了，而是取决于基金经理的运作与博弈。因为股票投资"只赚指数不赚钱"的投资者不少。因此，买卖基金看大盘大势不要如同割韭菜那样一边倒，说买仓满，说卖仓空，这是一种不良的基金买卖习惯。

（9）不要高枕无忧　对一些缺乏专业投资常识的人，不要以为你把基金交给专业理财高手的基金经理理财就高枕无忧了，也要有所关注。虽然不需那么频繁地去了解或那么专业地去研究，但也要关注你买的基金每年的排行榜，其收益回报是否比银行存款划算等，做到心中相对有数，适时调整。因为赔钱容易赚钱难，你投资的基金是真金白银，如何使其保值增值就要不时地关注了。

小常识(一)

基金定投：小积累　大财富

什么是普通基金定投？　普通基金定投是指在一定的投资期限内，投资人固定金额申购银行代销的某只基金产品（可在各银行网上查询）。

普通基金定投的优点：一是利用平均成本法摊薄投资成本，降低投资风险。普通基金定投的最低申购额每月仅需200元。当基金净值下跌，所购买的基金份额越多；当基金净值上升，所购买的基金份额越少，由此产生平摊投资成本和降低风险的效应。二是积少成多，小钱也可以做大投资。坚持储蓄，积少成多；专家理财，受益良多；各银行服务，便利更多。

基金投资的目标客户：希望通过每月"小积累获得将来大财富"，实现子女教育准备金、购房款、养老退休金储备计划的客户。同时也有利于寻求克服股市短期大波动，降低投资风险的客户。

小常识(二)

老基民的心声

基金定投作为投资工具，越来越受到人们的青睐，但也有风险。2011年我国股市"熊霸全球"，基金投资也有风险，也能亏钱。但只要基本掌握基金定投的"五大法则"，也许情况就会好些。

① 定投不必择时，贵在坚持。任何投资都要长期坚持，而号称"傻瓜"的投资方式基金定投也不例外。因为不必择时，便需要投资人固定时间，长期投资，这样才能降低平均成本。

② 必须遵守"小跌小补仓，大跌大补仓"的原则。通过买低卖高就能实现。不少客户亏损的原因就在于：市场下跌时恐慌，停止定投；而待市场上涨时预期市场还会上涨，盲目跟风加大投资。

③ 及时锁定收益，落袋为安。投资人需设定投目标，只要达到预期目标就可赎回。一般来说，定投参考收益在10%～20%。

④ 由于市场通常是风水轮流转，所投定投的标的品种也需要轮流换。

⑤ 以基养基，这是基金定投的最高境界，即用基金定投所获得的收益来定投别的基金品种，长期坚持，才能形成良性循环。

本章小结

基金投资是货币市场与资本市场中主要的投资工具之一,如何认识与理解并应用是一个理论与实践、策略与技巧结合的过程,也是不断学习、不断运用、不断思考、总结、提高的过程,既没有捷径可走,也没有成熟、成功的经验可取,最终还得靠自我学习、自我消化,把知识转化为能力才是最重要的。

思考题

1. 私募基金与公募基金有什么联系与区别?
2. 封闭式基金与开放式基金有何不同?
3. 你对基金投资 10 种种类如何认识与把握,又有何偏好,为什么?
4. 基金投资最基本的策略和你认识与体会的策略有什么关系,为什么?
5. 谈谈你对基金投资技巧的认识、把握以及领悟。

第六章 期货投资

CHAPTER 6

案例导入

芝加哥期货交易所是当今世界上交易规模最大、最具有代表性的农产品交易所。19世纪初,芝加哥是美国最大的谷物集散地,随着谷物交易的不断集中和远期交易方式的发展,1848年由82位谷物交易商发起构建了芝加哥期货交易所。1865年用标准的期货合约取代了远期合同,并实行了保证金制度。芝加哥期货交易所除了提供玉米、大豆、小麦等农产品的期货交易外,还为中长期美国政府债券、股票指数、黄金和白银等商品提供期货交易。芝加哥期货交易所的玉米、大豆、小麦等品种的期货价格,不仅为美国农业生产提供了重要的参考价格,而且成为国际农产品贸易中的权威价格。

第一节 期货交易概述

期货交易是商品市场经济发展的必然结果,也是交易工具创新的必然结果。作为投资者如何认识与了解这一投资工具,要从最基本的知识了解入手。

期货,英文是"future",即未来的意思,与现货相对。现货交易是一手交钱一手交货。期货是现在进行买卖,但是在将来进行交收或交割的标的物,这个标的物可以是某种商品(例如黄金、原油、农产品),也可以是金融工具,还可以是金融指标。交收期货的日子可以是一星期之后,一个月之后,三个月之后,甚至一年之后。买卖期货的合同或者协议叫做期货合约。买卖期货的场所叫作期货市场。投资者可以对期货进行投资或投机。

举一个简单的例子。比如每年2月14日情人节这天,玫瑰花的价格往往比平时贵很多。小王想在情人节这天给他的女友送100支玫瑰花,可担心价格太高承担不起,于是在1月3日前往花店与店主商量,希望店主在2月14日当天以每支8元的价格卖给他100支,不管到时玫瑰花的市场价格是多少。双方提前就此签订一份协议,同时小王交纳一定的定金,到情人节这天,都按协议内容履行各自义务。这个协议可以理解为期货合约。可是后来情况有变,小王在1月底与女友分手,于是尝试在网上将协议以20元价格卖出,此时玫瑰花现货已出现涨价势头,于是网上有人愿意购买协议去执行。随后越来越临近情人节,玫瑰花的价格已大幅上涨,于是后来购买协议的人改变决定,拟在网上以40元的价格卖出协议,以此盈利。此时,本来是玫瑰花期货的交易,现在已经变成了期货合约的交易,并且随着原交易对象价格的变动，期货合约的价格也随之同方向变动。

一、期货交易的概念

（一）期货与期货交易

1. 期货

期货是按照期货交易所的规则对双方当事人约定，同意在未来特定时间，以特定的价格与数量等交易条件买卖商品，或到期结算差价的契约。现货交易是一手交钱一手交货的商品货币交换。这里所讲的一手交钱一手交货，并不是指当时钱货易位、货款两清的情况。现货交易既包括物物交换、即期交易（钱货两清），也包括远期交易。通常现货远期交易要签订现货交易合同。现货合同作为一种协议，明确规定了买卖双方的权利和义务，包括双方交易商品的数量、品质、价格和交货日期等。买卖双方签约后即必须严格执行。期货交易则不同，期货交易的对象不是具体的实物商品，而是一纸统一的"标准合同"，即"期货合约"。在交易成交后，并没有真正转移商品的所有权。在合约期间，交易的任何一方都可以及时转让合同，不需要征得对方的同意。履约可以采取实物交割的方式，也可以采取对冲期货合约的方式。期货交易的最终目标并不是商品所有权的转移，不同于现货市场的实买实卖，而是在交易过程中利用市场价格波动中的价差从中牟利，这就是投资者青睐期货的地方。因此说期货交易是现货交易的必然结果，也是一种高级交易形式。

2. 期货交易

期货交易是指在期货交易所内买卖标准化期货合约的交易。这种交易的目的不是获得实物，而是回避因价格波动带来的风险或者进行投资获利。一般很少进行实物交割，在绝大多数情况下以对冲平仓的方式了结交易。

期货交易的对象是期货合约。期货合约是在期货交易所进行交易的标准化的、受法律约束并规定在将来某一特定时间和地点交收某一特定商品的合约。在期货合约的所有要件中，唯一可变的是价格，契约的要件如商品品名、品质、数量、交货时间与地点等是既定的。期货价格是在一个有组织的期货交易市场内通过公开竞价的方式产生的。由于期货合约是一种标准化合约，唯一的变量是价格，这就使得买卖双方得以在合约到期日之前进行与原来买卖部位方向相反的操作，以解除双方在合约到期后进行实物交割的责任。这种操作方式在期货交易中被称为"对冲平仓"，指的是交易者通过进行与原来交易部位数量相等但方向相反的操作（以交易保证金清算），以解除其在合约到期后进行实物商品交收的责任的行为。套期保值者就是利用这一功能，并在合约到期前予以对冲，实现其现货市场商品的保值，避免因为价格不利变动而引起的损失。投资者也利用价格的频繁波动，正确预测价格走势，通过合约买卖赚取差价。

（二）期货交易的特征

1. 有专门的交易所

期货交易有固定的交易场所。这不仅提供了进行期货交易所必需要的各种实施设备和服务，而且更重要的是有一套严格的规章制度，使得期货市场成为一个组织化、规范化程度很高的市场，为交易双方合约标准化提供了一个公开、公平、透明有序的交易平台。

2. 期货市场交易对象是标准化期货合约

期货合约的所有条款都是预先由期货交易所规定好的，具有标准化的特点。沪深300股指期货合约如表6-1所示。

表 6-1　我国沪深 300 股指期货合约

报价单位	指数点
最小变动价位	0.2 点
合约月份	当月、下月及随后两个季月
交易时间	上午：9:15～11:30，下午：13:00～15:15
最后交易日交易时间	上午：9:15～11:30，下午：13:00～15:00
每日价格最大波动限制	上一个交易日结算价的±10%
最低交易保证金	合约价值的 8%
最后交易日	合约到期月份的第三个周五，遇国家法定假日顺延
交割日期	同最后交易日
交割方式	现金交割
交易代码	IF
上市交易所	中国金融期货交易所

3. 保证金制度

期货交易需要交付一定数量的（一般为成交金额的 5%～15%）履约保证金，这实际上是给期货合约的履行提供的一种财务担保。期货交易具有以少量资金就可以进行较大价值投资的特点，被形象地称为"杠杆机制"。

4. 双向交易

期货交易者可以买入期货合约作为期货交易的开端（即买入建仓），也可以卖出期货合约作为交易开端（即卖出建仓），这就是通常所讲的"买空卖空"。比如，投资者在合约价格处于高价位时，在当前价位卖出，当价格回落到很低水平时再买入相同数量的合约，以此来赚得差价。简单来讲，就是看跌指数合约，先以较高价格卖出手里没有的东西，到期前一定还得买回来，才算一个完整的交易，否则系统将强行平仓。

5. 交易集中化

因为有固定的交易场所和统一的结算机制，交易集中。

6. 每日无负债结算制度

期货市场实行每日无负债结算制度，也就是说在每个交易日结束后，对交易者当天的盈亏状况进行结算，资金相互划转。如果交易者亏损严重，保证金账户资金不足时，则要求交易者必须在下一日开始前追加保证金，以做到"每日无负债"。

（三）期货交易的当事人

1. 期货交易所

期货交易所是专门为期货交易者提供买卖期货合约的场所。它是一种非营利机构，本身不进行交易活动。不以赢利为目的并不等于不讲经济利益核算。交易所还是一个财务独立的营利组织，它在为交易者提供一个公平、公开、公正的交易场所和有效监督服务的基础上实现合理的经济利益，包括会员费收入、交易手续费收入、信息服务费收入及其他收入。它所制定的一套制度为整个期货市场提供了一种自我约束的管理机制，使得期货交易的"公平、公开、公正"原则得以实现。期货交易所是由证监会审核批准的法人组织。

2. 期货经纪商

期货交易所采用会员制，只有交易所的会员才能进行交易。那么众多的非交易所会员的公司和个人只有委托交易所会员才能进行交易。这样就形成会员中代理客户的期货经纪公司和非会员制的经纪公司，后者又通过前者进行代理交易，形成了多重代理的期货关系。

3. 期货投资者（客户）

期货投资者要进行期货交易，符合交易条件者则被吸收为期货交易的会员，可直接进行期货交易；不符合期货交易条件者只能通过期货经纪公司代理从事期货交易。期货交易的合格主体还必须具备完全的民事行为能力，才能委托期货经纪公司从事期货交易。

二、期货交易品种

期货交易总体而言分为两大类，商品期货交易和金融期货交易。

（一）商品期货

商品期货是指标的物为实物商品的期货合约。商品期货历史悠久、种类繁多，主要包括农产品、金属产品、能源等几大类。

1. 国际商品期货的主要品种

农副产品有玉米、大豆、小麦、稻谷、燕麦、大麦、黑麦、猪肚、活猪、活牛、小牛、大豆粉、大豆油、可可、咖啡、棉花、羊毛、糖、橙汁、菜籽油等20种，其中玉米、大豆、小麦被称为三大农产品期货。金属产品有金、铜、银、铝、锌、镍、钯、铂等8种。化工产品有原油、取暖用油、无铅普通汽油、丙烷、天然橡胶5种。农林产品有木材、夹板两种。

2. 我国上市交易的期货商品种类

① 上海期货交易所：铜、铝、锌、天然橡胶、燃油、黄金、钢材期货。
② 大连商品交易所：大豆、豆粕、豆油、塑料、棕榈油、玉米、PVC（聚氯乙烯）期货。
③ 郑州商品交易所：小麦、棉花、白糖、PTA（精对苯二甲酸）、菜籽油、谷物期货。

我国主要商品期货品种与上市交易所如表6-2所示。

表6-2 我国主要商品期货品种与上市交易所

交易所	商品名称	交易代码	交易单位	报价单位	最小变动价位	最大波动幅度	最低保证金
上海期货交易所	铜	CU	5吨/手	元/吨	10元/吨	±5%	5%
	铝	AL	5吨/手	元/吨	5元/吨	±5%	5%
	锌	ZN	5吨/手	元/吨	5元/吨	±5%	5%
	黄金	AU	1000克/手	元/克	0.01元/克	±5%	7%
	螺纹钢	RB	10吨/手	元/吨	1元/吨	±5%	7%
	线材	WR	10吨/手	元/吨	1元/吨	±5%	7%
	燃料油	FU	10吨/手	元/吨	1元/吨	±5%	8%
	天然橡胶	RU	5吨/手	元/吨	5元/吨	±5%	5%
大连商品交易所	大豆(1号)	A	10吨/手	元/吨	1元/吨	±4%	5%
	玉米	C	10吨/手	元/吨	1元/吨	±4%	5%
	豆粕	M	10吨/手	元/吨	1元/吨	±4%	5%
	豆油	Y	10吨/手	元/吨	5元/吨	±4%	5%
	棕榈油	P	10吨/手	元/吨	5元/吨	±4%	5%
	聚乙烯(LLDPE)	L	5吨/手	元/吨	5元/吨	±4%	5%
	聚氯乙烯(PVC)	V	5吨/手	元/吨	5元/吨	±4%	5%

续表

交易所	商品名称	交易代码	交易单位	报价单位	最小变动价位	最大波动幅度	最低保证金
郑州商品交易所	强筋小麦	WS	10吨/手	元/吨	1元/吨	±3%	5%
	早籼稻	ER	10吨/手	元/吨	1元/吨	±3%	5%
	棉花(1号)	CF	5吨/手	元/吨	1元/吨	±4%	5%
	白砂糖	SR	10吨/手	元/吨	5元/吨	±4%	6%
	菜籽油	RO	5吨/手	元/吨	2元/吨	±4%	5%
	PTA(精对苯二甲酸)	TA	5吨/手	元/吨	2元/吨	±4%	6%
中国金融期货交易所	指数						
	中证500指数	IC	指数/手	元/点	0.2点	±10%	8%
	上证50指数	IH	指数/手	元/点	0.2点	±10%	8%
	5年期国债期货	TF	张/手	元/点	0.005元	±1.2%	1%
	10年期国债期货	T	张/手	元/点	0.005元	±2%	2%

3. 我国商品期货交易时间（每周星期一至星期五）

上海、大连、郑州交易所交易时间如下。

集合竞价：8：55～8：59

撮合：8：59～9：00

连续成交：9：00～10：15

　　　　　10：30～11：30

　　　　　13：30～15：00

中国金融期货交易所交易时间如下。

① 股指期货交易时间与股市交易时间同步。

② 集合竞价 9：25～9：29；撮合成交 9：29～9：30（不接受交易指令）。

③ 连续竞价 9：30～11：30，下午 13：00～15：00（最后交易日收市时间为 15：00）。

(二) 金融期货

金融期货是指交易双方在金融市场上，以约定的时间和价格，买卖某种金融工具的具有约束力的标准化合约，其标的物为金融工具或金融产品的期货合同。

金融期货一般分为三大类：外汇期货、利率期货和股票指数期货。实际交易的还有货币期货和国债期货，有时把它们分别归类到外汇期货和利率期货当中。

1. 金融期货的产生与发展

商品期货市场的发展历史悠久，可以追溯到 16 世纪的日本，但真正有实质意义的是 1848 年美国芝加哥期货交易所的正式成立标志着商品期货市场进入历史发展的重要时期。

金融期货市场是商品期货市场发展的必然产物。1972 年 5 月 16 日美国芝加哥商品交易所（CME）的国际货币市场（IMM）推出外汇期货合约，标志着金融期货这一新的期货诞生，从而步入了期货市场发展的黄金时代。金融期货市场发展不到 40 年，但发展之迅猛，影响之大让人们始料未及。

① 从20世纪70年代到80年代的十年间，利率期货和股票指数期货相继问世，标志着金融期货三大类别的结构已经形成。1995年金融期货的成交量已占期货市场总成交量的80%左右，可见其发展之快，稳居期货市场的主流地位。

② 金融期货的发展在推动世界经济的发展中起到了不可替代的作用，同时也让人们触目惊心，正如西方有句谚语"祝福与咒骂可以同在一处"。如1987年，香港期货交易所股指期货的失足，几乎使其破产。1995年2月英国巴林银行兵败日经指数，使这家有着230多年历史的银行宣布倒闭，这一消息引起国际金融界的强烈震动。还有我国1995年发生的"3·27"国债期货事件也给人们上了一课，使襁褓中的金融期货市场顿时陷入"倾盆大雨"，让人们至今记忆深刻。还有亚洲金融危机，尤其是2008年的美国"次贷危机"、2011年的"美债危机"与"欧债危机"，至今仍没有走出困境。所有这些警示我们的就是风险。从商品期货到金融期货的发展是历史的跨越，尤其是进入21世纪第二个新的十年开始，我们谁都离不开它们，但又必须不断地认识和不断地学会驾驭，才能使其成为当今令人难以忘怀却又具有吸引力的理财工具之一。

2. 商品期货与金融期货的差异

金融期货与商品期货在交易机制、合约特征、机构安排等方面是基本一致的，但二者也有区别。

① 有的金融期货没有真正的标的资产（如股票指数期货等，我国是2010年4月推出这一品种），而商品期货交易的对象是具有实物形态的商品，如农产品等。

② 股票指数期货在交割日以现金清算，利率期货可以通过证券的转让清算，商品期货则可以通过实物的所有权转让清算。

③ 金融期货合约到期日都是标准化的，一般有到期日为三月、六月、九月、十二月。而商品期货合约的到期日，则根据商品特性的不同而不同。

④ 持有时间和成本不同。金融期货适用到期日比商品期货要长，美国政府长期国库券的期货合约有效期长达数年。商品期货主要成本包括：储存成本、运输成本、融资成本等，而金融期货成本有的还没有，有的还把标的物存放在金融机构以产生利息，形成收益。

⑤ 投机性能不同。金融期货价格波动更频繁、更大，因而比商品期货更具有投机性。

3. 金融期货交易与金融现货交易的区别

金融期货是金融现货的衍生产品。金融现货的发展和完善是金融期货的基础，金融期货市场是现货市场的延伸、补充和继续。但二者也有区别。

（1）交易的目的不同　金融现货买卖属于产权转移，而期货交易的目的不在于实际获取现货，而在于着眼于风险转移或从中获取合理或超额的利润。

（2）价格决定不同　现货交易一般采用一对一机制决定成交价格，而期货交易必须集中在交易所里，以公开拍卖竞价的方式决定成交价格。

（3）交易制度不同　现货可长期持有，只能先买后卖，交易价格波动随行就市，而期货期限有限制，可以买空卖空，实行保证金制度，但每日价格波动受最大涨跌的限制。期货交易的组织管理化程度严格、透明，必须按交易程序和规则进行。

4. 世界期货市场发展大事记

① 1069年中国宋朝宰相王安石推行的"青苗法"具有期货特征。青苗法是官民契约，具有权威性、标准化合约特征；按谷物生长周期履约具有远期合约特征；按指定标的物进行实物交割具有货币与实物交换特征。青苗法的三个特征是古代中国期货萌芽的重要标志，也是大宋王朝兴盛富强的制度保障。从这个角度来讲，中国是期货的老祖宗，这也得到某些国

际期货专家的认可。

② 1571年英国设立中远期现货交易所——皇家交易所，随后荷兰阿姆斯特丹谷物交易所、比利时安特卫普咖啡交易所、荷兰鹿特丹郁金香期权交易市场相继成立，这是欧洲期货市场的萌芽。商品中远期交易极大地促进了"文艺复兴"时代的到来。

③ 17世纪日本大阪、江户成为大米集散地，"大米票"成为市场普遍接受的一种"纸上大米交易"，类似于今天的期货合约。当今流行全球的技术分析工具"K线图"就是在那时发明的。

④ 1848年美国芝加哥期货交易所成立，后经不断地完善规则，成为世界上第一家真正意义上的期货交易所。农产品期货推动了美国农业大发展，为美国的工业革命提供了充裕的物质保障。

⑤ 1876年伦敦金属交易所成立。工业革命时期的英国通过期货机制构建了本土制造、海外殖民地资源供应、海上战略运输之间的均衡经济模式，为英国成为"日不落帝国"发挥了重要作用。1929~1933年持续4年的"大萧条"让美国人意识到健全的市场经济不能没有工业品期货。1933年美国纽约商品交易所成立。

⑥ 1971年，美元与黄金挂钩的布雷顿森林体系解体，世界外汇市场实行浮动汇率；1972年5月芝加哥商业期货交易所推出外汇期货；1975年10月芝加哥期货交易所推出利率期货；1977年8月推出国债期货；1982年2月堪萨斯期货交易所推出股指期货。美国用10年时间构建了完整的金融期货体系，使美元在全球的金融霸权地位得以维持。

⑦ 1978年纽约商业交易所推出能源期货；1980年伦敦国际石油交易所成立，英国、美国由此控制了原油这一基础能源的定价权。

⑧ 1988年美国艾奥瓦大学商学院创办的"艾奥瓦电子市场"以及总部设在爱尔兰都柏林的Intrade期货公司，是世界上建立较早、规模较大的政治选举期货市场。由于民众是通过现金参与，因而选举期货比媒体发布的民调更加准确有效。2008年美国总统大选相关的期货交易已达5000万美元。

⑨ 2002年芝加哥气候交易所成立；2005年欧洲气候交易所在伦敦成立。在全球碳排放量交易向发展中国家转移的时候，欧美国家率先构建了气候期货交易体系。

⑩ 2005年印度孟买多品种期货交易所推出气候期货；2006年9月，中国金融期货交易所在上海成立，并于2010年4月推出股指期货；2008年7月韩国交易所推出生猪期货。这是亚洲国家奋起直追、实施金融创新、完善市场机制、丰富上市品种、挑战欧美金融霸权、争夺大宗商品定价权的开始。

5. 中国期货市场发展大事记

① 1990年10月12日，经国务院批准，中国郑州粮食批发市场开业。该市场以现货交易起步，逐渐引入期货交易机制，迈出了中国期货市场发展的第一步，标志着中国期货市场的诞生。

② 1991年5月28日，上海金属商品交易所开业，此即上海期货交易所的前身。

③ 1991年6月10日，深圳有色金属期货交易所成立，这是国内第一家以期货交易所形式进行期货交易的交易所；同年9月28日推出我国第一个商品期货标准合约——特级铝期货合约。

④ 1992年9月，第一家期货经纪公司——广东万通期货经纪公司成立，同年底中国国际期货经纪公司开业。标志着中国期货市场中断了40多年后重新恢复。

⑤ 1993年5月28日，郑州商品交易所推出标准期货合约，实现由现货到期货的过渡。

⑥ 1993年11月4日，国务院发出《关于制止期货市场盲目发展的通知》，中国期货市

场规范整顿工作由此开始；1994年3月30日，国务院发文，禁止境外期货代理业务，并将期货经纪公司的审批权由国家工商局转移到中国证监会；1994年5月16日，国务院办公厅批转国务院证券委员会《关于坚决制止期货市场盲目发展若干意见的请示》，开始了对期货交易所的全面审核、对国有企事业单位参与期货交易的严格控制、对各种非法期货经纪活动的严格查处；1994年10月，国务院授权中国证监会正式批准11家期货试点交易所；1995年1月，天津、长春两家联合试点期货交易所诞生；1995年4月19日，上海商品交易所成为第14家试点交易所；1995年5月，国债期货"3·27事件"和"3·19风波"导致国债期货交易被暂停；1995年4月，上海物贸因在上海商交所9505和9507胶合板合约中严重违规成为第一个被中国证监会处罚的会员单位；1996年2月23日，国务院发文加强期市监管，金融机构退出期市；1997年2月底，中国证监会严厉查处天津红小豆期货操纵案；1997年3月1日，时任国务院总理的李鹏在八届人大五次会议工作报告中指出："规范证券、期货市场，增强风险意识"，由此1997年被中国证监会确认为"证券期货市场防范风险年"；1997年7月上旬，中国证监会对期货经纪公司开始进行年检工作，并公布第一批不予通过1996年度年检的11家期货经纪公司名单；1998年8月，国务院发布《关于进一步整顿和规范期货市场的通知》，要求中国证监会对期货市场再次进行力度较大的治理整顿，对期货交易所、期货经纪公司进行了数量、质量上的调整，改变了整个期货市场的格局，将原来的14家期货交易所合并为大连、郑州、上海三家；1998年8月，国务院批转中国证监会《证券监管机构体制改革方案》的通知，确立中国证监会统一负责对全国证券、期货业的监管，一个集中统一的证券市场监管体制初步形成；1998年11月24日，中国证监会批准重新修订后的大豆、小麦、绿豆、铜、铝、天然橡胶六个合约，11月27日新修订后的小麦、绿豆合约上市交易；1999年6月2日，国务院颁布了《期货交易管理暂行条例》，与之配套的《期货交易所管理办法》《期货经纪公司管理办法》《期货经纪公司高级管理人员任职资格管理办法》和《期货从业人员资格管理办法》也相继发布实施，从而加强了对期货市场的监督，为期货市场的进一步清理整顿和规范运作打下了坚实基础，中国期货市场由此进入了试点新阶段；2000年12月29日，中国期货业协会在北京宣告成立，结束了期货市场没有自律组织的历史，同时也标志着我国期货市场三级监督管理体系的形成。期货从业资格考试就是由该协会组织进行，每年在全国20多个城市进行4次电脑考试，一共两门：期货基础与期货法规。2001年3月，全国人大批准的"十五"规划第一次提出"稳步发展期货市场"，为期7年的清理整顿宣告结束，期货市场从此进入稳定发展时期。

⑦ 2002年证监会重新修订《期货从业人员管理办法》《期货经纪公司高级管理人员任职资格管理办法》《期货交易所管理办法》《期货经纪公司管理办法》。

⑧ 2004年1月31日，国务院发布《关于推进资本市场改革开放和发展稳定的若干意见》，对稳步发展期货市场做出了进一步阐述和部署，成为指导期货市场发展的纲领性文件。

⑨ 2006年9月8日，中国金融期货交易所成立，它由上海证券交易所、深圳证券交易所、上海期货交易所、大连商品交易所、郑州商品交易所共同发起成立，这对完善我国资本市场功能体系具有重大意义；2007年3月6日，国务院颁布《期货交易管理条例》，期货行业法制化建设迈上新台阶，为今后的规范发展奠定了基础。

⑩ 2010年4月16日，中国第一个金融期货合约——沪深300指数期货合约在中国金融期货交易所（以下简称中企所）上市交易。金融期货正式上市，标志着我国期货业从商品期货进入金融期货时代。

> 头寸是一种以买入或卖出表达的交易意向。头寸可指投资者拥有或借用的资金数量。
> ① 头寸（position）也称为"头衬"，就是款项的意思，是金融界及商业界的流行用语。如果银行在当日的全部收付款中收入大于支出款项，就称为"多头寸"，如果付出款项大于收入款项，就称为"缺头寸"。对预计这一类头寸的多与少的行为称为"轧头寸"。到处想方设法调进款项的行为称为"调头寸"。如果暂时未用的款项大于需用量时称为"头寸松"，如果资金需求量大于闲置量时就称为"头寸紧"。
> ② 头寸是金融行业常用到的一个词，在金融、证券、股票、期货交易中经常用到。比如在期货交易中建仓时，买入期货合约后所持有的头寸叫"多头头寸"，简称多头；卖出期货合约后所持有的头寸叫"空头头寸"，简称空头；商品未平仓多头合约与未平仓空头合约之间的差额就叫"净头寸"。只有在期货交易中有这种说法，在现货交易中还没有这种说法。

第二节 期货交易制度和期货交易操作流程

一、期货交易制度

（一）期货政策法规

1.《期货交易管理条例》（以下简称《条例》）

这是在对原1999年颁布的《期货交易管理暂行条例》（以下简称《暂行条例》）全面修改的基础上出台的一部着眼于我国当前期货业规范发展的新法规。

① 《条例》对期货交易所、期货公司、期货合约、期货交易规则、期货业协会、期货监督管理人、市场准入、风险管理等相关事项进行了明确具体的规定与规范。

② 与《暂行条例》相比较：一是明确期货公司业务实行许可制度（由中国证监会按照商品期货、金融期货业务种类颁发许可证）；二是适用范围由商品期货交易扩大到金融期货与期权合约交易，为我国金融期货交易赋予了作为金融衍生品交易的合法地位和属性地位（由一般服务企业变为金融企业）。

2. 相关法规

在明确金融期货赋予法律地位后，作为金融期货交易的主体、客体等相关法律、法规都要有所了解和掌握的同时，还要了解熟悉《证券法》《基金法》《合同法》《信托法》《会计法》等经济、金融法规。

3. 自律性制度

中国期货业协会发布的《行业公约》和相关各项自我约束性的规章制度和行为准则不断建立、健全并完善。

（二）期货交易制度

1. 保证金制度

保证金制度是指在期货交易中，期货交易者必须按照其所买卖期货合约价值的规定比例

（通常为 5%～10%）缴纳资金，用于结算和保证履约。保证金分为结算准备金和交易保证金。

2. 当日无负债结算制度

期货交易当日无负债结算制度又称"逐日盯市"，是指每日交易结束后，交易所按当日结算价结算所有合约的盈亏、交易保证金及手续费、税金等费用，对应收应付的款项同时划拨，相应增加或减少会员的结算准备金。当保证金不足时，应当及时追加保证金或者自行平仓或强行平仓，以保证"当日无负债制度"的贯彻实施。

例如：某投资者账户原有保证金 200000 元，在 3890 点（每点 300 元）买进某月沪深 300 指数期货合约 2 手，手续费为单边每手 100 元，保证金比例为 8%。当日期指下跌，结算价为 3800 点。

当日浮动盈亏 =（3800－3890）×300 元×2 手 =－54000 元

手续费 = 2×100 = 200 元

投资者权益 = 200000－54000－200 = 145800 元

保证金占用 = 3800×300×10%×2 = 182400 元

可用资金 = 投资者权益－保证金占用 = 145800－182400 =－36600 元

要维持 2 手的多头持仓，保证金尚缺 36600 元，这意味着下一交易日开市之前必须追加保证金 36600 元或自行减仓。如果该投资者在下一交易日开市之前没有将保证金补足或自行减仓，那么期货公司可以对其持仓实施部分强制平仓。

3. 涨跌停板制度

涨跌停板制度又称"每日价格大波动限制"，即指期货合约在一个交易日中的交易价格波动不得高于或者低于规定的涨跌幅度，超过该涨跌幅度的报价无效，不能成交。涨跌停板是以合约上一个交易日的结算价为基准确定的（有百分比和固定数量两种形式）。上日结算价±3%～±5%（如今日收盘结算价为 10 元，涨跌停幅度为±5%，则下一日交易价格范围为 9.5～10.5 元）。

4. 持仓限额制度

持仓限额制度是指交易所规定会员或客户可以持有的，按单边计算的某一合约投机头寸的最大数额。实行这一制度的目的在于防范操纵市场价格的行为和防止期货市场风险过度集中于少数投资者。

5. 大户报告制度

大户报告制度是指根据期货交易所规定的投机头寸持仓量（一般为 80%以上）或达到持仓限额规定等必须在规定时间内及时报告的制度。主要目的是为了及时了解相关信息、达到及时控制风险的目标要求。

6. 交割制度

交割制度是指合约到期时，按照期货交易所的规则和程序，交易双方通过该合约所载标的物所有权的转移，或者按照规定结算价格进行现金差价结算，了结到期未平仓合约的过程。商品期货交易以实物交割为主，金融期货交易以现金交割为主。不管哪一种方式交割，都必须在期货交易所统一组织实施。

7. 强行平仓制度

强行平仓是指仓位持有者以外的第三人（期货交易所或期货经纪公司）由于客户未及时

追加交易保证金、违反交易头寸限制等违规行为、政策或交易规则临时发生变化等强行了结仓位持有者的仓位，又称被斩仓或被砍仓。

强行平仓制度是指对会员或投资者违规时，交易所对有关持仓实行平仓的一种强制措施。

8. 风险准备金制度

风险准备金制度是指根据规定：期货交易所、期货公司、非结算会员都要按有关规定提取风险准备金。当风险准备金余额达到交易所注册资本的10倍时，经中国证监会批准后可不再提取。

9. 信息披露制度

信息披露制度是指期货交易所按照有关规定定期公布期货交易有关信息的制度。如期货交易所按即时、每日、每周、每月向会员、投资者和社会公众提供期货交易信息。

二、期货交易流程

期货交易流程：开户与下单—竞价—结算—交割—销户。

(一) 开户与下单（交易者）

1. 开户

（1）开户条件（各种证件与证明） 其中自然人开户条件如下。

① 本人携带有效身份证原件（18岁以上具有完全民事行为能力）。

② 本人持有在商业银行开户的借记卡（期货交易所指定的合作银行）。

③ 交易日保证金账户资金余额大于或等于规定要求的人民币（股指期货账户为50万人民币）。

④ 期货公司从交易所查询并认定的股指期货仿真模拟的成交记录（10个交易日，20笔交易以上）或加盖相关期货公司结算专用章近三年内商品期货交易结算单，至少10笔以上成交记录。

⑤ 需提供资料。财务状况金融类资产证明（银行或金融机构出具）；本人年收入证明（纳税证明或工资清单银行证明）；中国人民银行的《个人信用报告》；提供最高学历证明。

机构开户条件如下。

① 各种有效证件（原件与复印件）：《营业执照》正副本、《税务登记证》正副本、《组织机构代码证》正副本。

② 开户银行（基本户开户许可证、开户银行账号申请书与复印件）。

③ 法定代表人证件原件、复印件。

④ 提供相关指令下达人、资金调拨人、结算单确认人及被授权人的证件原件、复印件。

⑤ 每日日终保证金账户可用资金大于或等于规定要求的人民币。

⑥ 相关证明：经期货交易所查询并认定的成交记录；不少于100万元人民币的金融资产证明，签署《企业决策机制和操作流程承诺书》证明等。

（2）选择期货公司（代理业务买卖）

① 具有经营资格（由证监会颁发的经营许可证、公安部颁发的安全许可证）。

② 具有法人资格（营业执照、组织机构代码证、税务登记证）。

③ 具有满足客户交易的各种服务设施与服务功能。

寻找合适的股指期货平台，投资者可以直接到当地期货经纪公司开户，也可以去证券公司。现在大多数证券公司都有IB业务，证券公司IB业务是指证券公司接受期货经纪商的委托，为期货经纪商介绍客户的业务。

（3）办理开户手续

① 认真阅读了解《期货交易风险说明书》（全国统一格式文本）。

② 签字确认：自然人签字确认；法人签字确认并加盖公章。

③ 签订《期货经纪合同》。

④ 开户（申请编码，填写"期货交易登记表"）：资金账号和交易账户。

⑤ 缴存期货交易保证金。

2．下单

下单是指客户在每笔业务交易前向期货公司业务员下达交易指令，说明拟买卖合约种类、数量、价格等行为。目前多采用大户室或网上操作系统进行，按照操作提示要领即时操作。

（1）常用交易指令

① 市价指令是期货交易中常用的指令之一，是指按照当时市场价格即可成交的指令。

② 限价指令是指执行时必须按照限定价格或合适的价格成交的指令。

③ 止损指令是指当市场价格达到客户预计的价格水平时即变为市价指令予以执行的一种指令。

④ 取消指令是指客户要求将某一指令取消的指令。

期货公司对其代理的客户的所有指令必须通过交易所集中撮合交易，不能也无法私下交易，不得向客户作获利保证或者与客户分享收益。

（2）下单方式　过去交易常用书面下单（客户填写交易单——交期货公司交易部——电话报单进入交易所主机撮合成交）或电话下单，或网上委托下单。现在交易以网上交易为主完全采用计算机自动交易系统，与股票交易相同。

（二）期货竞价

我国期货合约价格的形成方式：计算机撮合成交。计算机撮合成交是根据公开喊价原理设计而成的一种计算机自动化交易方式，是指期货交易所的计算机交易系统对交易双方指令进行配对的过程。这种交易方式具有准确、连续、透明、公平等特点。计算机交易系统一般是按照买卖中报价单以价格优先、时间优先的原则进行排序。当买入价大于、等于卖出价则自动撮合成交，撮合成交价等于买入价（bp）、卖出价（sp）和前一成交价（cp）三者中居中的一个价格。开盘价和收盘价均由集合竞价产生。

（三）期货结算

期货结算是指交易所结算机构或结算公司对会员和客户的交易盈亏进行计算，将计算结果作为收取交易保证金或追加交易保证金的依据。实际结算是指对期货交易市场中的各个环节进行的资金清算，包括交易所对会员的结算、会员经纪公司对其代理客户的结算等。

1．期货结算制度

期货交易所的结算实行保证金制度、每日无负债制度和风险准备金制度。期货交易的结算实行分级、分层次结算，即交易所对会员结算，非会员单位和个人通过期货公司会员结算。

① 交易所对会员的结算。每一日交易结算后交易所对每一位会员的盈亏、交易手续费、交易保证金等款项进行结算，并编制"四表"（《会员当日平仓盈亏表》《会员当日成交合约

表》《会员当日持仓表》和《会员资金结算表》）。

② 期货公司对客户的结算与对会员的结算类似。

2. **期货结算业务的主要内容**

(1) 计算浮动盈亏　结算机构根据当日交易的结算价，计算出会员未平仓合约的浮动盈亏，确定未平仓合约的应付保证金数额。

浮动盈亏计算方法（公式）为

$$浮动盈亏＝（当天结算价－开仓价格）×持仓量×合约单位－手续费$$

计算结果若是正值，则表明多头浮动盈利或空头浮动亏损；若为负值，则表明多头浮动亏损或空头浮动盈利。

(2) 计算实际盈亏　计算实际盈亏指平仓实现的盈亏。

$$多头实际盈亏＝（平仓价－买入价）×持仓量×合约单位－手续费$$
$$空头实际盈亏＝（卖出价－平仓价）×持仓量×合约单位－手续费$$

根据计算实际盈亏作为追加保证金或采取相关措施的依据。

3. **期货交易的三种方式**

(1) 对冲平仓　对冲平仓是指期货交易最主要的了结方式。结算结果：盈或亏＝（卖出价－买入价）×合约张数×合约单位－手续费＝（买入价－卖出价）×合约张数×合约单位－手续费。

(2) 实物交割　实物交割方式平仓了结交易的很少，占合约总数的1%～3%。结算结果：卖方将货物提单和销货发票通过交易所结算部门或结算公司交给买方，同时收取全部货款。

(3) 现金结算　现金结算一般很少，仅限期货合约到期时采取现金结算而不是实物交割。

（四）期货交易交割

期货交易交割方式分为实物交割和现金交割。实物交割是指交易双方在交割日将合约所载商品的所有权按规定进行转移，了结未平仓合约的过程。而现金交割是指交易双方在交割日对合约盈亏以现金方式进行结算的过程。实物交割方式包括集中交割和滚动交割两种。

1. **集中交割方式**（以郑州商品交易所为例）

如郑州商品交易所一号棉花交割程序（两日交割法）最后一个交易日交割。

交易日闭市后——确认交割关系（以通过计算机自动进行交割配对为准）；

第一个交易日（即通知日）——对《交割通知单》确认；

第二个交易日（即交割日）——买卖双方办理结算手续（交易所结算部）。

2. **滚动交割方式**（以郑州商品交易所为例）

"三日交割法"，在最后一个交易日交割。

第一日为配对日：由卖方会员席位撤销后提交交割申请；

第二日为通知日：签领交割通知单；

第三日为交割日：买方划转尚欠货款—交易保账户—划转到卖方交易所账户。

（五）销户

客户不需要保留其资金账户时，在对其资金账户中所交易情况和资金进出确认无误，且资金账户中无资金和持仓时，填写《销户申请表》，即可办理销户。

（六）其他

1. 行情系统和交易软件

目前期货交易大多数通过互联网完成。当客户在办理完成开户手续后，期货公司就会提供"客户行情系统和交易系统软件"下载网址，按说明要求进行业务操作。既能进行交易操作又能查阅交易行情、账户交易及资金等相关信息。

2. 日常相关信息的收集

期货交易是以现货交易为基础的，同时又指导和引导现货交易价格的变动。期货价格与现货价格有着十分密切的联系，不仅受到商品供求关系的影响，而且还受到其他许多因素的影响，包括金融货币因素、政治、政策因素、投机因素、心理预期等。这些信息在各大期货公司网站上或各种经济信息报刊中都能了解或捕捉到，便于分析参考。

> **小常识**
>
> 原油期货酝酿多年且万众期待的中国原油期货最快或在两会后正式上线。
>
> 中国经营报周六（2018年1月20日）报道，1月18日，上海期货交易所一位内部人士表示："原油期货的准备工作一直在进行，具体上市时间的确没有定下来。"正式上市的时间可能在2018年两会之后。
>
> 2018年全国两会是指"中国人民政治协商会议第十三届全国委员会第一次会议"和"中华人民共和国第十三届全国人民代表大会第一次会议"，分别于2018年3月3日和3月5日在中国北京人民大会堂开幕。
>
> 1. 中国原油期货酝酿多年
>
> 早在2014年12月12日，中国证监会正式批准上海期货交易所在其国际能源交易中心开展原油期货交易。2017年5月11日晚，上海期货交易所旗下子公司上海国际能源交易中心正式对外发布交易中心交易规则及11个相关的业务细则，标志着"中国版"原油期货交易再进一步。
>
> 2. 中国推出原油期货意义重大
>
> 原油期货将是中国第一个对外开放的期货品种。建设原油期货市场是中国期货市场对外开放和国际化的重要实践之一。中国推进原油期货市场建设旨在为企业提供有效的价格风险管理工具，为企业持续经营提供风险屏障。原油期货的设计基本框架是"国际平台、净价交易、保税交割、人民币计价"，境外的交易者和境外经纪机构都将可以参与交易。尽管欧美已有成熟的原油期货市场，但其价格难以客观全面地反映亚太地区的供需关系。中国原油期货的上市，将有利于完善整个亚太地区原油价格的定价体系，也能更好地反映亚太地区的原油供求状况。而原油期货带来的国际化机遇还将有助于促进期货公司自身能力的提升。
>
> 资料来源：一牛财经

第三节 期货交易投资理财的策略与技巧

期货交易投资理财怎样才能发挥投资杠杆作用？怎样才能达到人们预期的理财目标？这都是人们苦思冥想的问题，也是期货交易投资理财的策略和技巧问题，更是本节所探讨的核心问题。

一、期货交易投资理财策略

期货交易投资的主要目的有投机、套期保值、套利三种。人们之所以热衷于这种投资理财交易工具：在于投资者可以投入较少量资金而参与数额庞大的交易；投资者可以凭借长头寸也可以凭借短头寸运用杠杆效应；投资者交易被履行的规范性和准确性。因为期货交易实行的是保证金制度与及时的清算制度，投资期货意味着投资者面临的清偿风险相对较小、投机成分相对较大。

（一）期货投资策略的两种基本形式

1. 期货长头寸

投资者预期标的资产价格会上涨，因此建立一个期货长头寸。它的收益等于低买入价和高卖出价间的价差。但是一旦市场价格下跌，投资者将遭受损失。期货长头寸的盈亏分布图和标的资产的长头寸基本类似，但是因为有杠杆效应，具体结果有所不同。期货长头寸的损益如图 6-1 所示。

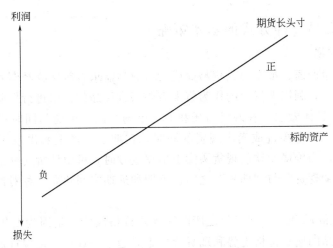

图 6-1 期货长头寸的损益示意图

2. 期货短头寸

投资者预期标的资产价格下跌，因此建立期货短头寸。它的收益等于高卖出价和低买入价之间的价差。但是一旦期货价格上涨，投资者将遭受损失。期货短头寸的损益如图 6-2 所示。

3. 期货交易投资者必须具备的基本条件

从期货投资的两种基本形式看似乎并不复杂，但其实只有具备一定的投资条件者才能使用这一投资工具。

（1）具有良好的专业技能　对期货投资的工具、基本原理以及与现货投资的关系等都要了解和掌握，因为期货投资是既规范又有一定预见性的投资工具。

（2）具有高资产折现能力　不管你经营的是商品期货还是金融期货，最终的结果都是交割清算与结算，若没有一定的高资产折现能力，那你的期货履约就受到影响，自然影响到投资目标的实现。

（3）详尽的信息资料的占有　因为期货交易是一种经济行为与市场运作，涉及一定的

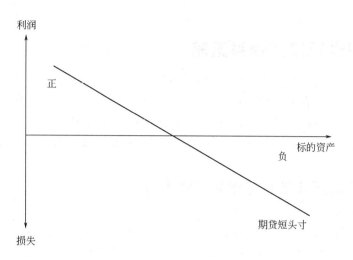

图 6-2 期货短头寸的损益示意图

信息资料量才能具备操作的条件；否则就像游泳一样，不识水性就会被水淹死，即使是水性高手往往有时也逃离不了被淹的命运。

（二）期货交易三种方式的基本策略

1. 套期保值交易

套期保值是指生产商、批发商、贸易商或大宗商品需求者等实物经营者把期货市场当做转移价格风险的场所，利用期货合约作为将来需要买进商品的价格进行保险的交易活动。

（1）套期保值具体做法　在现货市场和期货市场对同一种商品同时进行数量相等但方向相反的买卖活动。即在买进或卖出现货的同时，在期货市场上卖出或买进同等数量的期货，经过一段时间，当价格变动使现货买卖上出现盈亏时，可由期货交易上的亏盈得到抵消或者弥补。从而在"现货"与"期货"之间、近期和远期之间建立一种对冲机制，以使价格风险降到最低限度。

（2）套期保值的原理　套期保值之所以能规避价格风险，是因为期货市场的基本经济原理：一是同种商品的期货价格走势和现货价格走势趋于一致；二是现货价格与期货价格随期货合约到期日的临近，两者趋向一致。

（3）基差　基差（B）指某一特定地点某种商品的现货价格（S），与同种商品的某一种特定期货合约价格（F）间的价差，即 $B=S-F$。例如，2011年3月25日大豆的现货平均价为3732元/吨，而该合约当日收盘价为3970元/吨，基差为－238元/吨。

正向市场指期货市场价格高于现货市场价格，基差为负。

负向市场指期货市场价格低于现货市场价格，基差为正。

用"强"或"弱"来评价基差的变化。

① 基差走强。基差为正且数值越来越大，或基差从负值变为正值，或基差为负值且绝对值越来越小，这种基差的变化称为"走强"。

② 走强的几种情况。正向市场基差走强、反向市场基差走强、从正向市场变为反向市场的基差走强。

③ 基差走弱。基差为正且数值越来越小，或基差从正值变为负值，或基差为负值且绝对值越来越大，这种基差的变化称为"走弱"。

④ 走弱的几种形式。正向市场基差走弱、反向市场基差走弱、从反向市场变为正向市

场的基差走弱。

如 2011 年 3 月 1 日，小麦的现货价格为每吨 1200 元，某经销商对该价格比较满意，买入 1000 吨现货小麦。为了避免现货价格可能下跌，从而减少利益，决定从郑州商品交易所进行小麦期货交易。而此时小麦 5 月份期货合约价格为每吨 1240 元，该经销商于是在期货市场上交易卖出 100 手 5 月份小麦合约。4 月 1 日，他在现货市场上以每吨 1170 元的价格卖出小麦 1000 吨。同时在期货市场上以每吨 1200 元买入 100 手 5 月份小麦合约，对冲从 3 月 1 日建立的空头头寸。3 月 1 日的基差 −40 元/吨，4 月 1 日 −30 元/吨，由 −40 到 −30 为基差走强。

（4）套期保值的类型　套期保值的类型可分为：买入套期保值和卖出套期保值。买入套期保值，又称多头套期保值，先在期货市场上买入与其将在现货市场上买入的现货商品数量相等、交割日期相同或相近的该期货合约，即预先在期货市场上买空，持有多头头寸。然后，当该套期保值者在现货市场上买入商品的同时，在期货市场上进行对冲，卖出原有买进的该商品的期货合约，进而为其在现货市场上买进现货商品的交易进行保值。

卖出套期保值，又称空头套期保值，是指先在期货市场上卖出与其将在现货市场上卖出的现货商品数量相等、交割日期相同或相近的该期货合约。然后，当该套期保值者在现货市场上卖出商品的同时，在期货市场上进行对冲，买入原先买进的该商品的期货合约，进而为其在现货市场上卖出现货商品进行保值。如表 6-3 所示，2011 年 1 月 1 日，大豆的现货价格为每吨 3500 元，某经销商对该价格比较满意，买入 100 吨现货大豆。为了避免现货价格可能下跌，从而减少利益，决定从大连商品交易所进行大豆套期保值交易。而此时大豆 5 月份期货合约价格为每吨 3650 元。4 月 1 日，他在现货市场上以每吨 3450 元的价格卖出大豆 100 吨。此时 5 月份的大豆合约价格为每吨 3490 元。计算基差变化和交易盈亏结果。总结这种基差与套期保值的效果，假设交易量为 10 手。

表 6-3　大豆套期保值交易

项目	现货	期货	基差
1 月 1 日	大豆的现货价格为每吨 3500 元，买入 100 吨现货大豆	卖出大豆 5 月份期货合约价格为每吨 3650 元，10 手	−50
4 月 1 日	在现货市场上以每吨 3450 元的价格卖出大豆 100 吨	5 月份大豆合约每吨 3490 元，买入平仓	−40
盈亏	−3000 元	+4000 元	
总　计		−3000+4000=1000 元（赢利）	

卖出套期保值，基差走强，卖出套期保值者得到完全保护，并有可能赢利。基差与套期保值效果如表 6-4 所示。

表 6-4　基差与套期保值效果

基差变动情况	套期保值种类	套期保值效果
基差不变	买入与卖出	两市盈亏完全相抵
基差走强	卖出套期保值	完全保护并有赢利
	买入套期保值	不能完全保护并存在亏损
基差走弱	卖出套期保值	不能完全保护并存在亏损
	买入套期保值	完全保护并有赢利

（5）基差交易　基差交易是指以某月份的期货价格为计价基础，以期货价格加上或减去双方协商同意的基差来确定双方买卖现货商品的价格的交易方式。只要套期保值者与现货交易的对方协商得到的基差正好等于开始做套期保值时的基差，就能实现完全套期保值。如果能争取更有利的基差，就能赢利。

基差交易大都是和套期保值交易结合在一起进行的。根据确定具体时点的实际交易价格的权利归属划分，有买方叫价交易和卖方叫价交易。

2. 投机交易

期货投机是投机者纯粹以牟取利润为目的，在期货市场上买卖标准化期货合约的交易行为。投机交易增强了市场的流动性，承担了套期保值交易转移的风险，是期货市场正常经营的保证。

投机交易具体做法为：投机者在期货市场上，试图低价买进高价卖出或高价卖出低价买进赚取差价利润。投机交易按操作方法可分为多头投机和空头投机。

例如：某投机者预测5月份大豆期货合约价格将上升，故买入5手（10吨/手），成交价格为2000元/吨，此后合约价格迅速上升到2020元/吨，该投机者再次买入4手，当市场价格再次升到2030元/吨时，又买入3手合约，当市场价格上升到2040元/吨时再买入2手，当市价上升到2050元/吨时再次买入1手，市场价格上升到2058元时迅速回落到2045元全部平仓，共获得了（2045－2020）×150＝3750元。

3. 套利交易

套利又称套期图利，是指期货市场参与者利用不同月份、不同市场、不同商品之间的差价，同时买入和卖出不同类型的期货合约从中获取利润的交易行为。套利交易类型有跨月份套利（常用类型）、跨市场套利、跨商品套利。

跨月份套利即投资者在同一市场利用同一商品不同交割期之间的价格差距的变化，买进某一交割月份期货合约的同时，卖出另一份交割月份的同类期货合约，等待有利时机再进行对冲而获取差价利润。（注：跨月套利与商品绝对价格无关，而仅与不同交割期合约之间价差变化趋势有关）

由表6-5可知，2010年10月1日，次年3月份玉米合约价格为2.14美元/蒲式耳，5月份合约价格为2.24美元/蒲式耳。交易者预测玉米价格将上涨，3月与5月期货合约的差价将有可能缩小。到了12月1日，3月和5月的玉米期货价格分别上涨为2.23美元/蒲式耳和2.29美元/蒲式耳。交易者如何进行套利，计算套利交易盈亏状况，假设交易量为10手（1手为5000蒲式耳）。分析其属于何种套利类型。

表6-5　套利交易

项目	期货市场	期货市场	价差
10月1日	买入10手次年3月份玉米合约价格为2.15美元/蒲式耳	卖出10手5月份合约价格为2.24美元/蒲式耳	0.09美元/蒲式耳
12月1日	卖出平仓3月份的玉米期货价格上涨为2.23美元/蒲式耳	买入平仓5月份的玉米期货价格上涨为2.29美元/蒲式耳	0.06美元/蒲式耳
套利结果	＋4000美元	－2500美元	缩小0.03
	－2500＋4000＝1500美元（赢利）		

同此，属于卖出套利，跨期套利的牛市套利。

二、金融期货交易的策略

通常把金融期货划分为外汇期货、利率期货和股票指数期货三大类。因我国股指期货诞生一年多来人们十分关注，因此主要介绍股指期货交易操作策略。

（一）我国股指期货交易的基本情况

股指期货是以股票价格指数为标的物的金融期货合约。在我国主要推出为沪深股指期货合约。图6-3为交易软件里的期货合约交易情况。

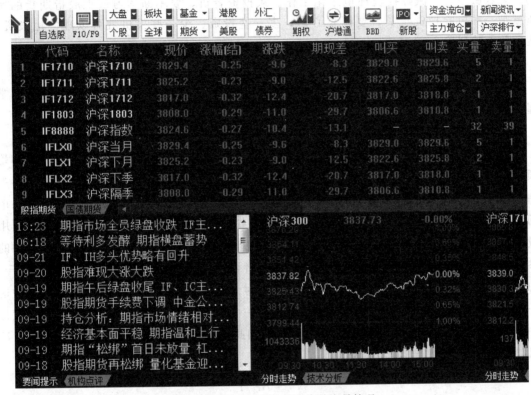

图6-3 交易软件里的期货合约交易情况

根据证监会规定，沪深300股指期货合约的交易代码是IF。IF是股指期货交易代码，17为合约年份，10为合约到期月份。如IF1711是指到期日为2017年11月的沪深300股指期货合约。

1. 总体运动情况

据中国期货业协会统计，2017年中国金融期货交易所累计成交量约2459.59万手，累计成交额约24.59万亿元。2017年，白糖、豆粕期权问世，棉纱、苹果期权相继挂牌交易。原油期货、其他商品期权品种、更多金融期货品种有望在2018年上市。

2. 投资者的感受与收获

据期货日报数据，从全国看，期货市场千万级以上的客户有5万多个，总开户人数是198万，有效客户是107万，10万以下的客户有96万，而这96万客户，每人按5万保证金算，有480亿。总的情况是四成亏损，四成平，只有两成赚，而在赚的投资者中,机构投资者占到了60%以上,这说明个人投资者赚钱的人更少。那么自然就清楚了投资者是怎样的一种感受。有的如同天天"坐上上下下的电梯"在云雾中朦朦胧胧;有的感受紧张,一不留神马上就会被套住,如果不及时认赔,将会损失惨重。

3. 我们应该悟出什么

我国股指期货还十分年轻,还处在探索阶段,无论是投资者还是经营管理者或监督者的共同责任都是把它精心地呵护好,使其能健康地发展。从国家层面讲,怎样做好监管工作,使这一把双刃剑运用得当,关键是做好做空机制的监管工作,严厉打击操纵市场、恶意做空者,做好投资环境净化工作。从投资者讲,要不断学习认识股指期货的实质就是一种风险投资工具,要调整心态,多一些投资、少一些投机就可以理性地投资,避免较大的风险。

(二) 股指期货交易的策略

作为股指期货投资的最根本目的是套期保值、规避股票的风险。这就要求投资者了解掌握最基本的投资交易策略。

1. 股票组合的套期保值

股票组合的收益与市场收益之间的关系由参数 β 来描述,它是组合超过无风险利率的超额收益对股票市场超过无风险利率的超额收益进行回归所产生的最佳拟合直线的斜率。当 $\beta=1$,组合收益往往模拟了市场收益;当 $\beta=2$ 时,组合超过无风险利率的收益等于股票市场超过无风险收益的2倍;当 $\beta=0.5$ 时,组合的收益为市场收益的一半,以此类推。利用股指期货进行套期保值的核心是对套期保值比率的评估和确定,常用资本资产定价模型中的参数 β 来决定适当的套期保值比率,最终决定期货合约的数量。我们知道,一个 β 值等于2的组合对市场的敏感度是一个 β 值等于1组合对于市场敏感度的2倍。因此,为了对冲这一组合,我们将需要2倍数量的合约。类似的,一个 β 值等于0.5的组合对市场的敏感度是一个 β 值等于1的组合对于市场敏感度的1/2,因此我们只需要1/2数量的合约就可以对冲风险。一般来讲 $h^*=\beta$,公式为

$$N^*=BP/F$$

式中 P——股票组合的当前市场价值;
F——股指期货的当前市场价值。

当然,该公式的成立还要假定期货合约的到期日与需要保值的到期日较为接近,并且忽略期货合约逐日结算的性质。

[例] 假设某投资经理管理着一个总价值210万美元的多样化股票投资组合并长期看好该组合,该组合相对于S&P500指数的 β 系数为1.5。2009年8月20日,该投资经理认为短期内大盘有下跌的风险,可能会使投资组合遭受损失,于是利用S&P500股指期货空头来进行套期保值。如果卖出一定量的股指期货,即使大盘带动投资组合价值下跌,期货市场的赢利也可冲抵现货市场上的亏损,从而达到规避总体头寸系统风险的目的。

假定用2009年12月到期的S&P500股指期货来为该投资组合在2009年11月20日的价值变动进行套期保值,那么卖出多少张股指期货才合适呢?2009年8月20日该投资经理进入期货市场时,2009年12月份到期的S&P500股指期货价为600点。一个期货合约当时

的市场价值为 150000（600×250）美元。公式计算得出，为了对冲该投资组合的系统风险需要卖出的期货合约数量为

$$N^* = 1.5 \times \frac{2100000}{15000} = 21 \text{（份）}$$

股票现货组合与股指期货组合在一起，可形成新的资产组合，通过改变资产组合的 β 系数来调整资产组合的风险裸露度并获取利润。在这种情况下，投资者可用期货合约来调整所持资产组合的系统风险使其具有新的 β 值，当新的 $\beta=0$ 时，就是完全的套期保值，投资者可根据需要形成任意大小的 β 值，构成任意风险/收益的新组合，既可以在趋势不明时形成低风险的头寸，也可以在趋势明朗时形成高风险、高收益的头寸。

设定股票组合的原 β 系数为 β，目标 β 系数为 β^*。则套期保值比率就应该为 $(\beta^*-\beta)$，需要交易的股指期货份数为

$$N^* = (\beta^*-\beta)P/F$$

在上例中，要将组合的 β 值从 1.5 减少到 0，需要 21 张股指期货；要将 β 降到 1，则只需要卖出 21 张合约的 1/3 即 7 张即可；一般来说，要就投资组合的 β 值从 β 变到 β^*，当 $\beta>\beta^*$ 时，应卖出 $(\beta^*-\beta)P/F$ 张合约；当 $\beta<\beta^*$ 时，应买入 $(\beta^*-\beta)P/F$ 张合约。

2. 单一股票的套期保值

虽然有些交易所交易单一股票的期货，但在大多数情况下对于单一股票的风险暴露的套期保值只能通过交易股指期货来完成。采用股指期货对单一股票的风险进行套期保值与采用股指期货对股票组合的风险保值类似。卖出期货的数量应该等于 $\beta P/F$，其中 β 为单一股票的 β 值，P 为持有的单一股票价值，F 为股指期货的价格。注意，虽然计算期货数量的公式与对股票组合保值时计算期货数量的公式相同，但对单一股票的保值效果要差得多。这种股指期货保值仅规避了单一股票的系统性风险，而这一风险仅占单一股票价格变动风险的很小一部分。当保值者认为股票表现会好于市场表现，但对于市场表现又不太确定时，采用此类保值较为合理。投资银行在进行新股票承销时可以采用这一方法，以保护自身应对市场变化。

[例] 考虑某投资者持有 20000 股 IBM 股票，每股价格为 100 美元。投资者认为市场在接下来的一个月会剧烈变动，但 IBM 仍有很好的机会比市场表现要好。投资者想在今后一个月采用 S&P500 股指期货合约进行套期保值。IBM 的 β 值估计为 1.1，8 月份到期的 S&P500 股指期货结算价为 900 点，S&P500 股指期货的合约乘数为每点 250 美元。这是 $P=20000\times100=200$（万美元），$F=900\times250=225000$（美元），因此卖出股指期货的数量为

$$N^* = 1.1 \times \frac{2000000}{225000} = 9.78 = 10 \text{（份）}$$

假定 IBM 股票在今后一个月内升到 125 美元，S&P500 期货价格升至 1080 点。投资于 IBM 股票的收益为 $20000\times(125-100)=50$（万美元），期货损失为 $10\times250\times(1080-$

900)＝45（万美元）。

　　这一例子中，进行套期保值使投资者的收益被期货损失抵消。但是，我们应强调套期保值是为了减小风险。其结果会使得坏结果变得不是那么坏，同时也使得好结果变得不是那么好。事实上，在进行套期保值时，计算现货组合的 β 系数时模型的拟合系数越大越好，如果拟合系数很低，β 系数就不稳定，保值效果就不佳。如果一味简单地套期保值，整体组合的风险未必小于原来的组合，具体组合需要具体分析，并且保持计算 β 的变化以调整期货头寸。只有这样，才能提高套期保值的效率。

三、期货交易投资理财技巧

（一）牢记一个"宗旨"是永恒的主题

　　作为期货交易投资者理财的宗旨是什么？就是赚钱。而赚钱的奥秘是什么？就是风险控制，就是以套期保值为主，这是永恒的主题。道理很简单，当你投资时，连本钱都保不住，哪还有赚钱的希望？这就要求投资者当使用一个新的投资工具时，一定要认识与了解它，尤其是明白风险产生的环节与控制点在哪里。了解掌握到一定程度后再进行操作。

（二）坚持"两结合、两为主"立足长远

1. 坚持工作与投资相结合，以工作为主

　　作为投资者不管从事什么工作，工作是主业一定要干好，期货投资是副业、是补充，使你挣的钱能够保值与增值。

2. 坚持多元投资与重点投资相结合，以重点投资为主

　　目前投资工具很多，你不可能都了解掌握，多使用你熟悉的或风险较小的投资工具才为上策。

（三）过"三关"练好基本功

1. 知识关

　　我国股指期货推出一年多，据有关部门调查，陕西"玩家"仅一成赚钱，这是来自《华商报》2011年4月16日A15版的有关报道。究其原因，最根本的问题就是对期货投资认识不足，缺乏本质的了解。比如，期货交易与现货交易有什么联系与区别？商品期货与金融期货有什么联系与区别？期货合约怎么定价？期货工具、金融衍生工具以及交易所衍生工具与非交易所衍生工具等涉及许多专业知识，尤其是期货理论问题，若了解掌握不系统、不全面就无法认识，更何况期货投资专业性很强。因此，知识关不过就无法进行期货投资操作。

2. 规则关

　　期货交易十分规范决定了讲原理、讲规章制度、讲操作规范的重要性。从开户下单、交割、结算各环节都有严格的规定和要求，是讲环环紧扣、规范严明的交易规则，若不了解把握，就会带来一定的操作风险，带来真金白银的损失。好比学开车一样，学会容易驾驶难，难就难在既要懂车规又要懂交规才能应用自如。

3. 操作关

从商品期货到金融期货交易的各环节彼此有什么不同？买股票与买股指期货又有什么区别？这都与操作技巧有关系。比如说怎样用期指反映"预知"当天大盘走势与现货走势，了解主力行踪多方与空方谁占优势，以及价差问题等都与交易操作有关系。要了解认识，不但要实践，还要具体操作，这样才能从中发现、悟到技巧。

知识关、规则关与操作关是从理论到实践、实践再回到理论指导实践的循环推进过程，是我们认识期货、了解期货的三者有机结合的统一，只有先掌握基本功，才能熟能生巧，从而很好地驾驭它。

（四）造"四势"悟出那些道道

1. 借势，善于察言观色

尽管中国的期货市场还很年轻，与成熟的西方期货市场比较似乎缺乏规律性，但这正是其特殊性决定的。只要你深入进去，奥妙就在其中。这就要学会借势，所谓借势就是借助做多与做空各种投资力量之势为自己服务。这就是我们常讲的万事俱备，只欠东风，怎样借东风为你服务，其中的奥妙就不言而喻了。

2. 顺势，就是顺势而为的仓位会给你带来可观的利润回报

纵观风云变幻的期货投资市场，为何股指指数一会儿涨一会儿跌，涨涨跌跌并不是那么具有随机性，而是有其规律性的。只要我们学会顺势而为就会得心应手。要不断地分析思考股市大盘的风水走势，当做多与做空的两大势力较量中你要顺大势，走大路，走巧路，才能走出一条光明大道，否则背道而驰的结果你应该明白。

3. 逆势，就是不随波逐流，与众不同

为何在众多的投资者当中总是少数人在赚钱，这就是他们的精明之处，当然我们讲逆势并不是违背客观规律，是认识事物的特殊性的突破口或切入点，这才是根本。

4. 造势，就是一种有价值潜力的投资思考与引导

在任何投资工具中，投机是人们的共性，是投资的本质。回顾这几年的商品市场，从2010年的"蒜你狠"到2011年的"蒜你倒霉"，不是说去年的蒜市场就供不应求才价高得离谱，今年的蒜就供过于求，贱得没人要，这里就有炒作的因素，就是各种投资力量的博弈，其实就是一种造势。

从借势、顺势、逆势到造势的辩证思考就是一种对立的统一，它们相互之间既有内在的联系又有一定的区别，同时也是相互转化的。只要我们深入实践，广泛、灵活、有效地运用就像游泳一样那么自如，一旦有一时的疏忽，就会被水呛住，甚至被淹死。要集众多投资者的智慧，不断学习、不断挑战、灵活应变、善于创造、科学操作，才能取胜。

（五）"五不准"要成为座右铭

1. 不急功近利

有人讲会买股票的是徒弟，会卖的才是师傅。每一个投资者不是找不到有投资价值的股票，而是一旦挣了一点小钱就急不可耐地抛掉，往往后悔莫及。期货投资市场也是同样的道理。

2. 不人云亦云

不要说像一个草民投资者，就是机构投资者也一样，期货投资市场切忌人云亦云。你们

看看各大新闻媒介的股评或分析师们在预测明天的股票走势时，能预测准的概率有多大？有的因为利益的原因，他们预测的往往是利益的风向标，是忽悠人的。因此作为一个期货投资者一定要有自己的判断分析能力。

3. 不我行我素

作为期货投资工具在客观上它有套值保值的功能，但更多的是投机的风险功能。今天赚明天赔这也是正常的，要从赔钱的投资中多悟出一些道道，要从失败的教训中明白一些是非，始终要保持清醒的头脑。切记要理性，不能我行我素。

4. 不借钱投资

投资本身是有风险的，借钱投资不但加大了你的投资成本，更主要的是加大了你的心理负担，即赌博心理。不管是个人投资者还是机构投资者，原则上不借钱投资，而在投资过程中一定要保持一定的现金流，才能应用自如，尤其是作为业余投资者更重要。

5. 不能自己管不住自己

作为投资者，尤其是个人投资者，如果想要在投资决策过程中避免失误，一定要学会自己给自己定规矩、定纪律，一定要学会自我约束，若做不到这一点就是一个非理性的投资者，就是一个不珍惜真金白银的投资者。事实上在人生的投资过程中最大的敌人不是别人而是自己，自己往往不能客观地认识自己，这就要求我们不断加强自我修养。自我约束的过程就是理性投资的过程。

小常识（一）

怎样"玩"股指期货

股指期货是股票指数期货的简称，是一种以股票价格指数作为标的物的金融期货合约。

股指期货的本质：股指期货与普通商品期货除了在到期交割时有所不同外，基本上没有什么本质的区别。假定当前某一股票市场的指数为1000点，即这个市场目前的指数"现货"价格是1000点，现在有一个"12月底到期的这个市场指数期货合约"。如果市场上大多数投资者看涨，可能目前这一指数价格已经到达1100点了。假如你认为到12月底，这一指数的"价格"会超过1100点时，你就会买入这一股指期货，也就是说你承诺在12月底时，以1100点的"价格"买入这个"市场指数"。当这一指数期货继续上涨到1150点时，你有两个选择，或者是继续持有该期货合约，或者是以当前新的"价格"（即1150点）卖出这一期货，这时你就平仓了，并获得50点的收益。当然，在这一指数期货到期前，其"价格"也有可能下跌，你同样可以继续持有或平仓割肉。但是，当指数期货到期时，谁都不能继续持有了，因为这时的期货已经变成"现货"，你必须以承诺的"价格"买入或卖出这一指数。根据你持有的期货合约的"价格"与当前的实际"价格"之间的差价，多退少补。股指期货的作用就是帮助投资者在股票投资中规避两种风险：一种是股市的系统性风险，即所有或大多数股票价格波动的风险；另一种是个股风险，又称非系统性风险。通过投资组合，即同时购买多种风险不同的股票，可以较好地规避非系统性风险，但不能有效地规避整个股票下跌所带来的系统风险。当前，人们之所以青睐股指期货，是因为目前（2011~2012年）在股市波动日益频繁的情况下，利用它对所有的股票进行套期保值，可以规避非系统风险。

小常识(二)

怎样认识股指期货的"功能"

1. 股指期货"以小博大"

股指期货的基本特征就是可以用较小的资金进行大宗交易。投资者做股票交易时，需要用全额资金买进相应的股票，而做股指期货只需占用百分之几的资金，就可交易相应的百分之百的股指期货。例如，10万元资金做价值100万元左右的"货物"交易时，这个价值100万元的"货物"将来所产生的差价，全部由投资者的10万元资金承担。这相当于把投资者的资金放大了十倍以上，即所谓的"杠杆交易"，也称"保证金交易"。这种机制使期货交易具有了"以小博大"的功能。

2. 股指期货可以"买空卖空"

股指期货交易买卖的是"合约"符号，并不是在买卖实际的货物或者指数，所以，交易者在买进或者卖出（开仓）股指期货时，就不必考虑是否需要或者拥有期货相应的"货物"，而只考虑怎样买卖才能赚取差价，其买与卖的过程和结果体现在自己的账户中。正由于可以"买空卖空"，就使股指期货交易可以双向进行。即根据自己对股指期货将来涨跌的判断，可以先买进开仓，也可先卖出开仓，两个方向都可交易。等差价出现后，再进行反向的卖出平仓或买进平仓，以抵消自己开仓的头寸。这样，自己的账户上就只留下开仓和平仓之间的差价值，同时，开仓所占用的保证金会自动退回。

本章小结

期货交易投资理财，尤其是金融期货投资理财是众多投资工具发展的必然结果，也是不断创新的一种最高形式。期货投资的认识与应用不同于一般投资工具的认识与应用，不仅有其科学规范的一面，更有其特殊神秘的一面，具有甜蜜的陷阱，让人爱恨交加、捉摸不透。因此对期货投资的基本理论、基本知识、策略与技巧的学习应用不断加深、不断总结提高、不断创新发展是永无止境的。

? 思考题

1. 商品期货与金融期货的联系与区别是什么？
2. 期货投资交易的工具有什么功能？其本质是什么？
3. 期货交易流程是什么？哪个环节最重要？
4. 期货交易最基本的策略是什么？怎样理解与掌握？
5. 股指期货投资交易与股票投资交易有什么关系？
6. 期货交易的技巧有哪些？什么技巧最重要，为什么？

第七章 保险理财

CHAPTER 7

案例导入

李嘉诚，1928年7月29日出生于广东潮州潮安县，祖籍福建莆田，现任长江和记实业有限公司及长江实业地产有限公司主席，香港开埠后第三任首富。自从1999年被福布斯评为全球华人首富后，李嘉诚连续15年蝉联华人首富宝座。2014年，李嘉诚以净资产310亿美元蝉联《福布斯》亚洲首富，全球排名第20位。2018年1月，《福布斯》杂志发布2018年香港富豪榜，李嘉诚以360亿美元排名第一。李嘉诚先生的富有人尽皆知，但是他把这一切都看作身外之物。他说："人们都说我很富有，其实真正属于我个人的财富，就是为自己和家人买了充足的人寿保险。"李嘉诚先生为何如此看重保险呢？氧气和水是每个人都需要的，但平时谁会珍惜它呢？只有在缺氧、缺水时才会感觉到它们的珍贵。保险的意义正是如此。

第一节　风险控制与保险概述

保险规划是个人理财的一部分。针对人生中的风险，个人应学会定量分析保险需求额度，并作出最适当的财务安排，避免风险发生时给生活带来的冲击，从而达到财务自由的境界，拥有高品质的生活。

所以学习保险之前，需要先了解风险。

一、风险的概念

风险是指在特定的客观情况下、在特定的时间内，某种事情发生的不确定性。在经济学和金融学中，风险一般指未来某种未知信息的不完全性或不确定性带来的经济损失的可能性。

风险包含了两层含义。

1. 风险是客观存在的

风险是客观、普遍存在的。我们的生活、工作、社会、家庭处处存在着风险。例如地震、泥石流、风暴、沙尘暴、火山爆发等自然灾害的发生；抢劫、暴乱、政变、战争等社会现象的发生。

2. 风险的不确定性

风险的发生是偶然的、不确定的。在科技高速发展的今天我们也无法预测风险何时会发生,其发生的前提、时间、地点以及可能造成的后果都是不确定的,我们只能采取相应的方法降低风险发生的可能性并将其可能造成的损失控制在最低程度。

风险的不确定性的内容,如图7-1所示。

风险因素、风险事故和风险损失三者之间存在着因果关系:风险因素引发风险事故,而风险事故导致风险损失,如图7-2所示。

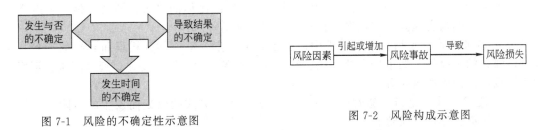

图 7-1　风险的不确定性示意图　　　　　图 7-2　风险构成示意图

二、风险的分类和风险控制

(一)风险的分类

1. 按风险损害的对象分类

(1)财产风险　是导致财产发生毁损、灭失和贬值的风险。如房屋有遭受火灾、地震的风险,机动车有发生车祸的风险,财产价值因经济因素有贬值的风险。

(2)人身风险　是指因生、老、病、死、残等原因而导致经济损失的风险。例如因为年老而丧失劳动能力或由于疾病、伤残、死亡、失业等导致个人、家庭经济收入减少,造成经济困难。生、老、病、死虽然是人生的必然现象,但在何时发生并不确定,而一旦发生,将给其本人或家属在精神和经济生活上带来困难。

(3)责任风险　是指因侵权或违约,依法对他人遭受的人身伤亡或财产损失应负的赔偿责任的风险。例如,汽车撞伤了行人,如果属于驾驶员的过失,那么按照法律责任规定,就须对受害人或家属给付赔偿金。又如,根据合同、法律规定,雇主对其雇员在从事工作范围内的活动中,造成身体伤害所承担的经济给付责任。

(4)信用风险　是指在经济交往中,权利人与义务人之间,由于一方违约或犯罪而造成对方经济损失的风险。

2. 按风险的性质分类

(1)纯粹风险　是指只有损失可能而无获利机会的风险,即造成损害可能性的风险。其所致结果有两种:损失和无损失。例如,交通事故只有可能给人民的生命财产带来危害,而绝不会有利益可得。在现实生活中,纯粹风险是普遍存在的,如水灾、火灾、疾病、意外事故等都可能导致巨大损害。但是,这种灾害事故何时发生,损害后果多大,往往无法事先确定。于是,它就成为保险的主要对象。人们通常所称的"危险",也就是指这种纯粹风险。

(2)投机风险　是指既可能造成损害,也可能产生收益的风险。其所致结果有三种:损失、无损失和赢利。例如有价证券,证券价格的下跌可使投资者遭受损失,证券价格不变则无损失,但是证券价格的上涨却可使投资者获得利益。还如赌博、市场风险等,这种风险都带有一定的诱惑性,可以促使某些人为了获利而甘冒风险。在保险业务中,投机风险一般是不能列入可保风险之列的。

(3)收益风险　是指只会产生收益而不会导致损失的风险。例如接受教育可使人终身受益,但教育对受教育的得益程度是无法进行精确计算的;而且,这也与不同的个人因素、客观条件和机遇有密切关系。对不同的个人来说，虽然付出的代价是相同的，但其收益可能是大相径庭的，这也可以说是一种风险，有人称之为收益风险。这种风险当然也不能成为保险的对象。

3. 按损失的原因分类

（1）自然风险　是指由于自然现象或物理现象所导致的风险。如洪水、地震、风暴、火灾、泥石流等所致的人身伤亡或财产损失的风险。

（2）社会风险　是由于个人行为反常或不可预测的团体的过失、疏忽、侥幸、恶意等不当行为所致的损害风险，如盗窃、抢劫、罢工、暴动等。

（3）经济风险　是指在产销过程中，由于有关因素变动或估计错误而导致的产量减少或价格涨跌的风险等。如市场预期失误、经营管理不善、消费需求变化、通货膨胀、汇率变动等所致经济损失的风险等。

（4）技术风险　是指伴随着科学技术的发展、生产方式的改变而发生的风险。如核辐射、空气污染、噪声等风险。

（5）政治风险　是指由于政治原因，如政局的变化、政权的更替、政府法令和决定的颁布实施，以及种族和宗教冲突、叛乱、战争等引起社会动荡而造成损害的风险。

（6）法律风险　是指由于颁布新的法律和对原有法律进行修改等原因而导致经济损失的风险。

4. 按风险涉及的范围分类

（1）特定风险　是指与特定的人有因果关系的风险。即由特定的人所引起，而且损失仅涉及个人的风险。例如，盗窃、火灾等都属于特定风险。

（2）基本风险　是指其损害波及社会的风险。基本风险的起因及影响都不与特定的人有关，至少是个人所不能阻止的风险。例如，与社会或政治有关的风险、与自然灾害有关的风险，都属于基本风险。

特定风险和基本风险的界限，对某些风险来说，会因时代背景和人们观念的改变而有所不同。如失业，过去被认为是特定风险，而现在被认为是基本风险。

（二）风险控制

风险控制是指风险管理者采取各种措施和方法，消灭或减少风险事件发生的各种可能性，或者减少风险事件发生时造成的损失。风险管理者通过风险识别、风险估测，采用合理的经济和技术手段，对风险实施有效的控制，以最小的成本获得最大限度的安全保障。

风险管理的方法，即风险管理的技术，可简略分为如图7-3所示内容。

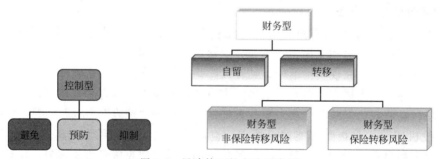

图7-3　风险管理的方法示意图

风险管理主要分为以下两类。

① 经营管理型风险管理主要研究政治、经济、社会变革等所有企业面临的风险的管理。

② 保险型风险管理主要以可保风险作为风险管理的对象，将保险管理放在核心地位，将安全管理作为补充手段。

三、保险的概念

(一) 广义保险

从广义上讲，保险是指有同类风险的众多单位和个人，以合理计算风险分担金的形式，向少数因该风险事故发生而受到经济损失的成员提供保险经济保障的一种行为。

(二) 狭义保险

通常我们所介绍的保险是狭义的保险，即商业保险。《中华人民共和国保险法》明确指出：本法所称保险，是指投保人根据合同约定，向保险人支付保险费，保险人对于合同约定的可能发生的事故因其发生所造成的财产损失承担赔偿保险金责任，或者当被保险人死亡、伤残、疾病或者达到合同约定的年龄、期限时承担给付保险金责任的商业保险行为。

保险是以契约形式确立双方经济关系，以缴纳保险费建立起来的保险基金，对保险合同规定范围内的灾害事故所造成的损失，进行经济补偿或给付的一种经济形式。

保险应具备四个要件。

1. 保险的前提是有风险存在

建立保险制度的目的是对付特定危险事故的发生，风险的存在是保险产生的前提。

2. 保险必须对危险事故造成的损失给以经济补偿或给付

所谓经济补偿是指这种补偿不是恢复已毁灭的原物，也不是赔偿实物，一般是进行货币补偿。因此，意外事故所造成的损失必须是在经济上能计算价值的。在人身保险中，人身本身是无法计算价值的，但人的劳动可以创造价值，人的死亡和伤残会导致劳动力的丧失，从而使个人或者其家庭的收入减少而开支增加，所以人身保险是用经济补偿或给付的办法来弥补由于人的死亡或残疾而使个人或家庭的收入减少，支出增加的经济负担，并非保证人们恢复已失去的劳动力或生命。

3. 保险必须有互助共济关系

保险制度是采取将损失分散到众多单位分担的办法，减少遭灾单位的损失。通过保险，投保人共同缴纳保险费，建立保险补偿基金，将集合的风险予以分散转移。保险的这种互助共济关系的形成过程既是风险集合的过程，也是风险分散的过程。

4. 保险的分担金必须合理计算

保险的补偿基金是由参加保险的人分担的，为使各人负担公平合理，就必须科学地计算分担金。因此，合理的分担便构成了保险的基本要素，保险费率的计算方式要依据概率论和大数法则的原理进行科学计算。

从本质上讲，保险体现的是一种经济关系，表现在如下方面。

① 保险在形式上是一种经济保障活动，实质上是保险人与被保险人的商品交换关系。
② 这种经济关系是通过合同的订立来确定的。
③ 保险人与被保险人之间的收入再分配关系。

从经济角度来看，保险是一种损失分摊方法，以多数单位和个人缴纳保费建立保险基金，将少数成员发生的风险损失分摊给全部投保人。

从法律意义上说，保险是一种合同行为，即通过签订保险合同，明确双方当事人的权利与义务，被保险人以缴纳保费获取保险合同规定范围内的赔偿，保险人则有收受保费的权利和提供赔偿的义务。订立保险合同是保险得以成立的基本要素，也是保险成立的法律保证。

由此可见，保险乃是经济关系与法律关系的统一。

四、保险的职能

（一）保险的基本职能

保险的基本职能是保险原始与固有的职能。关于保险的基本职能主要有两种观点：一种认为保险的基本职能是分摊损失和补偿损失或给付保险金；另一种认为保险的基本职能是经济补偿和保险金给付职能。本书持后一种观点。

经济补偿职能是在发生保险事故、造成损失后根据保险合同按所投保标的实际损失数额给予赔偿，这是财产保险的基本职能；保险金给付职能是在保险事故发生时保险双方当事人根据保险合同约定的保险金额进行给付，这是人身保险的职能。

（二）保险的派生职能

保险的派生职能是在基本职能的基础上产生的职能。保险的派生职能是融资职能、防灾防损职能。

（1）保险的融资职能　是保险人参与社会资金融通的职能。保险人利用保费收取与赔款和给付保险金之间的时差性，将集中起来的保险基金中的暂时闲置部分用于融资或投资，使资金保值或增值，以弥补保险经营的亏损。其体现在两方面：一方面具有筹资职能；另一方面通过购买有价证券、不动产等投资方式体现投资职能。

（2）防灾防损职能　是风险管理的重要内容。保险防灾防损工作的最大特点就在于积极主动地参与、配合其他防灾防损主管部门扩展防灾防损工作。保险过程的防灾防损体现在三个环节：险前预防、险中抢救、险后赔偿。保险人为了稳定自己的经营，通过事先预防以减少损失发生，从而降低赔付率，增加保险经营的收益以及保障社会财富安全；促进投保人的风险管理意识，从而促使其加强防灾防损工作。

另外，保险本身还附带理财功能，如储蓄、投资等。

五、保险的产生与发展

（一）保险的产生

1. 海上保险

海上保险在各类保险中起源最早。在公元前916年罗地安海立法中规定："为了全体利益，减轻船只载重而抛弃船上货物，其损失由全体受益方来分摊。"这条规定一直沿袭下来，被称为共同海损分摊。随后又出现了船舶抵押借款和货物抵押借款制度。后来，人们把这种抵押借贷，作为一种虚拟的借款契约，从而逐步完成了它从保险萌芽向现代海上保险发展和转化的过程。

15世纪以后，欧洲海上贸易发展很快，欧洲经济贸易重心的转移，大西洋沿岸特别是英国很快成为保险的"竞技场"。由于英国处于大西洋航海中的优势地位和当时迅速膨胀的对外扩张、掠夺及大规模的殖民活动，这里很快形成两大保险中心：一个是伦巴第商人聚居的伦敦"伦巴第街"所形成的保险活动中心；另一个是英国保险业者自己发展而形成的劳合咖啡馆。17世纪中叶，爱德华·劳埃德在伦敦泰晤士河畔开设了一家咖啡馆，成为人们交换航运消息、交谈商业新闻、洽商海上保险业务的场所。1691年，劳合咖啡馆由伦敦塔街迁往金融中心伦巴第街经营保险业务，并于1696年创办了专门报道海事航运消息的小报《劳埃德新闻》。这里便逐渐发展成为一大保险中心，这就是当代世界保险市场最大的保险垄断组织之一的"劳合社"的前身。

2. 火灾保险

火灾保险的历史可以追溯到中世纪，12世纪初期冰岛设立了互助社，该社对火灾及家畜死亡损失负赔偿责任。

1591年，德国酿造业发生了一起大火。灾后，为了筹集重建酿造厂所需资金和保证不动产的信用而成立了"火灾保险合作社"，凡加入的成员，遭受火灾后都可获得救助。1676年，为了充实火灾保险的资金力量，由46家火灾保险合作社联合成立了公营的"火灾保险局"。这是公营火灾保险的开始，火灾保险从此在德国得到确立和发展。

英国是私营火灾保险出现最早的国家。1666年9月2日，伦敦发生了一场由皇家面包房引起的火灾，大火连续烧了四天四夜，烧毁了全市大部分房屋，造成20多万人无家可归。次年，便有一位名叫尼古拉·巴蓬的医生开办了房屋火灾保险。由于巴蓬个人资金有限，业务受到限制，到1680年，在别人的赞助下，他才创办了一家拥有四万英镑资本的火灾保险公司。

3. 人身保险

1693年，英国数学家和天文学家埃德蒙·哈雷（A. Hally）以西里西亚的勃来斯洛市（Breslau）市民死亡统计资料为基础，编制了世界上第一张生命表，精确表示了每个年龄的人的死亡率，提供了寿险保费计算的依据。这对科学人寿保险的形成有着重大的贡献。18世纪中叶，英国人辛普森首次将哈雷的生命表运用到计算人寿保险的费率上，之后，陶德森依照年龄差等计算保费，并提出了"均衡保险费"的理论，从而促进了人身保险的发展。

（二）中国保险业的产生与发展

1. 产生阶段

1805年，英国、印度商人在广州成立"谏当保安行"，主要经营与英国贸易有关的运输保险业务，继英国之后，美国、法国、德国、瑞士、日本等国的保险公司也相继来华设立分公司或代理机构，经营保险业务。1865年5月25日，上海义和公司保险行成立，这是我国第一家民族保险企业，打破了外国保险公司对中国保险市场的垄断局面。1875年12月，在上海创办我国第一家规模较大的保险招商局。这是中国人自己筹资创办的第一家保险机构，以后，仁和水险公司、济和水火险公司相继开设，并于1886年合并为仁济和水火险公司，公司的规模和业务范围也不断扩大。

抗日战争期间，国民政府迁都重庆，内地保险业得到了相应的发展，保险中心则由抗战前的上海转移到重庆。但上海由于原来的英国、美国、法国租界的特殊关系，与其他地区相比较为安全稳定。一些沦陷区的富有阶层为避战祸，携带大量资金涌入，其他日军占领区的金融机构也转移到租界，使得上海工商业畸形发展。大量游资为寻找出路竞相投入保险业，新开设的保险公司较战前增加了两倍多。抗战胜利后，保险业中心移到上海。集中在上海的大量游资再度竞相投资保险业，保险机构猛增，呈现表面繁荣的景象，形成了民族保险业发展的第三次高潮。1931年11月中国银行投资创办了中国保险公司；1941年中国农业银行创办了中国农业保险公司；1943年12月交通银行创办了太平洋保险公司。

截至1948年，上海保险机构增至241家，其中华商178家、外商63家。但在国民党发动全面内战的形势下，由于军费剧增，通货恶性膨胀，物价飞涨，国民经济陷于崩溃状态，保险业也遭到严重摧残。

2. 新中国成立初期的探索阶段

新中国成立后，1949年10月20日，中国人民保险公司在北京成立，宣告了新中国统一的国家保险机构的诞生。1952年，中国人民保险公司由中国人民银行改为财政部领导，至此我国由国营保险公司垄断的独立保险市场初步形成。为了彻底改变帝国主义垄断中国保险市场的局面，取消了外商在华保险公司的种种特权，并对其业务经营采取严格管理政策，至此外国保险公司逐渐退出了我国保险市场。但我国保险业并未因此断绝与外界的交往，而是积极发展各种对外保险业务。1953年3月，中国人民保险公司召开了第三次全国保险会议，会议通过了停办农业保险，整顿城市业务的决定。但由于农村的实际需要，1954年又在东北等地区逐步恢复农村保险业务。在第一个五年计划期间完成了对私营保险业的社会主义改造，太平、新丰两家保险公司通过合并实现全行业的公私合营。

3. 20世纪60~70年代的低谷阶段

由于当时的历史原因，本外币保险业务基本停办。自1958年起，国内保险业务全部停办，直至1979年才恢复。

4. 20世纪80年代的复苏阶段

十一届三中全会后，1979年11月全国保险工作会议在北京召开，国内保险业务开始复苏，进入一个崭新的发展阶段。1979年成立的中国保险学会是以从事保险理论研究为宗旨的全国性群众学术团体。另外，一批高等学府相继设立了保险专业。到1980年年底，除西藏以外的28个省、自治区、直辖市都恢复了保险公司分支机构，各机构总数达311个。1986年，成立了新疆生产建设兵团保险公司；与此同时，海外保险业务也得到很大发展。

5. 20世纪90年代的发展期

保险业独家垄断的格局被打破，取而代之的是中外保险公司多家竞争、共同发展的多元化新格局。1991年4月，中国太平洋保险公司成立。1992年，平安保险公司由区域性保险公司改为中国平安保险公司；同时，吸引了世界各地许多保险公司纷纷来华设立联络机构。1998年，中国保险监督管理委员会的正式成立，标志着中国今后保险业的监管逐步走向规范化。2008年4月28日，中国保监会发布《保险中介市场发展报告》。截至2008年3月31日，我国共有保险专业中介机构2345家，兼业代理机构145173家，营销员2047029人。全国保险公司通过保险中介共实现业务收入2352亿元，同比增长55.77%，占全国保费收入的78.95%，同比上升2.09个百分点。全国中介共实现业务收入170.86亿元，同比增长42.74%，其中，专业中介机构整体赢利2708.33万元。

2008年7月10日，为进一步完善监管制度建设，防范和化解保险业风险及保护被保险人利益，中国保监会正式发布《保险公司偿付能力监管规定》《保险公司董事会运作指引》《关于规范保险公司章程的意见》《关于向保监会派出机构报送保险公司分支机构内部审计报告有关事项的通知》等一批保险监管方面的规章和规范性文件，保险行业监管制度框架得以进一步完善；同时，保险业监管进一步规范化。

随着越来越多的外资保险公司进入我国保险市场，保险公司境外融资和保险、外汇资金的境外运用，国际金融市场对我国保险市场的影响越来越大。随着我国保险市场对外开放的进一步扩大，国内保险业将逐步融入国际保险市场，成为国际保险市场的重要组成部分。国际化程度的不断加深，要求中国保险业的经营管理要更加符合国际惯例。

小常识

中国保险监督管理委员会

中国保险监督管理委员会是中国商业保险的主管机关,也是国务院直属事业单位。中国保险监督管理委员会成立于 1998 年 11 月 18 日,其基本目的是深化金融体制改革,进一步防范和化解金融风险,根据国务院授权履行行政管理职能,依照法律、法规统一监督和管理保险市场。中国保险监督管理委员会的主要任务是:拟定有关商业保险的政策法规和行业规则;依法对保险企业的经营活动进行监督管理和业务指导,依法查处保险企业违法违规行为,保护被保险人的利益;维护保险市场秩序,培育和发展保险市场,完善保险市场体系,推进保险改革,促进保险企业公平竞争;建立保险业风险的评价与预警系统,防范和化解保险业风险,促进保险企业稳健经营与业务的健康发展。

第二节 保险的分类与主要保险品种

一、保险的分类

1. 根据保险标的的不同,保险可分为财产保险和人身保险

财产保险是指以财产及其相关利益为保险标的的保险,包括财产损失保险、责任保险、信用和保证保险、农业保险等。它是以有形或无形财产及其相关利益为保险标的的一类补偿性保险。

人身保险是以人的寿命和身体为保险标的的保险。当人们遭受不幸事故或因疾病、年老以致丧失工作能力、伤残、死亡或年老退休时,根据保险合同的约定,保险人对被保险人或受益人给付保险金或年金,以解决其因病、残、老、死所造成的经济困难。

2. 以是否赢利为目标作为划分标准,保险可分为商业保险和社会保险

社会保险是指在既定的社会政策下,由国家通过立法手段对全体社会公民强制征缴保险费,形成保险基金,用以对其中因年老、疾病、生育、伤残死亡和失业而导致丧失劳动能力或失去工作机会的成员提供基本生活保障的一种社会保障制度。社会保险不以赢利为目标,运行中若出现赤字,国家财政将给予支持。

所谓商业原则,就是保险公司的经济补偿以投保人缴付保险费为前提,按商业原则经营,以赢利为目的具有有偿性、公开性和自愿性,并力图在损失补偿后有一定的盈余。

比较两者,社会保险具有强制性,商业保险具有自愿性;社会保险的经办者以财政支持作为后盾,商业保险的经办者要进行独立核算、自主经营、自负盈亏;社会保险是对劳动者及其亲属的基本生活需要给予较低水平的保障,商业保险则是人们为了生活得更好,再向保险公司投保的行为。

3. 按业务承保方式的不同,可以将保险分为原保险、再保险、重复保险与共同保险

发生在保险人和投保人之间的保险行为,称为原保险,是指投保人与保险人签订保险合同而建立保险关系的一种保险。

发生在保险人与保险人之间的保险行为，称为再保险。具体地说，再保险是保险人通过订立合同，将自己已投保的风险，全部或部分转移给一个或几个保险人，以降低自己所面临风险的保险行为，再保险即"保险人的保险"。再保险是保险的一种派生形式，分出保险业务的人称为分出人，接受分保业务的人称为分入人。

重复保险是指投保人以同一投保标的、同一保险利益、同一风险事故分别与数个保险人订立保险合同，总的保险金额之和超过保险价值的一种风险。

共同保险是指由两个或两个以上的保险人，就同一保险标的、同一保险利益、同一保险事故共同缔结合同的一种保险，而保险金额之和不超过保险价值的保险，也称共保。

4. 按保险保障的对象不同，可以把保险分为个人保险和团体保险

个人保险是为满足个人和家庭需要，以个人作为承保单位的保险。

团体保险包括团体人寿保险、团体年金保险、团体人身意外伤害保险、团体健康保险等，在国外发展很快。特别是由雇主、工会或其他团体为雇员和成员购买的团体年金保险和团体信用人寿保险发展尤为迅速。团体信用人寿保险是团体人寿保险的一种，是指债权人以债务人的生命为保险标的保险。团体年金保险已成为雇员退休福利计划的重要内容。近几年，美国有些雇员福利计划中还加入了团体财务和责任保险项目，比如团体的私用汽车保险和雇主保险等。随着经济体制改革的不断深入，商业保险的作用将不断加强，团体保险将会有更大的发展空间。

5. 按保险的实施方式不同，可将保险分为自愿保险和强制保险

自愿保险是投保人和保险人在平等互利、等价有偿的原则基础上，通过协商，采取自愿方式签订保险合同建立的一种保险关系。具体地讲，自愿原则体现在：投保人可以自行决定是否参加保险、保什么险、投保金额多少和起保的时间；保险人可以决定是否承保、承保的条件以及保费多少。保险合同成立后，保险双方应认真履行合同规定的责任和义务。一般情况下，投保人可以中途退保，但另有规定的除外。比如《中华人民共和国保险法》（以下简称《保险法》）第三十四条明确规定："货物运输保险合同和运输工具航程保险合同，保险责任开始后，合同当事人不得解除合同。"

强制保险又称法定保险，是指根据国家颁布的，在法律和法规规定范围内的单位或个人，不管愿意与否都必须参加的保险。法定保险具有全面性和强制性，实施强制保险通常是为了满足政府某些经济政策、社会政策和有关公共安全方面的需要。

二、商业保险的分类

商业保险的分类，即坚持以保险标的为分类依据的分类方式。在人身保险方面大致分为五类：人寿保险、健康保险、少儿保险、养老保险、意外保险等。

1. 人寿保险

分为定期寿险、两全保险和终身寿险，都是以人的生死为给付条件的保险种类。保证被保险人因疾病或意外导致死亡，或者存活到合同约定的年龄，而给付保险金的险种。保证了被保险人的死亡给家人带来经济上的损失，或者存活到一定年龄给付一笔保险金以解决以后的生活问题。其中因为两全保险和终身寿险会累积较高的现金价值，因而开发出了一些具有投资功能的险种，如分红保险、万能寿险和投资连保险。

2. 健康保险

分为重大疾病保险和医疗保险。其中重大疾病保险，保证被保险人在患有合同约定

的较严重疾病时（一般为绝症）可以获得一笔保险赔偿金，解决部分治疗费用或者解决受益人今后的部分生活费用等，该险种中也有投资类险种；而医疗保险，一般为报销被保险人因疾病而发生的医疗费用等，有些是直接保险医疗费用，有些是对被保险人住院期间收入损失进行补偿。

3. 少儿保险

针对少儿开发的一些险种，如健康保险、人寿保险、教育保险等，这类保险大部分都是父母为孩子购买的。

4. 养老保险

主要是解决保险人晚年生活费用的问题，缴够约定金额的保费，到约定领取的年龄时，按月或按年，或者其他方式给付一笔保险金。

5. 意外保险

顾名思义，保障意外给人们带来的损失，可以是意外造成的死亡、残疾等，也可以是意外伤害带来的医疗费用的损失等。

在充分了解了保险的种类后，人们可以根据自己的需要来选择自己想要购买的保险。不同的保险作用不同，为了更好地保障自身利益，选择保险也需要慎重考虑，不能只听别人的一面之词，要利用自己的头脑认真思考，作出最正确的选择。同时，还要根据自己家庭内的实际情况购买保险，以免出现不必要的麻烦。

家庭人身保险需求组合的内部优先顺序见表7-1。

表7-1 家庭人身保险需求组合的内部优先顺序

生命周期 收入/教育	单身	两口之家	三口之家	成熟家庭	退休生活
高收入 高教育程度	意外 健康 重大疾病 父母医疗保险 养老	健康 重大疾病 意外 投资/储蓄 父母养老	自身保障 子女 健康意外 教育资金 投资/储蓄 养老	健康 一般疾病 重大疾病 住院医疗 意外 养老	健康 保本储蓄 孙辈教育 意外
高收入 普通教育程度	意外 投资/储蓄 健康 重大疾病	投资/储蓄 健康 重大疾病 意外	子女 教育资金 健康意外 投资/储蓄 自身保障 养老	稳健投资 健康 一般疾病 重大疾病 住院医疗 意外	保本储蓄 健康 孙辈教育 健康 意外
平均收入 高教育程度	意外 健康 重大疾病 父母医疗保险	健康 重大疾病 意外 储蓄	自身保障 子女 健康意外 教育资金	健康 一般疾病 重大疾病 住院医疗 储蓄 意外	保本储蓄 孙辈教育 健康 意外
平均收入 普通教育程度	意外 健康 重大疾病	健康 重大疾病 意外 储蓄	子女 教育资金 健康意外 自身保障	储蓄 健康 一般疾病 重大疾病 住院医疗	保本储蓄

三、社会保险与商业保险的区别

社会保险与商业保险之间存在着本质的区别（见表 7-2）。

1. 性质不同

社会保险是由国家立法强制实施，属于政府行为，是一种福利事业，具有非赢营利性质；商业保险是一种商业行为，保险人与被保险人之间完全是一种自愿的契约关系，具有以营利为目的的性质。

2. 目的不同

社会保险不是以营利为目的，其出发点是确保劳动者的基本生活、维护社会稳定、促进经济发展；商业保险的根本目的则是获取利润，只是在此前提下给投保者以经济补偿。

3. 资金来源不同

社会保险是由国家、用人单位和个人三者承担；商业保险完全是由投保个人负担。

4. 待遇水平不同

社会保险从稳定社会出发，着眼于长期性基本生活的保障，还要随着物价上升进行调整、逐步提高；商业保险着眼于一次性经济补偿。

5. 政府承担的责任不同

社会保险是公民享有的一项基本权利，政府对社会承担最终的兜底责任；商业保险则受市场竞争机制制约，政府主要依法对商业保险进行监管，以保护投保人的利益。

表 7-2 社会保险与商业保险的区别

项 目	社 会 保 险	商 业 保 险
经营目的	不以营利为目的	以营利为目的
权利与义务对等关系	不对等	对等
保险的资金来源	来源于国家、企业、个人	来源于保险客户
保险的实施方式	强制方式实施	自愿方式实施
经营主体和管理特征	经营主体是以国家或由政府指定的专门职能部门，管理具有政策性特点	经营主体是以营利为目的的商业保险公司，自主经营，自负盈亏
保险给付标准依据和保障水平	满足基本生活需要	多投多保，少投少保
保险关系建立依据	以有关的社会保险法律、法规和社会政策为依据	以保险合同为依据
保险所处的财税关系	国家财政有对社会保险拨款的义务	商业保险企业要向国家纳税

小常识

五险一金指什么

五险一金是指用人单位给予劳动者的几种保障性待遇的合称,包括养老保险、医疗保险、失业保险、工伤保险和生育保险,及住房公积金。 2017 年 6 月底前,部分试点地区将合并生育保险和职工基本医疗保险,产检费用将和普通医疗费用一同报销,试点期限为一年左右。 第一批的试点地区包括河北邯郸、山西晋中、辽宁沈阳、河南郑州、湖南岳阳等 12 个城市。 两险合并之后,未来就是四险一金了。 参加医疗保险的人可以享受到生育保险的待遇。

五险一金的作用越来越大,成为很多企业招揽人才的基础条件。

现实中,越是发达的地区,员工对于五险一金的重视程度越高。 尤其是一线城市,因为和买房买车资格挂钩,五险一金已经成为找工作的重要标准。 具体来说,五险一金的作用见下表:

类别	明细	基础用途	派生用途
五险	养老保险	退休后领取养老金 丧葬费、抚恤费	买房 买车 子女上学 落户 商业贷款
	医疗保险	医疗报销 退休后享受医保待遇	
	失业保险	失业后领取失业保险金、医疗费补贴	
	工伤保险	支付治疗费用、生活护理费、伤残补助、伤残津贴	
	生育保险	产假(约 90 天) 生育津贴、生育补助金	
一金	住房公积金	买房、装修、租房都可以提取公积金	公积金贷款买房

第三节
保险理财的操作流程

一、保险投保

保险投保过程如图 7-4 所示。

(一) 投保人投保过程中应注意的问题

由于各家保险公司推出的保险条款种类繁多、价格不同,因此投保人在购买保险时应注意如下事项。

1. 合理选择保险公司

选择一个好的保险公司是投保人必须慎重考虑的,是十分重要的环节。 投保人应选择具有合法资格的保险公司购买保险。 投保人在选择保险公司时,要充分了解该公司的性质和信誉度、所提供保险产品种类、理赔流程等,以充分保障自己的利益。

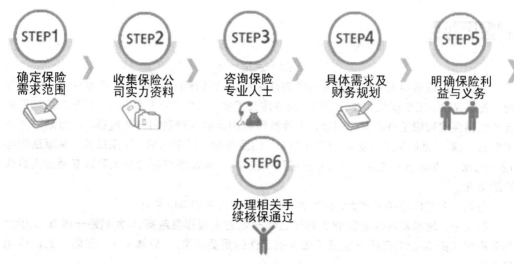

图 7-4　保险投保流程图

2. 合理选择保险代理人

投保人可以通过代理人购买保险。选择代理人时，应选择具有保险代理从业资格证书及与保险公司签有正式代理合同的代理人；应了解保险条款中涉及赔偿责任和权利义务的部分，防止个别代理人片面夸大产品保障功能、回避责任免除条款内容。

3. 了解保险内容

投保人应询问所购买的保险条款是否经过保监会批准，认真了解条款内容，重点条款的保险责任、免除责任和特别约定，保险人与被保险人的权利和义务，免赔额或免赔率的计算，申请赔偿的手续、退保和折旧等规定。此外还应当注意保险的费率是否与保监会批准的费率一致，了解保险公司的费率优惠规定和无赔款优待的规定。

4. 根据实际需要购买

投保人选择保险时，应了解自身的特征和可能面临的风险，根据实际情况选择个人所需的风险保障。对于保险市场现有产品应进行充分了解，以便购买适合自身需要的保险。

（二）购买保险的其他注意事项

① 对保险重要单证的使用和保管。投保者在购买保险时，应如实填写投保单上规定的各项内容，取得保险单后应核对其内容是否与投保单上的有关内容完全一致。对所有的保险单、保险卡、批单、保费发票等有关重要凭证应妥善保管，以便在出险时能及时提供理赔依据。

② 如实告知义务。投保者在购买保险时应履行如实告知义务，对与保险风险有直接关系的情况应当如实告知保险公司。

③ 购买保险后，应及时缴纳保险费，并按照条款规定，履行被保险人义务。

④ 合同纠纷的解决方式。对于保险合同产生的纠纷，消费者应当依据在购买保险时与保险公司的约定，以仲裁或诉讼方式解决。

⑤ 投诉。消费者在购买保险过程中，如发现保险公司或中介机构有误导或销售未经批准的保险等行为，可向保险监督管理部门投诉。

二、保险承保

（一）填写投保单

投保人购买保险，首先要提出投保申请，即填写投保单，交给保险人。投保单是投保人向保险人申请订立保险合同的依据，也是保险人签发保单的依据。

（二）核保

核保是保险公司在业务经营过程中的一个重要环节。保险核保是指保险公司在对投保的标的信息全面掌握、核实的基础上，对可保风险进行评判与分类，从而决定是否承保、以什么样的条件承保的过程。核保是保险公司承保环节的核心，通过核保，可以防止带入不具有可保性的风险，排除不及格的保险标的。

1. 保险核保信息的主要来源

① 投保人填写的投保单。
② 销售人员和投保人提供的情况。
③ 通过实际勘察获取的信息。

2. 核保的要素

① 投保人资格。对于投保人资格进行审核的核心是认定投保人对保险标的拥有保险利益，汽车保险业务中主要是通过核对行驶证来完成的。
② 投保人或被保险人的基本情况。
③ 投保动机。投保动机是指投保者参与保险的目的、投保动机是否纯正，可以从选择的保险种类、投保时间、主动投保者、跨区域投保、催促保单生效等方面进行判断。
④ 保险标的包括保险标的物所处的环境，主要风险隐患和关键防护部位及防护措施状况。
⑤ 保险金额。保险金额的确定涉及保险公司及被保险人的利益。
⑥ 保险费。核保人员对于保险费的审核主要分为费率适用的审核和计算的审核。
⑦ 附加条款。一个完善的保险方案不仅解决共性的问题，更重要的是解决个性问题，附加条款适用于风险的个性问题。特殊性往往意味着高风险，所以，在对附加条款的适用问题上更应当注意对风险的特别评估和分析，谨慎接受和制订条件。

（三）作出承保决策

保险人按照规定的业务范围和承保的权限，在审核检验之后，有权作出承保或拒保的决定。

（四）缮制单证

缮制单证是在接受业务后填制保险单或保险凭证等手续的程序。承保人作出承保决策后，对于同意承保的投保申请，由签单人员缮制保险单或保险凭证，并及时送达投保人手中。保险单或保险凭证是载明保险合同双方当事人权利和义务的书面凭证，是被保险人向保险人索赔的主要依据。填写保险单的要求有：单证相符、保险合同要素明确、数字准确、复核签章、手续齐备。

（五）复核签单

（六）收取保费

三、保险合同

(一) 保险合同的定义

合同也称契约,是平等主体的当事人为了实现一定的目的,以双方或多方意思表示一致设立、变更和终止权利、义务关系的协议。保险合同是投保人与保险人约定保险权利、义务关系的协议。

根据保险合同的约定,收取保险费是保险人的基本权利,赔偿或给付保险金是保险人的基本义务;与此对应,缴付保险费是投保人的基本义务,请求赔偿或给付保险金是被保险人的基本权利。

(二) 保险合同的特征

1. 保险合同是有偿合同

保险合同的有偿性主要体现在投保人要取得保险的风险保障,必须支付相应的代价,即保险费;保险人要收取保险费,必须承诺承担保险保障责任。

2. 保险合同是保障合同

保险合同的保障主要表现在:保险合同双方当事人一经达成协议,保险合同从约定生效时起到终止的整个期间,投保人的经济利益受到保险人的保障。

3. 保险合同是有条件的双务合同

保险合同的双务性与一般双务合同并不完全相同,即保险人的赔付义务只有在约定的事故发生时才履行,因而是附有条件的双务合同。

4. 保险合同是附和合同

附和合同是指合同内容一般不是由当事人双方共同协商拟定,而是由一方当事人事先拟定,印好格式条款供另一方当事人选择,另一方当事人只能作取与舍的决定,无权拟定合同的条文。

5. 保险合同是射幸合同

射幸合同是合同的效果在订约时不能确定的合同,即合同当事人一方并不必然履行给付义务,而只有当合同中约定的条件具备或合同约定的事件发生时才履行。

6. 保险合同是最大诚信合同

任何合同的订立,都应以合同当事人的诚信为基础。

(三) 保险合同的种类

1. 补偿性保险合同与给付性保险合同

按照合同的性质分类,保险合同可以分为补偿性保险合同与给付性保险合同。

(1) **补偿性保险合同** 保险人的责任以补偿被保险人的经济损失为限,并不得超过保险金额的合同。各类财产保险合同和人身保险中的医疗费用保险合同都属于补偿性保险合同。

(2) **给付性保险合同** 保险金额由双方事先约定,在保险事件发生或约定的期限届满时,保险人按合同规定标准金额给付的合同。各类寿险合同属于给付性保险合同。

2. 定值保险合同与不定值保险合同

在各类财产保险中,依据保险价值在订立合同时是否确定,将保险合同分为定值保险合同与不定值保险合同。

（1）定值保险合同　在订立保险合同时，投保人和保险人即已确定保险标的的保险价值，并将其载明于合同中的保险合同。如农作物保险、货物运输保险、字画、古玩等为保险标的的财产保险合同。

（2）不定值保险合同　投保人和保险人在订立保险合同时不预先约定保险标的价值，仅载明保险金额作为保险事故发生后赔偿最高限额的保险合同。大多数财产保险业务均采用不定值保险合同的形式。

3. 单一风险合同、综合风险合同与一切险合同

按照承担风险责任的方式分类，保险合同可以分为单一风险合同、综合风险合同与一切险合同。

（1）单一风险合同　只承保一种风险责任的保险合同。

（2）综合风险合同　承保两种以上的多种特定风险责任的保险合同。

（3）一切险合同　保险人承保的风险是合同中列明的除不保风险之外的一切风险的保险合同。

4. 足额保险合同、不足额保险合同与超额保险合同

根据保险金额与出险时价值对比关系，保险合同可分为三种不同的类型。

（1）足额保险合同　保险金额等于保险事故发生时的保险价值的保险合同。

（2）不足额保险合同　保险金额小于保险事故发生时的保险价值的保险合同。

（3）超额保险合同　保险金额大于保险事故发生时的保险价值的保险合同。

5. 财产保险合同与人身保险合同

按照保险标的分类，保险合同可分为财产保险合同与人身保险合同。

（1）财产保险合同　是以财产及有关的经济利益为保险标的的保险合同。财产保险合同可分为财产损失保险合同、责任保险合同、信用保险合同。

（2）人身保险合同　是以人的寿命和身体为保险标的的保险合同。人身保险合同可分为人寿保险合同、人身意外伤害保险合同、健康保险合同。

6. 原保险合同与再保险合同

按照保险合同当事人分类，保险合同可分为原保险合同与再保险合同。

（1）原保险合同　保险人与投保人直接订立的保险合同，合同保障的对象是被保险人。

（2）再保险合同　保险人为了将其所承担的保险责任转移给其他的保险人而订立的保险合同，合同直接保障的对象是原保险合同的保险人。

（四）保险合同的要素

1. 保险合同的主体

保险合同的主体是保险合同的参加者，是在保险合同中享有权利并承担相应义务的人。保险合同的主体包括保险合同的当事人、关系人。

① 保险合同的当事人包括保险人、投保人。

② 保险合同的关系人包括被保险人、受益人。

a. 被保险人受保险合同保障，且有权按照保险合同的规定向保险人请求赔偿或给付保险金的人。

b. 受益人一般属于人身保险范畴的特定关系人，即人身保险合同中由被保险人或投保人指定，当保险合同规定的条件实现时有权领取保险金的人。

未确定受益人有两种情况：一是被保险人或投保人未指定受益人；二是受益人先于被保

险人死亡、受益人依法丧失受益权、受益人放弃受益权，而且没有其他受益人。

2. 保险合同的客体

① 保险利益是保险合同的客体。客体是在民事法律关系中主体享受权利和履行义务时共同指向的对象。

② 保险标的是保险利益的载体。保险标的是投保人申请投保的财产及其有关利益或者人的寿命和身体，是确定保险合同关系和保险责任的依据。

3. 保险合同的基本事项

① 保险合同当事人和关系人的姓名或者名称、住所。

② 保险标的。

③ 保险责任和责任免除。

④ 保险期间和保险责任开始时间。

a. 保险期间：保险合同的有效期间。

b. 保险责任开始时间：保险人开始承担保险责任的起点时间（通常以某年、某月、某日、某时表示）。

⑤ 保险价值指保险合同双方当事人订立保险合同时作为确定保险金额基础的保险标的的价值（即投保人对保险标的所享有的保险利益用货币估计的价值额）。

⑥ 保险金额指保险人承担赔偿或者给付保险金责任的最高限额。

⑦ 保险费以及支付办法。

缴纳保险费是投保人的基本义务。

投保人支付保险费的多少是由保险金额的大小和保险费率的高低以及保险期限等因素决定的。

⑧ 保险费率指保险人在一定时期按一定保险金额收取保险费的比例（通常用百分率或千分率来表示）。

保险费率由纯费率、附加费率两部分组成。

纯费率也称净费率，是保险费率的基本部分。在财产保险中，主要是依据保险金额损失率（损失赔偿金额与保险金额的比例）来确定；在长期寿险中，则是根据人的预定死亡（生存）率和预定利率等因素来确定。

附加费率指在一定时期内保险人业务经营费用和预定利润的总和同保险金额的比率。

⑨ 保险金赔偿或给付办法。在财产保险中表现为支付赔款，在人寿保险中表现为给付保险金。

⑩ 违约责任和争议处理。

⑪ 订立合同的年、月、日。

（五）保险合同的订立与效力

1. 保险合同的订立

保险合同的订立是保险人与投保人在平等自愿的基础上就保险合同的主要条款经过协商最终达成协议的法律行为。

与订立其他合同一样，保险合同的订立也要经过要约、承诺两个步骤。

① 要约又称订约提议，是一方当事人就订立合同的主要条款，向另一方提出订约建议的明确的意思表示。

保险合同通常采用格式合同，保险合同的订立通常是由投保人提出要约（即投保人填写投保单），向保险人提出保险要求。

② 承诺又称接受提议，是当事人一方表示接受要约人提出的订立合同的建议，完全同意要约内容的意思表示。

2. 保险合同的形式与构成

（1）保险合同的书面形式　投保人提出保险要求，经保险人同意承保，保险合同成立。保险人应当及时向投保人签发保险单或者其他保险凭证。保险单或其他保险凭证应当载明当事人双方约定的合同内容。

① 保险单是投保人与保险人之间订立保险合同的正式书面凭证。

② 暂保单又称临时保单，是保险人签发正式保险单之前发出的临时凭证，证明保险人已经接受投保人投保，是一个临时保险合同。

财产保险的暂保单又称暂保条，人身保险的暂保单又称暂保收据。

它们的法律效力与正式保险单完全相同，只是有效期较短，一般为30天，正式保单签发后，暂保单则自动失效。

③ 保险凭证又称小保单，实际上是一种简化了的保险单。

④ 其他书面形式。如保险协议书、电报、电传、电子数据交换，其中保险协议书是最重要的书面形式。

（2）保险合同的构成　投保单是保险合同的重要法律文件之一。

① 投保单又称要保单，是投保人向保险人申请订立保险合同的书面要约。

② 批单又叫背书，是保险双方当事人协商修改和变更保险单内容的一种单证，也是保险合同变更时最常用的书面单证。

3. 保险合同的效力

（1）保险合同的成立与生效

① 保险合同的成立是指投保人与保险人就合同的条款达成协议。

投保人提出保险要求，经保险人同意承保，保险合同成立。保险单或者其他保险凭证应当载明当事人双方约定的合同内容。当事人也可以约定采用其他书面形式载明合同内容。

② 保险合同的生效是指依法成立的保险合同条款对合同当事人产生约束力。

依法成立的保险合同，自成立时生效。投保人和保险人可以对合同的效力约定附条件或者附期限。

我国保险实践中普遍推行的"零时起保制"，就是指保险合同的生效时间是在合同成立的次日零时或约定的未来某一日的零时。

（2）保险合同的有效与无效

① 保险合同的有效是指保险合同具有法律效力并受国家法律保护。

按照保险合同订立的一般原则，保险合同的有效条件如下。

a. 合同主体必须具有保险合同的主体资格。

在保险合同中，保险人、投保人、被保险人、受益人都必须具备法律所规定的主体资格，否则会引起保险合同全部无效或部分无效。

b. 主体合意：签订保险合同的当事人双方要合意，而且合意是当事人双方必须具有主体资格基础上的合意，是建立在最大诚信基础上的合意。

c. 客体合法：投保人对于投保的标的所具有的保险利益必须符合法律规定，符合社会公共利益要求，能够在法律上有所主张，为法律所保护，否则保险合同无效。

d. 合同内容合法。

② 保险合同的无效是指保险合同不具有法律效力，不被国家保护。

导致保险合同无效的主要原因如下。

a. 保险合同主体资格不符合法律规定。

b. 保险合同的内容不合法。

c. 保险合同当事人意思表示不真实，即保险合同不能反映当事人的真实意志。

d. 保险合同违反国家利益和社会公共利益。

保险合同无效可分为全部无效和部分无效。

（六）保险合同的变更、中止及终止

1. 保险合同的变更

保险合同的变更是指保险合同没有履行或没有完全履行之前，当事人根据情况变化，按照法律规定的条件和程序，对保险合同的某些条款或事项进行修改或补充。

保险合同的变更，主要包括保险合同主体的变更和内容的变更。

（1）保险合同主体的变更　保险人以及投保人、被保险人、受益人的变更。

（2）保险合同内容的变更　保险合同内容的变更主要是由投保方原因引起的。具体内容如下。

① 保险标的的数量、价值增减而引起的保险金额的增减。

② 保险标的的种类、存放地点、占用性质、航程和航期等的变更引起风险程度的变化，从而导致保险费率的调整。

③ 保险期限的变更。

④ 人寿保险合同中被保险人职业、居住地点的变化等。

（3）保险合同变更的程序与形式

① 保险合同变更必须经过一定的程序才可以完成。在原保险合同的基础上，投保人及时提出变更保险合同事项的要求，保险人审核，并按规定增减保险费，最后签发书面单证，变更完成。

② 保险合同变更必须采用书面形式，对原保单进行批注。

2. 保险合同的中止

保险合同的中止是指在保险合同存续期间，由于某种原因的发生而使保险合同的效力暂时失效。

如果投保人在约定的保险费缴付时间内没有按时缴纳，且在宽限期内（一般为60天）仍未缴纳，则保险合同中止。

被中止的保险合同可以在合同中止后的两年内申请复效。

3. 保险合同的终止

保险合同的终止是指保险合同成立后，因法定的或约定事由的发生，使合同确定的当事人之间的权利、义务关系不再继续，法律效力完全消灭的事实。终止是保险合同发展的最终结果。

（1）自然终止　因保险合同期限届满而终止。这是保险合同终止的最普遍、最基本的原因。

（2）因保险人完全履行赔偿或给付义务而终止

（3）因合同主体行使合同终止权而终止　当财产保险中的保险标的发生部分损失后，

由于保险标的本身的状态及面临的风险已经有所变化，因而允许双方当事人在法定期间内行使保险合同终止权。

(4) 因保险标的全部灭失而终止　如人身意外伤害保险中，被保险人因疾病而死亡。

(5) 因解除而终止　保险合同的解除可分为预定解除、协商解除、法定解除、裁决解除。

(七) 保险合同的解释与争议处理

1. 保险合同条款的解释

(1) 保险合同条款的解释原则

① 文义解释原则，即按照保险合同条款通常的文字含义并结合上下文解释的原则。

② 意图解释原则，即必须尊重双方当事人在订约时的真实意图进行解释的原则。

③ 有利于被保险人和受益人的原则。

④ 批注优于先批的解释原则。

⑤ 补充解释原则。

(2) 保险合同条款的解释效力　保险合同条款的解释可分为有权解释和无权解释。

① 有权解释是指具有法律约束力的解释，其解释可以作为处理保险合同条款争议的依据。有权解释可分为立法解释、司法解释、行政解释、仲裁解释。

a. 立法解释：国家最高权力机关的常设机关——全国人大常委会对《中华人民共和国保险法》的解释。

b. 司法解释：国家最高司法机关在适用法律的过程中，对于具体应用法律问题所做的解释。

c. 行政解释。

d. 仲裁解释：保险合同争议的双方当事人达成协议把争议提交仲裁机构仲裁后，仲裁机构对保险合同条款的解释。

② 无权解释是指不具有法律约束力的解释。

2. 保险合同争议的处理方式

保险合同争议有协商、仲裁、诉讼三种处理方式。

我国现行保险合同纠纷诉讼案件与其他诉讼案一样实行的是两审终审制。

四、保险理赔

保险理赔是指保险人在保险标的发生风险事故导致损失后，对被保险人提出的索赔要求进行处理的过程。

保险理赔包括寿险理赔和非寿险理赔。

以寿险理赔为例。投保人、被保险人或者保险金受益人知道保险事故发生后，应当及时通知保险人。故意或者因重大过失未及时通知，致使保险事故的性质、原因、损失程度等难以确定的，保险人对无法确定的部分，将不承担给付保险金责任。完成正常报案手续，结束保险案件的处理或者事故伤害医疗终结以后，就可以按照相关流程申报保险理赔。理赔时，首先是被保险人向保险公司提交相关资料，其次是保险理赔窗口受理审核，再由保险公司上级审批同意，保险人最终确定赔偿保险金的数额后，向被保险人支付相应的赔偿。

(1) 被保险人申请保险金赔付时，应向保险人提供下列证明和资料：

① 保险金给付申请书。

② 保险单原件。

③ 保险金申请人的身份证明。

④ 中华人民共和国境内二级以上（含二级）或保险人认可的医疗机构或司法鉴定机构出具的残疾程度鉴定诊断书。

⑤ 事发当地政府有关部门出具的意外伤害事故证明或者中华人民共和国驻该国的使、领馆出具的意外伤害事故证明。

⑥ 保险金申请人所能提供的其他与本项申请相关的材料。

⑦ 若保险金申请人委托他人申请的，还应提供授权委托书原件、委托人和受托人的身份证明等相关证明文件。受益人为无民事行为能力人或者限制民事行为能力人的，由其监护人代为申领保险金，并需要提供监护人的身份证明等资料。

（2）保险金申请人向保险人请求给付保险金的诉讼时效期为两年，自其知道或者应当知道保险事故发生之日起计算。

（3）因履行本保险合同发生的争议，由当事人协商解决。协商不成的，提交保险单载明的仲裁机构仲裁；保险单未载明仲裁机构或者争议发生后未达成仲裁协议的，依法向中华人民共和国法院起诉。

小常识

购买保险的注意事项

王峰云：对保险公司来说，理赔工作历来是一项重要的服务内容。对消费者来说，保险理赔是消费者实现保险保障的有效途径。那么，作为一个理性的消费者在办理理赔时应该注意哪些方面？

尚笑薇：目前，社会上普遍流传着"理赔难"的观点。其实，只要消费者在事前做足工作，把保险理赔的"八项注意"事项了然于胸，获得保险赔付便并非难事。

叶碧娟：第一，要正确认识您购买的保险产品。很多消费者对自己所购保险产品的保险责任没有足够的理解，从而导致理赔时产生争议和纠纷。如某人购买重大疾病险，当他遭受意外伤害申请理赔时，却发现该伤害不在保障的范围，不能获得赔偿，情绪难免激动。

王峰云：第二，要及时报案。保险事故发生后，可以采取以下方式报案：①直接到保险公司报案。②拨打保险公司电话报案。③营销人员转达报案等。对于意外事故、可能涉及身故、残疾等索赔金额较高的保险事故，在事故发生后要立即通知保险公司，否则有可能要承担因延迟通知而致使保险公司增加的调查费用。

叶碧娟：第三，定点医院。如果因特殊原因不能到保险公司的定点医院就诊，需要及时通知保险公司并得到同意，否则将有可能给后续的理赔带来不便和损失。

尚笑薇：第四，诊治项目和药品。根据保险合同的约定，消费者的各项医疗费用，需符合当地社会医疗保险（含公费）管理部门的规定。如投保费用型医疗保险，就诊时要向医生提示自身的保险情况。对于在医疗机构发生的各项费用，除收据原件外，还要保存好所有费用的明细，保险公司在办理理赔时通常需要审核费用明细以确定是否属于保险责任。

王峰云：第五，准备好必需的申请文件。一般包括《理赔申请书》、保险单、最近一次缴费凭证、相关人员的身份证明、保险合同约定的其他证明文件。

叶碧娟：第六，索赔时效。保险索赔必须在索赔时效内提出，超过时效，被保险人或受益人不向保险人提出索赔，不提供必要单证，视为放弃权利。因险种不同，时效也不同。如《保险法》规定：人寿保险的索赔时效为5年；其他保险的索赔时效为2年。索赔时效应当从被保险人或受益人知道保险事故发生之日算起。

> 王峰云：第七，受益人要明确。保险公司在支付前会严格审核受益人的资料以避免发生给付差错。因此，建议投保人或被保险人在签订合同时即对身故受益人予以明确。
> 尚笑薇：第八，保持通畅的联系渠道。消费者发生保险事故后，请保持所留联系电话（手机、座机）处于通畅，所留联系地址正确无误，以确保保险公司能够及时与您取得联系。这是因为，报案后，保险公司通常会与您就出险的相关细节进行核实；理赔申请后，也有可能通知您补充相应材料或了解核实保险事故，并将理赔进展情况知会您；理赔结案后，要通知您领取赔款或转账成功后通知您，并寄发相应的理赔单据。
> 叶碧娟：因此，消费者应在选择险种时多了解一些条款的有关事项，掌握一些必要的理赔知识。同时，整理好自己的各种单据，妥善保管。隔段时间为保单做个检查，明确自己的保险利益，才能在出险的第一时间快捷地获得理赔。
> 资料来源：深圳商报（2011年07月14日）。

第四节 保险理财计划的制订与技巧

一、分析财务状况

任何一个理财计划的制订，首先需要了解的都是财务状况。下面主要介绍在分析家庭财务状况时，需要用到的最主要的5个财务指标。

（一）偿付比率

$$偿付比率 = 净资产 \div 总资产$$

这个指标反映了个人的财务结构是否合理，以及综合还债能力的高低。一般来说，偿付比率的变化范围在0~1之间。如果偿付比率太低，意味着现在的生活主要靠借债来维持，经济不景气的时候，家庭很可能出现资不抵债的情况；如果偿付比率太高，则意味着家庭没有充分利用个人信用额度，应适当地使用财务杠杆，可以通过借款来进一步优化其财务结构。

（二）负债比率

负债比率的计算公式为

$$负债比率 = 负债总额 \div 总资产$$

负债比率是家庭负债总额与总资产的比值，它是衡量家庭财务状况是否良好的一项重要指标，用来衡量客户综合还债能力。理论上讲，其变化范围在0~1。一般该项数值应该以低于0.5为宜，以减少由于资产流动性不足而出现财务危机的可能。如果大于1，说明家庭财务状况不容乐观，家庭可能已经破产。

（三）流动性比率

$$流动性比率 = 流动性资产 \div 每月支出$$

流动资产是指未发生价值损失条件下能迅速变现的资产，主要由现金、银行存款、货币市场基金以及现金等价物构成。流动性比率反映了家庭支出能力的强弱。一般来说，家庭流动性资产应满足3~6个月的日常开支。该数值不宜过大，否则由于流动资产的收益一般不高，就会影响到家庭资产的进一步升值能力。

（四）负债收入比率

$$负债收入比率 = 每年偿债额 \div 税前年收入$$

负债收入比率是指家庭到期需支付的债务本息与同期收入的比值,它是衡量家庭一定时期财务状况是否良好的重要指标。该项数值保持在 0.5 以下比较合适。负债收入比率过高,则家庭在进行借贷融资时会出现一定困难。

(五) 投资与净资产比率

$$投资与净资产比率 = 投资资产 \div 净资产$$

投资与净资产比率是指家庭投资资产与净资产的比值,它反映了家庭通过投资提高净资产的能力。该项数值以在 0.5 左右为宜,在 0.5 的水平下,既可保持适当的投资收益,又不会面临太高的风险。投资资产的定义是能带来投资收益的资产,包括金融资产和投资用不动产,自己居住的房产只能算是资产,不能算作投资资产。

个人及家庭应适当参考以上财务比率确定购买保险的品种及额度。

二、根据自己的需要选择保险产品

在选择保险产品时,很多人首先考虑的是收益问题,却忽视了保险投资本身的风险因素和保险本身的保障利益;也有一些消费者盲目追从投资大潮,随波逐流,缺乏对自身的了解和对自身需求的客观分析;更有些人由于在购买投资保险产品时没有弄清投资账户是如何运作的,导致其对保险利益认识偏颇。所以,消费者在购买保险时,一定要根据自身的经济实力和投资心态选择适合自己的保险产品。

(一) 确定理财目标

"保障功能"是选择险种时必须考虑的第一要素,保险所获得的是一种可能的收益,它的某些利益也许没有银行收益那么确定,也不如股票那样可获得暴发性收益,但是它互助互惠的优势,是其他金融产品无法取代的。风险和收益的关系往往是我们最易忽略的。银行与证券是"以一万赚一百",而保险却是"以一百保一万不损失"。"没有人因为支付保险费而破产的,却总有人因为没有买保险而破产"。投保价值最大化,是许多家庭必须考虑的另一要素。对于许多家庭来说,可能暂时无法将家庭所有成员的保障缺口全部补足,因此,有选择性地投保,让投保价值最大化,是必须考虑的问题。保险的价值对自己及家人有多大重要性(及投保价值),取决于一个人在家庭中的位置。在确定理财目标的同时,还需考虑几个相关的重要因素:①所处的人生阶段;②收支状况及投资金额预估;③风险承受能力;④个人应承担的责任;⑤投资期限的长短。

(二) 选择保险类型

在选择某类产品时重点看自己想解决什么问题?是想解决医疗费用,还是想解决养老金(养老险),或者解决家庭经济支柱的家庭责任问题(寿险)。我们要根据自己的年龄、家庭情况、收支状况、重点关注问题来确定自己所需要的保险种类。保险只有适合与不适合之分,没有好坏之分,每种产品都有它特定的适合人群。

(三) 选择保险产品

很多人在选产品时,特别会算计价格——只选便宜的。其实市场上同类型的产品价格差异不大,保险买的是一种不确定性的风险保障,所以在同类产品中要重点关注保险责任、保障范围、免责条款。经常有客户说保险买起来容易、理赔难,很大一部分原因是买前没有很好地关注保险产品、保险责任及保险公司免责条款。客户要选择真正适合自己的保险产品,而不是便宜的,才能满足自己的投保目的,为自己提供真正的保障。

三、购买商业养老保险小窍门

当前,随着人口老龄化程度不断提高,我国养老保险体系中的个人商业养老保险,因其具有较高的保障水平而受到消费者青睐。在当前低利率背景下,消费者购买商业养老保险应把握以下窍门。

1. 最好购买具有分红功能的商业养老保险

当前,我国商业养老保险主要有两种:一种是固定利率的传统型养老险,预定年利率最高为2.5%;另一种是分红型养老险,养老金的多少和保险公司的投资收益有一定关系。"养老险是长期的储蓄型险种,在低利率时代,消费者应尽量选择具有分红功能的养老险"。分红型养老险将固定利率转变为浮动利率,其实际分红和结算利率视寿险公司的经营水平而定,不受保监会规定的年预定利率不超过2.5%的限制。

2. 尽量缩短缴费期限

商业养老保险有多种缴费方式,除了一次性趸缴外,还有3年缴、5年缴、10年缴、20年缴等几种期缴方式,消费者可根据自身的具体情况作出选择。"对于商业养老保险,缴费期限越短,缴纳的保费总额将越少"。在经济宽裕的情况下,消费者应尽量缩短缴费期限,这样比较省钱。不过,对于手头没有大笔余钱的工薪阶层,选择期缴的负担会轻些,但也可以相应缩短缴费期限,比如选择10年期缴方式。

3. 早买比晚买好

对于商业养老保险,保险公司给付被保险人的养老金是根据保费复利计算产生的储蓄金额。因此,投保人年龄越小,储蓄的时间越长,缴纳的保费就相对较少。此外,消费者投保商业养老保险,年龄最好在50周岁以下,因为投保年龄超过50周岁,需缴付的保费会比较高。

四、购买保险的注意事项

1. 不可草率购买保险

现在社会上一些不法人员借推销保险的名义诈骗顾客钱财的事时有发生,所以从上门推销保险的保险员手里购买保险时必须识别其身份的真假。按有关规定,保险公司保险营销员必须持证上岗,且必须有《保险代理人资格证书》和保险公司颁发的工作证,所以要想验明其身份,就去看其有没有这些证件。

2. 必须了解保险公司

对于投保人来说,买保险是一项长期的投资。因此,在选择保险公司时,投保人必须了解公司的基本情况,如注册资金、业务开展情况、理赔情况等,做到心中有数。

3. 购买保险要有主见

在买保险时必须要有主见,切不能偏听偏信,人云亦云。毕竟每个人情况不同,所以选择的保险自然也就有所不同。

4. 购买保险要"货比三家"

只要仔细比较,就会发现同样的保险在不同的保险公司会在缴费、保险范围、领取保险赔偿等方面有所不同。比如同样是大病医疗保险,有的保险公司能保10种大病,有的保险公司所保的只有7种大病,有的保到70岁,有的负责终身,但所缴保费却相差无几。投保人在购买保险时一定要拿准主意,切不可盲目购买。

5. 必须读懂保险条款

投保人在投保之前必须仔细研究所投保险条款中的保险责任和责任免除这两大部分,应了解这种保险其保险责任是什么,怎么缴费,如何获益,有无特别约定等。对一些过于专业的保险条款,如果一时弄不明白,应向保险公司的有关人士咨询。

6. 购买保险要避免冲动

在购买保险以前,必须考虑自己或家人究竟需要哪些保险、该投保多长时间等。想为子女准备教育基金、婚嫁金的父母,可投保少儿保险或教育金保险等;担心自己或家人一旦患大病医疗费负担无法承受的人,就可考虑购买医疗保险。如果投保人一时冲动去投保,不考虑其实用性,往往会让自己所买的保险不能发挥作用。

7. 购买保险不要贪便宜

购买保险时不能只看同类的保险哪种需要花的钱最少,而要搞清楚保障的范围究竟有多大。有些人为了省下几元钱保费,在购买保险时购买最便宜的,这种貌似"精明"的选择,出险后会后悔莫及。比较便宜的保险其所保障的范围往往很小,出险后赔付的钱也会很少。因此,投保人在购买保险时首先应考虑保险的保障作用,然后再考虑买保险所需要花的钱。

8. 购买保险不能碍于情面

有的人认为熟人或亲友介绍的肯定不会错,不看保险条款就买下了。在这种情况下买的保险,购买者往往会后悔,因为其并不适合自己,不退保难受,退保又要遭受很大的损失。因此,买保险一定要做到只选保障、不重人情。

 小常识

如何把握保险理财的四字真经

目前,市场上寿险种类繁多,既有传统保障类的意外保险、养老保险、重大疾病保险、普通医疗保险等,还有理财类的分红保险、万能保险等,令人眼花缭乱。市太平人寿负责人建议,市民保险理财应该遵守"四字经":轻、重、缓、急。轻:返还型、投资型保险为"轻"。因为这类产品的特点是定期返还、投资回报,从保障的角度来讲意义不是太大,如果先购买了这类产品,无疑是本末倒置。除非家庭基本的保障充足了,家庭无负债且有闲置资金,可以适当购买一些作为锦上添花。重:大人为"重"。家庭经济支柱的保额要够"重"。其实,给大人的保险保足,才能更好地保护孩子和全家。万一家庭经济支柱发生不测,将给整个家庭带来灾难性影响。反之,如果他(她)能获得高额保险赔付,则能给孩子和家人留下一大笔生活费和教育费。缓:小孩为"缓"。做父母的,总是什么事情先想着孩子。买保险也不例外。其实,投保的顺序应该先是家庭的"顶梁柱",最后才是孩子。如果先给孩子买保险,对孩子和家庭的保障作用都不能达到最大。为子女买保险是长达十几、二十年的事,万一父母中途发生意外,交不出保费怎么办?因此买保险应意识到大人为重、小孩暂缓。急:健康险"急"。随着医疗费用越来越高,及早投保健康险是上策。一来有备无患,二来趁身体好时投保保费低还不易被拒保。

资料来源:向日葵保险网(2011年5月12日)。

本章小结

本章主要介绍了保险及保险理财的相关知识。第一节首先由风险及风险控制引出保险的概念,即有同类风险的众多单位和个人,以合理计算风险分担金的形式,向少数因该风险事故发生而受到经济损失的成员提供保险经济保障的一种行为。同时介绍了保险的职能及产生和发展。第二节介绍了保险的分类及主要保险品种。在第三节保险理财的操作流程中,着重介绍了保险合同的相关内容和保险理赔事项。第四节是保险理财计划的制订与技巧,强调个人及家庭应根据自身财务及非财务特点选择保险产品。

思考题

1. 什么是风险?什么是保险?
2. 处于不同生命周期的家庭分别适合购买哪种保险?
3. 社会保险和商业保险的区别有哪些?
4. 简述保险合同的形式与构成。
5. 简述投保过程。

第八章 外汇投资

CHAPTER 8

案例导入

张女士听朋友的推荐,说澳元理财产品收益能达到8%以上,而她也了解到,澳元理财产品不仅收益高,2010年上半年澳元兑人民币还有不小的升值。7月份,银行发行了一款收益率高达8.7%的澳元理财产品,她便将10万元人民币兑换成澳元购买了该产品。但是令张女士意外的是,买入不久外汇市场的澳元走势便急转直下,11月初张女士收到银行提前结束理财产品的通知,将澳元换回人民币。3个月前,1澳元能兑6.5元人民币,如今1澳元仅能兑换人民币4.6元左右,短短3个月,跌幅近30%,张女士初始投资的10万人民币换汇之后仅余7万多元,亏损超过25%。头一次投资外汇理财产品就遭遇这样的"滑铁卢",张女士感到很苦恼,"现在最大的困惑是,为什么偏偏是澳元出现这样大的跌幅?我该补充哪些外汇知识?"

关键词:外汇市场、外汇交易、外汇风险

第一节 外汇投资概述

一、外汇的含义

(一) 外汇的概念

外汇是以外币表示的用以进行国际结算的支付手段。

《中华人民共和国外汇管理条例》第三条规定,外汇是以外币表示的可以用以国际清偿的支付手段和资产,包括:

① 外币现钞,包括纸币、铸币;
② 外币支付凭证,包括票据、银行存款凭证、邮政储蓄凭证等;
③ 外币有价证券,包括政府债券、公司债券、股票等;
④ 特别提款等;
⑤ 其他以外币表示的用以进行国际结算的支付手段(其中,其他外汇资产主要是指各种外币投资收益,如股息、利息、债息、红利等)。

(二)我国在支付结算中常用的几种外币

无论是用何种外汇交易形式,各种各样的外汇交易和其他金融活动,都经常会碰到许多货币名称,随着国际贸易和国际金融业务的发展及电子通信技术的广泛应用,各国货币表示方法上的不一致给金融活动带来很大的不便。1970 年联合国欧洲经济委员会首先提出制定一项用于国际贸易的货币代码的要求。1973 年,国际标准 ISO-4217 三字符货币代码产生,前两个字符表示这种货币所属的国家和地区,第三个字符表示货币单位。表 8-1 中包括外汇市场中一些货币的标准写法。

表 8-1 我国在支付结算中常用的几种外汇

货币名称	ISO 国际标准货币符号	货币名称	ISO 国际标准货币符号
美元	USD	澳大利亚元	AUD
英镑	GBP	加拿大元	CAD
欧元	EUR	瑞士法郎	CHF
日元	JPY	港币	HKD

二、汇率的含义

汇率也称汇价,是指一国货币兑换成另一国货币的比率,即用一国货币表示的另一国货币的价格。

在外汇市场上,汇率通常以 5 位数来显示。例如 EUR/USD=0.9705,GBP/USD=1.5237,USD/JPY=119.95,USD/CHF=1.5003。

汇率的最小变化单位为一点,即最后一位数的一个数字变化。较常用的几种货币分别表示为:GBP 0.0001,EUR 0.0001,CHF 0.0001,JPY 0.01 等。

三、外汇市场的含义

(一)外汇市场的概念

外汇市场是指从事外汇买卖的交易场所,有外汇需求的人可以通过这个市场实现不同货币间的兑换,所以,它是一个货币兑换市场。

(二)外汇市场的特点

1. 无形市场

有形外汇市场中的交易者都在固定的交易场所和规定的营业时间内进行外汇买卖。这种形式的外汇市场目前仅存在于法国、德国等少数欧洲大陆国家,已不是外汇市场的主要形式。无形市场是指没有固定的交易场所和营业时间,主要通过电话、电传、网络、交易机等现代化工具来促成交易的抽象市场。

外汇交易的网络是全球性的,全球外汇市场每天有上亿美元的交易,这种庞大的资金往来正是在这种既无集中的场所,又无中央清算系统的管制,也无政府监督的条件下完成清算和转移的。

2. 24 小时无间断交易

每一个外汇交易的参加者,常会提到外汇市场的"开市"和"收市"时间,但这并不意味着外汇交易者只能在固定的时间内进行交易。所谓开市和收市仅仅是相对于某个特定市场什么时候开始营业、什么时候营业结束而言，但对于全球外汇市场而言，即使一个外汇市场收市了，外汇交易仍可继续在其他外汇市场进行。由于世界各地存在时差，全世界外汇市场的交易或顺承相连或相互交错，使亚太地区、欧洲地区和北美地区外汇市场能 24 小时不断进行交易。

以北京时间为参照，每天凌晨 4 点，亚太地区的惠灵顿开市；欧洲则在 14 点显示在法兰克福开市，过 1 小时是伦敦开市；晚上 9 点纽约开市直到次日凌晨 4 点，从而构成 24 小时无间断交易，如表 8-2 所示。

表 8-2 国际重要汇市交易时间（北京时间）

外 汇 市 场	交 易 时 间
惠灵顿（新西兰,亚太）	04:00—13:00
悉尼（澳大利亚,亚太）	06:00—15:00
东京（日本,亚太）	08:00—15:30
新加坡（新加坡,亚太）	09:00—16:00
中国香港（中国,亚太）	10:00—17:00
法兰克福（德国,欧洲）	14:30—23:00
伦敦（英国,欧洲）	15:30—00:30
纽约（美国,北美洲）	21:00—04:00

外汇交易者在一个交易日中应特别关注的交易时间有：早上亚洲市场的开盘，下午欧洲市场的开盘，晚上北美洲市场的开盘和次日凌晨的收盘。其中交易量最大、最活跃、最繁忙的时间当属欧洲当地时间 13～15 点的时刻（北京时间 20～22 点）。此时，世界几大交易中心如伦敦、纽约、法兰克福、芝加哥都同时开市，是顺利成交、巨额成交的时间段。在一个交易周中，交易者应关注周一早上悉尼市场的开盘，周五晚上纽约外汇行情，因为美国的许多经济数据在此时公布；周五纽约收盘，决定下周的汇市走势。如图 8-1 所示。

（三）外汇市场的结构

外汇市场的结构，如图 8-2 所示。

1. 市场参与者

外汇交易的参与者包括外汇银行、外汇经纪人、中央银行、政府、企业、个人等一般性客户。这些参与者无论以何种形式入市，最终均通过外汇交易员的交易活动完成。

2. 交易层次

以上外汇市场的参与者，构成了外汇市场的三个层次：外汇银行与一般客户之间、外汇银行同业之间、外汇银行与中央银行之间。

（1）**外汇银行与一般客户之间的外汇交易** 顾客出于各种各样的动机，需要与外汇银行进行外汇买卖。银行在与客户的交易中，一方面从客户手中买入外汇，另一方面又向客户出售外汇。实际上外汇银行此时充当了外汇供给者和需求者之间的中介，赚取外汇的买卖差价。这种外汇银行和一般客户之间的外汇交易，被称为外汇银行零售业务。

（2）**外汇银行同业之间的外汇交易** 外汇银行在经营外汇业务中，不可避免会出现外

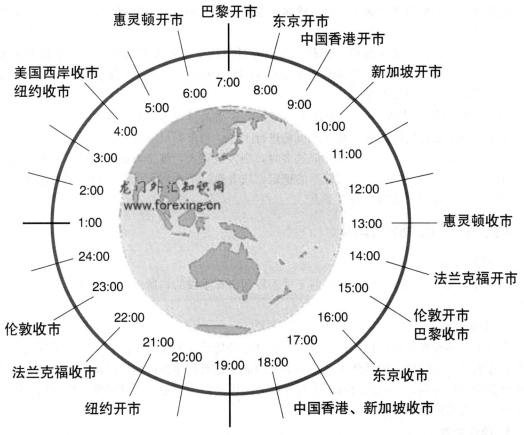

图 8-1 世界主要汇市交易时间表

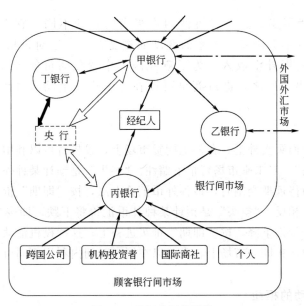

图 8-2 外汇市场的结构

汇买卖额之间的不平衡现象。如果买入大于卖出,成为"多头";如果买入小于卖出,则为

第八章 外汇投资

"空头"。外汇银行为避免汇率波动造成的损失,常在经营外汇业务时遵循"买卖平衡"原则。就是当一种外汇出现"多头"时,将多余部分的外汇卖出;当出现"空头"时,将短缺部分的外汇买回。

此外,外汇银行还出于投机、套利、套汇等目的从事同业外汇交易。在外汇市场交易中,银行间外汇交易占到外汇交易总额的90%以上。因此,这种外汇银行同业间的外汇交易,也被称为外汇银行批发业务。

(3) 外汇银行与中央银行之间的外汇交易 中央银行成为外汇市场的参与者,主要目的是通过与外汇银行间的交易,对外汇市场进行干预。当市场出现外汇短缺时,央行抛售外汇以适应市场需求;反之,当市场外汇过多时,则大量买入,维持市场汇价稳定。中央银行干预外汇市场主要是为了保证本国汇率的稳定,或者通过干预将本币汇率调整到符合本国宏观经济政策或国际协议所需要的水平上。

四、外汇市场的作用

1. 国际清算

因为外汇就是作为国际经济往来的支付手段和清算手段的,所以清算是外汇市场的最基本作用。

2. 兑换功能

在外汇市场买卖货币,把一种货币兑换成另一种货币作为支付手段,实现了不同货币在购买力方面的有效转换。国际外汇市场的主要功能就是通过完备的通信设备、先进的经营手段提供货币转换机制,将一国的购买力转移到另一国交付给特定的交易对象,实现国与国之间货币购买力或资金的转移。

3. 授信功能

由于银行经营外汇业务,它就有可能利用外汇收支的时间差为进出口商提供贷款。

4. 套期保值

即保值性的期货买卖。这与投机性期货买卖的目的不同,它不是从价格变动中牟利,而是使外汇收入不会因日后汇率的变动而遭受损失,这对进出口商来说非常重要。如果出口商有一笔远期外汇收入,为了避开因汇率变化而可能导致的风险,可以将此笔外汇当作期货卖出;反之,进口商也可以在外汇市场上购入外汇期货,以应付将来支付的需要。

5. 投机

即预期价格变动而买卖外汇。在外汇期货市场上,投机者可以利用汇价的变动牟利,产生"多头"和"空头",对未来市场行情下赌注。"多头"是预计某种外汇的汇价将上涨,即按当时价格买进,而待远期交割时,该种外币汇价上涨,按"即期"价格立即出售,就可牟取汇价变动的差额。相反,"空头"是预计某种外币汇价将下跌,即按当时价格售出远期交割的外币,到期后,价格下降,按"即期"价买进补上。这种投机活动,是利用不同时间外汇行市的波动进行的。在同一市场上,也可以在同一时间内利用不同市场上汇价的差别进行套汇活动。

6. 国际金融活动的枢纽

随着世界经济一体化和资本国际化的发展,货币资本在国际范围内的运动都会直接或间接地通过外汇市场表现出来;外汇兑换、清算、融资等活动交织在一起,加之与黄金市场、保险市场的紧密联系，是外汇市场真正成为国际金融活动的枢纽。

五、我国的外汇市场

我国的外汇体制在 20 世纪 90 年代前实行调剂汇率制度。尽管调剂市场的发展较好地促进了我国外向型经济的发展，但仍与市场经济的发展要求存在较大差距，外汇资金难以进行有效的配置。从 1994 年 1 月 1 日起，我国外汇体制进行了重大改革，在原有外汇调剂市场的基础上建立全国统一的银行间外汇市场。从此，中国外汇市场由带有计划色彩的外汇调剂市场逐步发展到符合市场经济要求的银行间外汇市场的新阶段。1994 年 4 月 4 日，中国银行间外汇市场正式启动运行；1998 年 12 月 1 日，原有的外汇调剂业务被正式取消。

目前我国外汇市场分为两个层次，第一个层次是银行和客户之间的零售市场。外汇银行每天根据中央银行公布的人民币兑外币的中间价，在一定的浮动范围内制定对客户的挂牌价，与客户进行外汇买卖。第二个层次是银行间的外汇交易市场，其交易载体是中国外汇交易中心的计算机联网交易系统。

固定汇率制度

固定汇率制度是指两国货币比价基本固定，其波动的界限规定在一定幅度内的汇率制度。金本位制度下的汇率制度是一种最典型的固定汇率制度。1944 年在美国的布雷顿森林召开了国际金融会议，在会议上根据国际货币基金组织的建议，确立了以美元为中心，以固定汇率制为基础的国际货币体系，强调美元与黄金挂钩，其他国家货币与美元挂钩，从而形成了典型的纸币流通制度下的固定汇率制。这种制度规定了 1 美元含金量为 0.888671 格令，以及一盎司黄金为 35 美元的官价，其他国家货币与美元保持固定比价，其波动幅度维持在货币评价正负 1% 范围内。当一国货币波动幅度接近该幅度时，各国政府有义务干预市场，达到稳定汇率的目的。

资料来源：http://baike.baidu.com/view/168765.htm

第二节
外汇交易的分析方法

一、汇率的标价方法

在表示汇率时，首先要确定以哪一国货币为标准，由于确定方法不同，当前国际上主要存在直接标价法和间接标价法。

1. 直接标价法

直接标价法是以一定单位的外国货币为标准，折算成若干单位的本国货币的表示方法。在直接标价法下，外国货币是单位货币（也称基准货币），本国货币是计价货币（也称报价货币）。这种标价法可以直观地看出，为了获得一个单位的外国货币需要支付的本国货币的数量。世界上绝大多数国家采用直接标价法。

例如中国某商业银行挂牌汇价 GBP/CNY=15.0368/15.0820，说明银行从客户手中购买 1 个英镑（外币）需支付 15.0368 人民币（本币）；银行向客户出售 1 个英镑可以收入 15.0820 人民币。

在直接标价法下，外国货币数额固定不变（通常是1），汇率涨跌以对应的本币数额变化表示。一定单位外国货币折算的本国货币量增加（汇率值变大），说明外币升值，本币相对贬值；一定单位外国货币折算的本国货币量减少（汇率值变小），说明外币贬值，本币相对升值。

2. 间接标价法

间接标价法是以一定单位的本国货币为标准，折算成若干单位的外国货币的表示方法。在间接标价法下，本国货币是单位货币，外国货币是计价货币。目前只有英镑、美元、澳大利亚元采用这种标价法。

例如伦敦外汇市场 2004 年 8 月 2 日开盘汇价，GBP/USD＝1.8267，当日收盘汇价 GBP/USD＝1.8297。英镑作为单位货币数额固定不变，对应美元的价格在收盘时发生上涨，表示单位英镑兑换的美元数量增加，说明本币升值，外币相对贬值；反之，如果收盘时单位英镑兑换的美元数量减少，说明本币贬值，外币相对升值。

3. 需要注意的问题

第一，两种不同的标价法，只是形式上的不同，没有实质的区别。无论哪种方法都是说明两种货币之间的兑换价格。

第二，同一个汇率形式在不同情况下可能是直接标价法，也可能是间接标价法。例如 GBP/USD＝1.6775/1.6785，如果放在纽约外汇市场，USD 作为本币处在计价货币位置，这个标价形式是直接标价法；但是放在伦敦外汇市场，GBP 作为本币处在单位货币位置，这个标价形式就是间接标价法。

第三，两种标价法还存在一个密切的联系，就是汇率值互为倒数。例如 USD/CHF＝1.3459，那么 CHF/USD＝1/1.3459＝0.7430。

二、汇率的识读

1. 简化报价

通常银行和外汇市场在报价时采用双价报价形式，即同时报出买入价和卖出价。汇价（汇率）由大数和小数两部分组成：一般情况下小数点后第二位以前为大数，之后为小数。例如，某日外汇市场，GBP/USD＝1.4909/1.4955，其中，1.49（买入价、卖出价中数值相同的部分）是大数，09/55（买入价、卖出价中数值不相同的部分）是小数；也有特殊情况，少数汇价（主要是以日元为计价货币）其整数部分为大数，小数部分为小数。例如某日银行挂牌汇率，USD/JPY＝125.35/125.80，其中，125 为大数，35/80 为小数。

在简化报价时，买入价报全价，即大数和小数同时报出；卖出价通常只报小数。在外汇交易繁忙时，为节省时间，也可只报小数，方便交易者明白。

常见简化报价形式如下：

GBP/USD＝1.4909/1.4955，简化报价 GBP/USD＝1.4909/55

GBP/USD＝1.4901/1.4909，简化报价 GBP/USD＝1.4901/09

GBP/USD＝1.4895/1.4905，简化报价 GBP/USD＝1.4895/905

2. 银行挂牌汇率的使用

根据银行买卖外汇价格的不同，汇率可划分为买入汇率、卖出汇率、中间汇率和现钞汇率。在实际的外汇买卖业务中,外汇银行通常会同时标出买入汇率和卖出汇率。

买入汇率(buying rate)又称买入价,是银行作为外汇买卖机构,向客户买入外汇时所使用的汇率。

卖出汇率(selling rate)又称卖出价,是银行作为外汇买卖机构,向客户出售外汇时所使用的汇率。

中间汇率(middle rate)又称中间价,一般适用于银行同业之间的外汇买卖。中间价是买入价和卖出价的算术平均值。通常在新闻中看到的人民币兑外币价格就是中间价,以便新闻报道和社会大众对货币价格走势的了解。

现钞价格(foreign banknotes rate)又称现钞价,是指银行买卖外汇现钞的价格。其中现钞买入价低于现汇买入价,现钞卖出价一般等于现汇卖出价。

上述四者的价格关系如下。

$$\begin{cases} 买入价 < 中间价 < 卖出价 \\ 现钞买入价 < 买入价 < 卖出价 = 现钞卖出价 \end{cases}$$

公司、企业和一般客户在与银行进行外汇交易时,买卖方向与银行是相反的,即客户的购买意味着银行的出售,客户的出售意味着银行的购买。既然银行挂牌汇率是银行买卖外汇的价格,那么客户在与银行进行交易时,所使用的是相反的汇率值。也就是客户向银行买入外汇,应使用卖出价,而向银行卖出外汇时,则使用买入价。这是因为银行作为金融服务机构,主要通过低买高卖获得利润,因此银行挂牌价格始终是从银行的交易角度出发。

[例] 某日中国银行挂出的人民币兑英镑的汇率为 GBP/CNY = 14.3755/14.6861/14.8041,问:①这三个分别是什么汇率?②如果你到银行去买英镑,汇率是多少?③如果你将收到的 200 英镑汇款兑换成人民币,能兑换多少?④如果持有的是 100 英镑现钞兑换人民币,应使用哪种汇率?

解:① 由于 14.6861 并不是 14.3755 和 14.8041 的算术平均数,所以这三个价格应分别是现钞买入价、现汇买入价和卖出价。

② 个人客户的购买行为相当于银行卖出英镑,所以应该使用 14.8041,也就是银行卖出价。

③ 个人客户出售现汇相当于银行买入现汇,应使用现汇买入价,可以兑换的人民币为 $200 \times 14.6861 = 2973.22$(元)

④ 个人客户出售现钞相当于银行买入现钞,所以应使用现钞买入价,即 GBP/CNY=14.3755。

3. 即期汇率与远期汇率

即期汇率(spot rate)是指外汇买卖成交后,立即或在两个工作日内实行交割的汇率。银行挂牌汇率就属于即期汇率。

远期汇率(forward rate)是指外汇买卖双方事先签订外汇买卖合同,按约定的时间再办理交割手续的汇率。

所谓"交割"是指买卖双方履行交易合约,进行钱货两清的授受行为。

远期汇率是对货币价格走向的一种判断,通常交割期限是一、三、六个月。即期汇率是制定远期汇率的基础,但要注意的是,远期汇率不是未来的即期汇率。远期汇率与即期汇率之间的差额被称作汇水数:如果远期汇率比即期汇率高,称为单位货币远期升水;如果远期汇率比即期汇率低,称为单位货币远期贴水;如果远期汇率恰好等于即期汇率,则称为汇率平价。

远期汇率是交易者进行远期外汇交易时使用的汇率,常见的远期汇率的报价是点数报价法,是以即期汇率和汇水数报出远期汇率的方法。

[例] 某外汇市场某时的远期外汇报价如表 8-3 所示。

表 8-3 远期外汇报价

项目	EUR/USD	USD/JPY	USD/HKD
即期汇率	1.0970/80	126.40/60	7.8015/25
1 个月	20/35	25/40	20/10
6 个月	80/100	55/80	40/30
12 个月	105/122	120/155	60/40

从上表可以看出,点数有由小到大排列的,表明单位货币相对于计价货币升水,如 EUR/USD 和 USD/JPY;也有由大到小排列的,表明单位货币相对计价货币贴水,如 USD/HKD。

在不考虑标价方法的情况下,远期汇率的计算公式如下。

单位货币的远期汇率＝即期汇率＋对应期限的升水数（汇水数小→大）

单位货币的远期汇率＝即期汇率－对应期限的贴水数（汇水数大→小）

[例] 已知 USD/HKD＝7.8001/22,3 个月汇水数 11/16,则 3 个月 USD/HKD＝7.8001＋0.0001/7.8022＋0.0016＝7.7812/38

[例] 已知 USD/HKD＝7.8001/22,6 个月汇水数 62/48,则 6 个月 USD/HKD＝7.8001－0.0062/7.8022－0.0048＝7.7939/74

三、汇率套算

在即期外汇市场各种各样的汇率报价中,不一定恰好有客户所需要的汇率,这时就需要根据市场提供的汇率进行运算。

1. 已知外币/本币,求本币/外币

在对外经济贸易中,常见已知外币兑本币的汇率,却没有本币兑外币的正式牌价,其实就是已知 1 个外币兑换多少本币,想换算 1 个本币等于多少外币。这时只需将原有汇率做倒数运算即可。

[例] 已知中国香港外汇市场挂牌汇率 USD/HKD＝7.8010（此时美元为外币,港币为本币）,求 HKD/USD 是多少?

解:USD1＝HKD7.8010

HKD1＝USD（1/7.8010）＝USD0.1282

2. 已知外币/本币的买入价和卖出价,求本币/外币的买入价和卖出价

在实际的外汇业务中,外汇市场挂牌价格会同时包含货币的买入价和卖出价,这时就应先将已知汇率中的两个价格交换位置,然后再做倒数运算。

即:外币/本币＝买入价/卖出价

本币/外币＝(1/卖出价)/(1/买入价)

[例] 纽约外汇市场某日即期汇率为 GBP/USD＝1.5133/1.5143,求 USD/GBP 是多少?

解：GBP/USD＝1.5133/1.5143

USD/GBP＝（1/1.5143)/(1/1.5133）＝0.6604/0.6608

3. 不同外币之间的套算

不同外币之间进行汇率套算的基本法则简称为"同向相乘，交叉相除"，具体操作如表 8-4 所示（需要求出的两种货币被称作"关键货币"）。

表 8-4　汇率套算法则

项目	关键货币为单位货币	关键货币为计价货币
关键货币为单位货币	交叉相除	同向相乘
关键货币为计价货币	同向相乘	交叉相除

① 已知两个即期汇率 A/B、A/C，A 为单位货币，B、C 同为计价货币，要求 B/C 或者 C/B，则采用交叉相除的方法，具体如下。

$$B/C = \frac{A/B}{A/C} \quad \text{买入价＝上买入价/下卖出价}$$
$$\text{卖出价＝上卖出价/下买入价}$$

$$C/B = \frac{A/C}{A/B} \quad \text{计算方法如上。}$$

[例] 已知 USD/JPY＝130.30/90、USD/CNY＝8.2651/99

则：$JPY/CNY = \frac{USD/CNY}{USD/JPY}$

买入价＝8.2651/130.90＝0.0631

卖出价＝8.2699/130.30＝0.0635

② 已知两个即期汇率 A/C、B/C，A、B 同为单位货币，C 为计价货币，要求 A/B 或者 B/A，则采用交叉相除的方法，具体如下。

$$A/B = \frac{A/C}{B/C} \qquad B/A = \frac{B/C}{A/C}$$

[例] 已知 GBP/USD＝1.5770/80、AUD/USD＝0.6965/75

则：$GBP/AUD = \frac{GBP/USD}{AUD/USD}$

买入价＝1.5770/0.6975＝2.2609

卖出价＝1.5780/0.6965＝2.2656

③ 已知两个即期汇率 A/B、B/C，A 为单位货币，C 为计价货币，要求 A/C 或者 C/A，则采用同向相乘的方法，具体如下。

A/C＝A/B×B/C　买入价＝两个即期汇率买入价相乘

卖出价＝两个即期汇率卖出价相乘

[例] 已知 USD/CHF＝1.6487/594、EUR/USD＝0.8792/817

则：EUR/CHF＝ERU/USD×USD/CHF

买入价＝1.6487×0.8792＝1.4495

卖出价＝1.6594×0.8817＝1.4631

4. 货币升、贬值率的计算

在国际外汇市场上，用汇率上涨或下跌来描述汇率的变化。对某一汇率值而言，其上涨或下跌是针对一种货币兑换另一种货币而言的。一种货币汇率上涨说明该种货币升值，反之说明该种货币贬值。

货币升值意味着一种货币可以兑换更多的其他货币，该种货币的购买能力提高了；货币贬值意味着一种货币只能兑换较少的其他货币，该种货币的购买能力下降了。

例如 2005 年 3 月 11 日，USD/CNY＝8.2641/89。2005 年 3 月 18 日，USD/CNY＝8.2670/90。说明单位美元可以兑换更多的人民币，美元升值，人民币相对贬值。为什么说人民币相对贬值？交易者在外汇市场上可以看到很多汇率，由于影响汇率变动的因素是多方面的，引起人民币相对美元贬值的原因，未必会导致人民币同时对其他货币产生贬值。

货币升值或者贬值是价格的变动趋势，具体的货币价格变动幅度可以通过公式进行计算。在直接标价法的情况下，货币升、贬值率的计算公式如下。

单位货币变化率＝（新汇率/旧汇率－1）×100％

计价货币变化率＝（旧汇率/新汇率－1）×100％

依上述公式，计算结果为负，表示贬值，数值代表贬值幅度；计算结果为正，表示升值，数值代表升值幅度。

[例] 某年 11 月，人民币官方汇率由 USD100＝CNY472.21，调至 USD100＝CNY522.21，试计算两种货币的变化率。

解：美元变化率＝（522.21/472.21－1）×100％＝10.59％

人民币变化率＝（472.21/522.21－1）×100％＝－9.57％

由上例可见，在同一汇率中，一种货币的升值是伴随着另一种货币的贬值出现的，但是一种货币的升值率不一定等于另一种货币的贬值率。

 小常识

一价定律

一价定律(the law of one price)即绝对购买力平价理论，它是由货币学派的代表人物弗里德曼(1953)提出的。一价定律可简单地表述为：当贸易开放且交易费用为零时，同样的货物无论在何地销售，其价格都相同。这揭示了国内商品价格和汇率之间的一个基本联系。

一价定律认为在没有运输费用和官方贸易壁垒的自由竞争市场上，一件相同商品在不同国家出售，如果以同一种货币计价，其价格应是相等的。按照一价定律的理论，任何一种商品在各国间的价值是一致的（通过汇率折算之后的标价是一致的）。若在各国间存在价格差异，则会发生商品国际贸易，直到价差被消除，贸易停止，这时达到商品市场的均衡状态。该定律适用于商品市场，与之相似的适用于资本市场的定律是利息平价理论。虽然其所描述的均衡状态在目前的经济环境中很难做到，但是经济发展却是遵循这个定律的。例如，当1美元＝6.8元人民币时，在美国卖1美元一件的商品在中国就应该卖6.8元人民币一件，即美元价格也应该是1美元一件。在这个例子中，无论是在中国还是美国该件商品被高估或低估，都会引起该商品在两个市场的运动，直到两个市场上的价格完全一致为止。

资料来源：http://baike.baidu.com/view/130788.htm

第三节
外汇交易操作方法

一、外汇交易程序

1. 选平台

所有外汇和黄金交易平台，都是国外的，并且是发达国家的，因为监管严厉。交易平台需在平台的官网下载，而不是在代理发给客户的网站或者别人给的网站下载。

平台受开户所在地政府监管机构监管，在监管网站能够查到注册号以及注册信息。不管是不是代理，都需有交易平台的官方网址。入金的汇款，需汇给交易商的公司账户，收款人是交易商公司名称，而不是私人账户。

2. 开户流程

① 填写《开户申请表》。
② 提供身份证和银行卡的正反面扫描电子版。
③ 等待获得资金账户。
④ 银行入金（汇款给交易商账户）。
⑤ 交易商收到汇款以后（一般三个工作日内），会将资金打到投资者的操作账户里面，这时就可以正常交易了。

现在的外汇市场竞争大，国内只能做实盘，不能开户，现有的主流平台点差相近，交叉盘也相差不多。所以选择平台时，一定要选择正规受监管的平台，才能保障资金安全。

个人实盘外汇买卖是指个人客户在银行规定的交易时间内，通过柜面服务人员或其他电子金融服务方式进行的、不可透支的可自由兑换外汇间的交易。

个人实盘外汇买卖是指个人客户在银行通过柜面服务人员或其他电子金融服务方式进行的、不可透支的、可自由兑换外汇（或外币）间的交易。个人虚盘外汇买卖是指个人在银行交纳一定的保证金后进行的、交易金额可放大若干倍的外汇（或外币）间的交易。

目前按国家有关政策规定，个人外汇买卖只能进行实盘外汇买卖，还不能进行虚盘外汇买卖。

3. 银行平台

中国银行的网上银行提供两种方式进行外汇交易：外汇实盘、双向宝。下面介绍一下如何通过中国银行网上银行进行外汇交易。

① 已经开通网上银行的中国银行账户，已经开通"网上投资服务"。
② 登录中国银行网上银行→点击【外汇】栏。这时需要开通"外汇交易账户"（在柜台开通网上银行时是默认不开通的），按步骤操作即可。
③ 再次点击【外汇】栏→就可以看到已经开通"外汇交易账户"。此时，可以开始进行外汇交易了。

进行外汇交易之后，可以通过"交易状况"查询。

双向外汇宝、双向黄金宝业务（简称双向宝）是客户通过银行所提供的报价和交易平台，在事前存入超过建仓货币名义金额的交易保证金后，实现做多与做空双向选择的外汇交易工具。双向宝是中国银行的一个外汇交易特色，需要在柜台开立双向宝业务的保证金专属账户，才可通过电子渠道进行账户登记和交易，完成之后就可以进行外汇交易了。

二、远期外汇交易(forward exchange transaction)

1. 概念

又称期汇交易，是指买卖双方成交后，并不立即办理交割，而是按照所签订的远期合同规定，在未来的约定日期办理交割的外汇交易。

2. 交易目的

（1）进出口商人和资金借贷者规避外汇风险　在国际贸易、国际投资等国际经济交往中，由于从合同的签订到实际结算之间存在一段时间差，在这段时间里，汇率有可能朝着不利的方向发展，从而使拥有外汇的一方蒙受损失。为了避免这种风险，进出口商和国际投资者会在签订合同时，就向银行买入或卖出远期外汇，当合同到期时，即按协定汇率买卖所需外汇。

[例]　某年10月3日，美国进口商与法国出口商签订贸易合同，金额为100万欧元，结算日为次年1月3日。已知10月3日 EUR/USD=1.0610/20，三个月汇水 50/30。假定次年1月3日即期 EUR/USD=1.0820/30，问美国公司如何操作可以回避风险？

分析：美国商人需支付欧元，因此需要防范欧元升值使美商购买欧元时的美元支出增加。虽然从汇水数上看，欧元远期具有贬值趋势，但是远期汇率只是一种预测，为保险起见，应做远期外汇交易回避损失风险。

解：① 若美国商人不做远期外汇交易，1月3日为支付100万欧元，需花费 $1000000 \times 1.0830 = 1083000$ 美元

② 美国商人使用远期外汇交易，三个月 EUR/USD=$1.0610-0.0050/1.0620-0.0030$=$1.0560/90$，到期支付 $1000000 \times 1.0590 = 1059000$ 美元

③ 因此，做远期外汇交易比不做节省 24000 美元

（2）外汇银行平衡期汇头寸　面临风险的客户与外汇银行进行外汇交易时，实际是把汇率变化的风险转嫁给外汇银行。当银行在其所做的同币种、同期限的交易中不能买卖相抵时，就会出现超买或超卖。为了避免外汇风险，外汇银行需要保持外汇头寸的平衡，即多头抛出、空头补进，轧平各外汇、各期限头寸。

（3）投机者牟取汇率变动的价差。

3. 远期外汇交易的应用

[例]　已知某日英国银行挂牌汇价，即期 GBP/USD=1.5800/20，三个月汇水数 70/90。问①英镑三个月汇率是多少？②如某商人卖出3个月美元1万，可换回多少英镑？③我国公司出口机器，对方要求用美元报价，应报多少？④若每台机器售价18000英镑，3个月后才能收到货款，应如何操作？

解：① 从汇水数看，英镑远期升水

三个月 GBP/USD=$1.5800+0.0070/1.5820+0.0090=1.5870/910$

② 商人卖出美元，相对于外汇银行买入美元，价格为 1/1.5910

因此该商人可换回 $10000/1.5910 = 6285.36$ 英镑

③ 要求用美元报价，即将美元作为单位货币

USD/GBP=0.6321/29

④ 因预期英镑升值，对方要求用美元报价，会使到期收入英镑减少。

三、套汇交易

套汇交易有广义和狭义之分。广义的套汇交易是指利用不同的外汇市场、不同的货币、不同的交割期限在汇率上的差异而进行的外汇交易。狭义的套汇交易可分为地点套汇、利息套汇（套利交易）、时间套汇（掉期交易）。下面具体讲一下地点套汇。

地点套汇是指套汇者利用不同外汇市场之间的汇率差异，同时在不同的地点进行外汇买卖，以赚取汇率差额的一种套汇方式，主要包括以下两种类型。

（1）直接套汇（direct arbitrage）　又称两地套汇或两角套汇，是指利用两个不同地点的外汇市场上某些货币之间的汇率差异，在两个市场上同时买卖同一货币，即将资金由一个市场调往另一个市场，从中牟利的行为。其交易准则是：在汇率较低的市场买进，同时在汇率较高的市场卖出，俗称"低买高卖"。

[例]　某日纽约外汇市场 USD/JPY＝128.40/50，东京外汇市场 USD/JPY＝128.70/90，试问客户持 100 万美元套汇的结果。

分析：美元在两个市场的价格不一样，挂牌汇率显示的始终是银行进行外汇交易时的"买入价/卖出价"。个人客户在外汇市场从事交易，"买入"需使用"银行卖出价"；"卖出"需使用"银行买入价"，因此需要找到两个市场，其中一个市场的"银行买入价"大于另一个市场的"银行卖出价"。

解：① 根据上述分析作出判断，在 128.40＞128.90 和 128.70＞128.50 中，显然后者成立，即持币客户需在东京市场按 USD1＝JPY128.70 卖出 100 万美元，收入 12870 万日元；同时在纽约市场按 USD1＝JPY128.50 买入 100 万美元，花费 12850 万日元，获得 20 万日元的毛利润（因题设条件中没有交易费用，所以汇率差收入仅代表客户所得毛利润）。

② 当客户在东京市场卖出 100 万美元，获得 12870 万日元时，还可以选择直接卖出这些日元，此时就需要找卖出日元的市场。由货币之间的价格关系可知，美元在东京市场价格较高，即代表日元在纽约市场的交易价格相对较高，于是客户可以使用 USD/JPY＝128.40/50，即 JPY/USD＝1/128.50 的价格卖出 12870 万日元，收回 100.16 万美元，因此套汇毛利润为 0.16 万美元。

（2）间接套汇（indirect arbitrage）　又称三地套汇或三角套汇，是指利用三个或三个以上不同地点的外汇市场中多种不同货币之间的汇率差异，赚取外汇差额的一种外汇交易。由于外汇市场瞬息万变，三地或多地间的套汇交易能否进行需要事先判断：先将三地的汇率换算为同一标价法下的汇率，然后将三个汇率相乘，但凡乘积不等于 1 即存在套汇的可能性。

[例]　某日伦敦市场 GBP/USD＝1.41；纽约市场 USD/JPY＝133.40；东京市场 GBP/JPY＝189.50，现投资者持有 100 万英镑，试问是否有套汇机会？如何操作？结果如何？

分析：①将三个市场汇率统一为直接标价法，即伦敦市场 USD/GBP＝0.7092；纽约市场 JPY/USD＝0.0075；东京市场 GBP/JPY＝189.50。

② 将三地汇率连乘 0.7092×0.0075×189.50＝1.008＞1，存在套汇可能。

③ 由于 1.008 距离 1 的差距很小，所以套汇毛利润很小。如果连乘结果不等于 1 且距离 1 越大，三地套汇的毛利润越大。

解：① 由分析可知投资者有套汇机会。

② 如何操作。因客户手中持有的是英镑，所以一定是从英镑与美元或日元的兑换开始，

因此存在两种可能路线 $\begin{cases} GBP \rightarrow JPY \rightarrow USD \rightarrow GBP \\ GBP \rightarrow USD \rightarrow JPY \rightarrow GBP \end{cases}$

究竟使用哪一条路线至关重要，下面作一图形分析

东京外汇市场：$\begin{vmatrix} GBP1 = JPY189.50 \uparrow \\ JPY1 = USD0.0075 \\ USD1 = GBP0.7092 \end{vmatrix}$
纽约外汇市场：
伦敦外汇市场：$\downarrow$

当左边三个数的乘积（1×1×1）＜右边三个数的乘积时，采用从上到下套汇。

③ 套汇情况。在东京市场卖出 100 万英镑，得到 18950 万日元；在纽约市场卖出 18950 万日元，得到 142.125 万美元；在伦敦市场卖出 142.125 万美元，得到 100.795 万英镑。即投资者赚取 0.795 万英镑的毛利润。

四、套利交易

套利交易是指投资者在两国短期利率出现差异时，将资金从利率低的国家调往利率高的国家，以赚取利差的外汇交易。按套利同时是否做远期外汇交易进行套期保值，套利交易可分为无抛补套利和抛补套利。为应对金融市场波动，通常投资者都会选择抛补套利形式，本书也将着重介绍这种套利方法。

抛补套利是指投资者在套利时，为避免汇率变动抵消了套利收益，同时做一笔远期外汇交易进行保值的套利交易。这种方法之所以具备可行性是由存款交易的特殊性决定的，定期存款的特征是在起存日就可以知道到期本金和利息收入。

[例] 已知某日即期 USD/JPY＝127.90/128.00，六个月汇水数 60/50。美元 6 个月存款利率 7.2％，日元同期存款利率 4％。套利者持 1500 万日元套利，应如何操作减少风险？（假设 6 个月后即期 USD/JPY＝126.00/10）

分析：美元和日元之间存在较大存款利差，投资者会将资金从日元形式转化为美元形式以获得年 7.2％的高存款利率；但是同时，美元在 6 个月后具备贬值趋势，为避免损失，利用抛补套利的形式可以减少风险。

解：① 6 个月 USD/JPY＝127.90－0.60/128.00－0.50＝127.30/50

② 日元 6 个月存款本利和：1500 万×（1＋4％×6/12）＝1530 万日元

美元 6 个月存款本利和：1500 万/1286×（1＋7.2％×6/12）＝121406 美元

③ 若不做套期保值，到期收入 USD121406×126＝15297156 日元

损失 15300000－15297156＝2844 日元

④ 若在套利时，与外汇银行签订远期外汇合同，卖出 6 个月期美元，则到期收入 121406×127.30＝15454984 日元，比日元存款多获利 154984 日元。

补充：一价定律

在完全竞争的市场上，相同的交易产品，经过汇率调整后，在世界范围内其交易成本一定是相等的。在正常的市场条件下，利率较高的货币远期汇率表现为贴水。

五、掉期交易

掉期交易是指在买入某种外汇时，同时卖出金额相等但交割日期不同的同种货币的交易行为。进行掉期交易的主要目的是扎平各种货币因到期日不同造成的资金缺口，以及因此带来的损失风险。

[例] 英国某银行在6个月后应向外支付500万美元,同时在1年后又将得到另一笔500万美元的收入。

假设目前外汇市场行情为:即期汇率　　　GBP/USD=1.6770/80
　　　　　　　　　　　　6个月汇水　　　　40/30
　　　　　　　　　　　　12个月汇水　　　 30/20

那么如何进行掉期交易以获利呢?

分析:由题设条件可知,英镑兑美元是贴水,其原因在于英美两国的存款利差。但是也可以看出,英镑的贬值趋势在缩小,很有可能在未来实现升值,因此通过两次交易很有可能实现利润。

操作:做"6个月对12个月"的远期对远期掉期交易

① 按"GBP1=USD1.6730"的远期汇率买入6个月远期美元500万,需要2988643.2英镑

② 按"GBP1=USD1.6760"的远期汇率卖出12个月远期美元500万,可得到2983293.6英镑

整个交易使该银行损失2988643.2-2983293.6=5349.6英镑

当第6个月到期时,假定市场汇率果然因利率变化发生变动,此时外汇市场行情变为:
即期汇率　　　　GBP/USD=1.6700/10
6个月汇水　　　　　　　100/200

③ 按"GBP1=USD1.6710"的即期汇率将第一次交易时卖出的英镑在即期市场上买回,为此需要4994022.8美元

④ 按"GBP1=USD1.6800"的远期汇率将买回的英镑按6个月远期售出,可得到5020920.5美元

这样一买一卖获利5020920.5-4994022.8=26897.7美元,按当时的即期汇率折合为15567.485英镑,除去第一次掉期交易时损失的5349.6英镑,该银行仍可获利15567.485-5349.6=10217.885英镑。

六、外汇期货交易

(1) 外汇期货合约　是一种法律契约,合约双方通过协商达成在未来一定时期内就某种外国货币按规定内容进行交易的具有法律约束的文件。其具体内容包括交易币种、交易单位、报价方法、最小变动单位、购买数量限制、交易时间、交割月份等。

(2) 外汇期货的用途　避险和投机。以避险为目的的交易通常采用套期保值的方式,即在现汇市场交易的基础上,在期货市场做对冲交易,以避免汇率波动的风险;以投机为目的的交易一般是单纯利用对市场价格的预期,利用期货市场的低买高卖赚取价差。在理财环节,将着重介绍套期保值。

(3) 多头套期保值　又称买入套期保值,是指交易者先在期货市场买进期货,以便在将来现货市场买进时不至于因价格上涨而对自己造成经济损失的一种期货交易方式。因此又称为"多头保值"或"买空保值"。买入套期保值的目的是防止日后因价格上升而带来的亏损风险。这种用期货市场的赢利对冲现货市场亏损的做法,可以将远期价格固定在预计的水平上。买入套期保值是需要现货商品而又担心价格上涨的投资者常用的保值方法。

[例] 美国某进口商2月10日从德国购进价值125000欧元的商品,1个月后支付货

款。为防止欧元升值而使进口成本增加,该进口商买入 1 份 3 月起欧元期货合约,面值 125000 欧元,价格为 0.5841USD/EUR,其交易如表 8-5 所示。

表 8-5　交易内容

日期	现货市场	期货市场
2 月 10 日	EUR/USD=0.5815 购买 EUR 125000 理论需要 USD 72688	买入 1 份 3 月期 EUR 期货合约 价格:EUR1=USD0.5841 支出 USD 73013
3 月 10 日	EUR/USD=0.5945 购买 EUR 125000 实际耗费 USD 74313	卖出 1 份同期 EUR 期货合约 价格:EUR1=USD0.5961 收入 USD 74513
盈亏	理论损失 USD 1625	盈利 USD 1500

(4) 空头套期保值　又称卖出套期保值,是指交易者先在期货市场卖出期货,当现货价格下跌时以期货市场的盈利来弥补现货市场的损失,从而达到保值的一种期货交易方式。空头套期保值是为了防止现货价格在交割时下跌的风险而先在期货市场卖出与现货数量相当的合约所进行的交易方式。持有空头头寸,来为交易者将要在现货市场上卖出的现货从而进行保值。因此,卖出套期保值又称为"卖空保值"或"卖期保值"。

根据保值的目标先在期货市场上卖出相关的合适的期货合约。然后,在现货市场上卖出该现货的同时,又在期货市场上买进与原先卖出相同的期货合约,在期货市场上对冲并结束实际套期保值交易。具体地说,就是交易者为了日后在现货市场售出实际商品时所得到的价格,能维持在当前对其说来是合适的水平上,就应当采取卖出套期保值方式来保护其日后售出实物的收益。

[例]　2005 年 10 月 18 日,美国某出口商与欧洲某国签约出口一批货物,于两个月后获得 1000000 欧元的外汇收入。已知:10 月 18 日现货市场 EUR/USD=1.3191;10 月 18 日期货市场价格 EUR1=USD1.3120;12 月 18 日现货市场 EUR/USD=1.2965;12 月 18 日期货市场价格 EUR1=USD1.2900。问该出口商应如何利用期货市场来避险?如表 8-6 所示。

表 8-6　交易内容

日期	现货市场	期货市场
10 月 18 日	EUR/USD=1.3191 卖出 EUR 1000000 理论收入 USD 1319100	卖出 8 份 12 月期 EUR 期货合约 价格:EUR1=USD1.3120 收入 USD 1312000
12 月 18 日	USD/EUR=1.2965 卖出 EUR 1000000 实际收入 USD 1296500	买入 8 份同期 EUR 期货合约 价格:EUR1=USD1.2900 支出 USD 1290000
盈亏	理论损失 USD 22600	盈利 USD 22000

七、外汇期权交易

外汇期权是一种选择权契约,它赋予契约购买方在契约到期日或满期之前以预先确定的价格买进或卖出一定数量某种外汇资产的权利。看涨期权赋予契约持有者买的权利;看跌期权赋予契约持有者卖的权利。如表 8-7 所示。

表 8-7　外汇期权交易内容

项目	看涨期权	看跌期权
期权买方	有权在到期日或之前依履约价格购买外汇	有权在到期日或之前依履约价格卖出外汇
期权卖方	有义务在到期日或之前应买方要求依履约价格购卖出外汇	有义务在到期日或之前应买方要求依履约价格购买入外汇

（1）履约价格　又称协定价格，是契约中规定交易双方未来行使期权时买卖外汇的交割价格。

（2）期权费　又称权利金，是期权买方获得选择权而支付给卖方的代价，它作为权利的价格，由买方在确立期权交易时付给卖方。

 小常识

我国个人外汇交易

个人外汇交易，又称外汇宝，是指个人委托银行，参照国际外汇市场实时汇率，把一种外币买卖成另一种外币的交易行为。由于投资时必须持有足额的要卖出的外币才能进行交易，较国际上流行的缺少保证金交易的卖空机制和融资杠杆机制，因此也被称为实盘交易。自从 1993 年 12 月中国工商银行上海分行开始代理个人外汇买卖业务以来，随着我国居民个人外汇存款的大幅增长，新交易方式的引进和投资环境的变化，个人外汇买卖业务迅速发展，目前已经成为我国除股票以外最大的投资市场。截至目前，工、农、中、建、交、招等多家银行都开展了个人外汇买卖业务，预计银行关于个人外汇买卖业务的竞争会更加激烈。国内的投资者凭手中的外汇，到上述任何一家银行办理开户手续存入资金，即可通过互联网、电话或柜台方式进行外汇买卖。

资料来源：《国际金融》，清华大学出版社，郭晓晶主编

第四节　外汇风险及其管理

世界各国普遍采用浮动汇率制后，各国货币汇率波动再无上下限制，主要国际货币更是经常受各种因素的影响而发生频繁、剧烈的波动，给其持有和运用者带来的外汇风险越来越大。20 世纪 70 年代中期以来，为进一步防止或减轻外汇风险，世界各国都加强了对国际货币的研究和对汇率的预测。

一、外汇风险的概念

1. 外汇风险（foreign exchange risk）

是指一个组织、经济实体或个人，因其在国际经济、贸易、金融等活动中，以外币计价的资产或负债因外汇汇率的波动而可能遭受本币价值损失或收益的可能性。

2. 交易风险

又称结算风险，是指一般企业以外币计价进行贸易及非贸易交易时，因汇率波动而引起的应收资产与应付债务本币价值变化的风险。

(1) 进出口贸易业务中

从签订合同到货款结算最少需要 1 个月,最长可达 1 年,在此过程中

进口商	出口商
面临:付汇汇率上升	面临:收汇汇率下跌
结算货币:外币	结算货币:外币
结算汇率＞签约汇率	结算汇率＜签约汇率
影响:进口商付出较多本币	影响:出口商收到较少本币
利益受损	利益受损
(反之,同理分析)	(反之,同理分析)

[例] 中国纺织出口公司　美国进口公司,
三个月后付款价值 10 万美元棉布
即期 USD/CNY＝8.2774
若三个月后,即期 USD/CNY＝8.2664
则:签约当时,中方收回 10 万美元,折合 827740 元人民币
三个月后,中方收回 10 万美元,折合 826640 元人民币
中方少收回 1100 元人民币
若以 EUR 结算　中方　预防 EUR 贬值　收回 CNY 减少
　　　　　　　　美方　预防 EUR 升值　付出 USD 增多

(2) 外汇买卖业务中

买入外汇者	卖出外汇者
面临到期支付更多本币	面临外汇升值,本币贬值
银行持有空头	银行持有多头
面临所缺外汇升值	面临所持外汇贬值
轧平时付出本币增多	轧平时收回本币减少

[例] 中国某商业银行某日买进 100 万美元　USD/HKD＝7.6
　　　　　　　　　　　　　卖出 90 万美元　USD/HKD＝7.62
即该银行持有 10 万美元多头
分析:买进 100 万美元,价值 760 万港元
　　　卖出 90 万港元,价值 685.8 万港元
　　　则,持有 10 万美元　价值 76.2 万港元
若 3 天后,USD/HKD＝7.58（USD 贬值）
轧平 10 万美元（卖出）,得到 75.8 万港元,损失 0.4 万港元
　　　　USD/HKD＝7.66（USD 升值）
轧平 10 万美元,得到 76.6 万港元,获利 0.4 万港元

(3) 国际借贷业务

项目	债权人 到期收汇贬值风险	债务人 到期偿还货币升值风险
外汇汇率上升	收入较多本国货币	支付较多本国货币 负债增加
外汇汇率下跌	收入较少本国货币 资产减少	付出较少本国货币

[例] 英国某公司借款300万美元，本国贷款利率12%，美国贷款利率10%，即期GBP/USD=1.5

分析：借300万美元按即期汇率需200万英镑，到期偿还数额：

① 借美元　300×(1+10%)＝330万美元
② 借英镑　200×(1+12%)＝224万英镑

若到期偿还时：

a. GBP/USD=1.45

330万/1.45＝227.586万英镑比借英镑支付更多利息

b. GBP/USD=1.55

330万/1.55＝212.903万英镑比借英镑支付的利息少

二、内部管理措施

经济主体在双方的经济交易中，通过贸易合同的商定和合同履行方式的选择来避免外汇风险。

1. **货币选择法**（choice of invoicing currency）

(1) 选择本币计价　即不存在结算时本币与外币的兑换问题。承担风险的始终是对方，从而完全避免了外汇风险。因此无论进、出口商都会争取以本国货币计价。

目前，主要发达国家的出口贸易，如美国、英国；进口贸易，如日本大部分都是以本币计价的。

这种选择实际是将汇率风险由一方转嫁给另一方，所以对方一般不愿意接受，从而可能影响买卖的成交。

(2) 出口选硬货币，进口选软货币

硬货币：汇率比较稳定而且具有升值趋势的货币。

软货币：汇率波动幅度大且具有贬值趋势的货币。

分析　出口收汇：外币/本币＝n，当n增大，收回本币增加，对出口商有利。

　　　进口付汇：外币/本币＝m，当m减小，付出本币减少，降低进口成本。

同时，所用货币应尽可能与企业常用收支外汇一致，这样应付账款商的汇兑损失可被对应的应收账款收益抵消。

(3) 选择可自由兑换货币　一般用美元、欧元、日元、英镑等作为计价货币。当汇率变动朝不利方向发展时，可迅速转换。这些货币市场流动性好，便于结算、调拨和应用。

(4) 软硬货币搭配　汇率风险由交易双方合理分担，利于达成交易。

一种汇率上升、一种下降，之间的损益被抵消。

当前，中长期大型机械设备进出口采用四种货币计价，两种较硬，两种较软。我国绝大部分进出口贸易以美元计价，同时欧元流通全面增加，因此我国进出口企业应特别注意美元、欧元与人民币之间的汇率变动。

[例] 德国公司签订了一份100万美元的出口合同，规定美元：欧元：英镑＝4：3：3。订立合同时，1USD=1.2EUR；1USD=0.5GBP，即100万美元＝40万美元＋30万美元×1.2欧元＋30万美元×0.5英镑，货币篮现值为40万美元＋36万欧元＋15万英镑

假设1：支付时美元汇率下跌

　　　1USD=0.9EUR　1USD=0.4GBP　出口商实际收回：

　　　40万美元＋36万美元/0.9＋15万美元/0.4＝117.5万美元

　　　比签约合同100万美元高

假设2：支付时美元汇率上涨

　　　1USD=1.5EUR　1USD=0.6GBP　出口商实际收回：

40万美元＋36万美元/1.5＋15万美元/0.6＝89万美元

比签约合同100万美元收回少

2. 货币保值条款

货币保值条款指企业在签订涉外经济合同时，以某种价值稳定但与合同货币不同的货币表示合同金额，在结算或清偿时，以合同货币来收付保值货币表示的金额。

(1) 黄金保值条款

做法：双方签订合同时，将支付货币金额按当时黄金市场价格折合成若干盎司黄金。即将支付货款转化成支付黄金实际价值。

(2) 外汇保值条款

做法：以硬货币计价，以软货币支付。

3. 提前错后法

指经济主体根据自己对有关货币汇率变动趋势的预期，通过提早收款或推迟付款，改变外汇的收付时间，以减少外汇风险。如表8-8所示。

表8-8 提前错后法

企业选择 \ 汇率预期	预测外币升值（本币贬值）	预测外币贬值（本币升值）
出口商（收进外币）	推迟收汇	提前收汇
进口商（支付外币）	提前付汇	推迟付汇

4. 平衡法与组对法

(1) 平衡法（matching） 企业在安排涉外业务中，通过使外币收付数额达到或者接近平衡、消除或减轻汇率风险的管理方法。

[例] 平衡法

中国公司进口	同日售出价值100万欧元商品
100万欧元设备	7月1日收款
1月1日签约	或4月1日售出3个月后收款
7月1日付款	价值100万欧元商品

7月1日，用收入外汇进行支付，达到规避风险的目的。

(2) 组对法（pairing） 企业针对某种外汇的敞口头寸，创造一个与该货币相联系的另一种货币的方向资金流动，以消除外汇风险的管理方法。

5. 价格调整法

进出口商通过在贸易谈判中调整进出口商品价格，将外汇风险分摊到价格中去，以减少使用外币结算带来的外汇风险的管理方法。

这种方法不能消除外汇风险，只是转嫁。

出口商（收汇方）：采用加价保值法。

进口商（付汇方）：采用压价保值法。

6. 易货贸易法

采用货物交换形式，把进口和出口直接联系起来，构成一笔商品互换的交易，从而、消除外汇风险的管理方法。

特点：不涉及货币的实际支付。

{ 广义：通过制订银行的清算账户进行清算。

狭义：双方各以一种等价的货物进行交换。

7. 结算方式的选择

对外贸易出口收汇原则"安全及时"。

安全——收汇不致遭受汇率波动的损失。

及时——减少时间风险和可能遭受的拒付风险。

$\begin{cases} 即期信用证——安全、及时。\\ 远期信用证——安全、不够及时。\\ 托收——不够安全、及时 \end{cases}$

三、外部管理措施

指经济主体通过在外界的国际金融市场上签订合同，进行外汇市场交易来避免外汇风险。既可用一种外汇交易来规避外汇风险，也可以采用外汇交易与其他措施相结合的方法。

1. 外汇交易法

（1）即期合同法（spot contract） 指具有外汇债权或债务的公司与外汇银行签订买卖外汇的即期合同，来规避外汇风险的管理办法。

债权——卖掉即期外汇，收回本币。

债务——利用本币资金买入即期外汇，届时对外支付。

[例] 英国 B 公司从德国 G 公司进口一批价值 10 万欧元的机电设备，2 天内付款，B 公司直接与外汇银行签订一笔即期交易合同，以英镑购买 10 万欧元现汇。2 天后，用外汇银行交割给 B 公司的欧元支付给 G 公司。

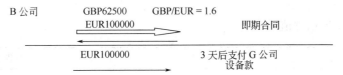

注意：由于即期合同法要求支付货款的日期与外汇交割日期必须在同一时间点上，且即期外汇交易只是将第三天的汇率提前锁定下来，其避险作用十分有限。

（2）远期合同法（forward contract） 是指具有外汇债权或债务的公司与外汇银行签订买卖远期外汇的合同，来规避外汇风险。

[例] 英国 B 公司对德国 G 公司的 10 万欧元贷款，在 3 个月后支付，B 公司要预付欧元升值所致支付英镑增加。B 公司可与外汇银行签订 3 个月期以英镑购进欧元的远期协议，假设签约时 3 个月远期 GBP/EUR＝1.6。

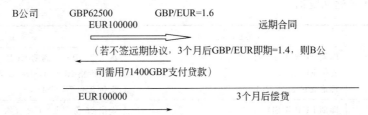

分析：远期外汇的汇率在签约时就已确定，不再受到交割日汇率变动的影响，即通过签订远期外汇合同，将时间结构从将来转移到现在，并在规定的时间内实现本币与外币的冲销，从而可以消除全部的外汇风险。

（3）掉期合同法（swap contract） 是指企业在签订买进或卖出即期外汇合同时，再签订卖出或买入远期外汇合同，来规避外汇风险的管理方法。

[例] 中国C公司与美国A公司签订3个月期，价值100万美元的成套设备进口合同，当日即期USD/JPY=150，3个月远期USD/JPY=140，中国C公司可利用期持有的100万美元现汇套取汇差收入。

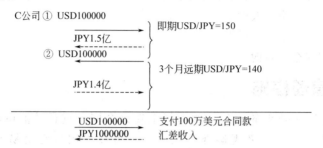

分析：掉期合同法也是消除时间风险和价值风险的方法，是国际借贷业务中典型的淘气保值手段。

（4）外汇期货合同法（future contract） 是指具有外汇债权或债务的公司，通过外汇期货市场进行外汇期货买卖，来减少或消除外汇风险的管理方法。具体做法如下。

进口商：预防计价结算货币升值而对付货款。可在期货市场上先买进期货合约，合同到期支付时再卖出期货合约进行对冲。

出口商：防范结算货币贬值而少收货款。签约时应先卖出期货合约，支付时再买进期货合约进行对冲。

[例] 美国A公司从德国G公司进口250万欧元的汽车，3月1日签订合同，约定3个月后支付。

情况一：欧元远期升值

日期	现汇市场	期货市场
3月1日	即期 EUR/USD=1.3191 支付 EUR250万 理论支付 3297750USD	买入20份6月到期EUR合约 期货价格 EUR/USD=1.3201 支付 3300250USD
6月1日	即期 EUR/USD=1.4010 支付 EUR250万 理论支付 3502500USD	卖出20份同期EUR合约 价格 EUR/USD=1.4358 收入 3589500USD
盈亏	亏损 204750USD	盈利 289250USD

情况二：欧元远期贬值

日期	现汇市场	期货市场
3月1日	即期 EUR/USD=1.3191 支付 EUR250万 理论支付 3297750USD	买入20份6月到期EUR合约 期货价格 EUR/USD=1.3201 支付 3300250USD
6月1日	即期 EUR/USD=1.2987 支付 EUR250万 理论支付 3246750USD	卖出20份同期EUR合约 价格 EUR/USD=1.3074 收入 3268500USD
盈亏	盈利 51000USD	亏损 31750USD

分析：A公司通过外汇期货合同，用期货市场的盈利（亏损）抵补现汇市场的损失（收益），不仅起到了套期保值的作用，而且带来了盈利。

（5）外汇期权合同法（option contract） 是指具有外汇债权或债务的公司，通过外汇期权市场进行外汇期权交易，来减少或消除外汇风险的方法。具体做法如下。

进口商：避免应付货款的升值损失买进看涨期权。若合同到期支付时，市场汇率＞协定汇率，选择执行；若市场汇率＜协定汇率，则不执行，以较低市场汇率买进付款所需外汇。

出口商：避免应收账款的贬值损失买进看跌期权。若收回货款时，市场汇率＜协定汇率，选择执行，以较高协定价格卖出所收外汇；若市场汇率＞协定汇率则不执行，直接用较高市场价格卖出所收外汇。

[例] 美国A公司买入3个月期，11亿日元的看涨期权。协定价格1USD＝110JPY，期权费合计8万美元。

① 当市场价格 USD/JPY＝100 时，

以 USD/JPY＝110 买入 11 亿日元，花费 1008 万美元

以 USD/JPY＝100 卖出 11 亿日元，得到 1100 万美元

② 当市场价格 USD/JPY＝120 时，

若选择执行，需 1008 万美元

若不执行，花费 11 亿日元/120＋8＝99.67 万美元

分析：由于有期权费的保证，交易对客户的信誉要求低，企业可较容易用此避险手段，但其交易成本高于远期外汇交易。期货合同的保值防险作用在外贸投标业务中尤为突出。

2. BSI法和LSI法

（1）BSI法（borrow-spot-invest） 即借款-即期合同-投资法。指有关企业通过借款、即期合同和投资相结合的方式，来规避外汇风险的管理方法。

BSI法是一种综合的避险方法，可完全消除外汇风险。具体做法如下。

① 出口商：在有应收账款的情况下

借入与应收账款相同数额的外币　　　　　消除时间风险

↓

将借入外币卖给银行换回本币　　　　　消除货币风险

↓

将换得的本币存入银行或投资　　　　　用收益冲抵费用

[例] 中国C公司在90天后有一笔100万美元的应收账款。C公司向中国银行借入100万美元，期限为90天；以 USD/CNY＝8.2 向另一家银行卖出100万美元，得820万人

民币，投资货币市场；90 天后，将收回的应收款偿还中国银行。

```
C公司
借款         100万美元
即期合同      100万美元     USD/CNY=8.2
             820万人民币
投资         820万人民币
                          100万美元(应收款)
                          100万美元(偿还给中国银行)
                          820万人民币(投资收益)
```

② 进口商：在有应付外汇账款的情况下

向银行借入一笔本币
↓
向银行买入外汇
↓
将买入的外汇投资国际货币市场

[例] 中国 C 公司从美国进口设备，90 天后有一笔 100 万美元的应付账款。C 公司从中国银行借出 820 万人民币，期限为 90 天，按 USD/CNY＝8.2 从外汇银行买入 100 万美元，并投资国际货币市场，90 天后，将收回的投资偿付应付账款。

总结：运用 BSI 法

消除应收账款风险——借入外币，投资本币

消除应付账款风险——借入本币，投资外币

(2) LSI 法（lead-spot-invest） 即提前收付-即期合同-投资法。指有关企业通过提前收付、即期外汇交易和投资或借款相结合的方式，来规避外汇风险的管理方法。

LSI 法也是一种综合的避险方法，可完全消除外汇风险。具体做法如下：

① 出口商：征得债务方同意，给其一定折扣，提前收款

应收外币账款收讫后   消除时间风险
↓
通过即期合同换成本币   消除外币风险
↓
将换回的本币进行投资   获得本币投资收益

[例] 中国 C 公司 90 天后有一笔 100 万美元的应收账款。C 公司为防止美元贬值，给

予 A 公司折扣，要求其 2 日内付款。C 公司将取得的 100 万美元以 USD/CNY＝8.2 卖出，将获得的 820 万人民币投资于货币市场。

注：C 公司用本币在货币市场上的投资收益可用以支付防止外汇风险的成本开支，包括给 A 公司的折扣。

② 进口商：具有应付外汇账款的公司

先借进本币
↓
与银行签订即期合同，将本币转成外币
↓
以买得的外币提前支付

实际过程：借款——即期合同——提前支付
　　　　　（borrow）　（spot）　　（lead）

［例］ 中国 C 公司 90 天后有一笔 100 万美元的应付账款。为防止美元升值，C 公司向银行借入 820 万人民币，为期 90 天，与银行签订即期合同，以 USD/CNY＝8.2 买入 100 万美元用于提前支付。

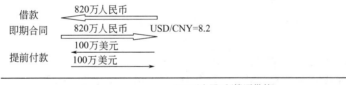

外汇头寸

外汇头寸是指经济主体（企业、外汇银行、非银行金融机构）所持有的各种外币账户的余额状况，即其外币资产或负债的存量。外汇银行买卖外汇，要产生差额，形成外汇头寸的盈缺。由于市场上汇率千变万化，银行外汇头寸的多缺都可能带来损失，因此，外汇银行要对短缺的头寸进行补进，或是对多余的头寸进行抛出。外汇头寸可以表现为三种基本状态：①多头，即外汇资产多于外汇负债；②空头，即外汇资产少于外汇负债；③头寸轧平，即外汇资产等于外汇负债。而外汇资产与负债的差额是暴露于外汇风险中的那一部分，成为敞口头寸或受险头寸。

资料来源：http://baike.baidu.com/view/3990226.htm

本章小结

1993年年底,中国人民银行开始允许国内银行开展面向个人的实盘外汇买卖业务。至1999年,随着股票市场的规范,买卖股票的赢利空间大幅缩小,部分投资者开始进入外汇市场,国内外汇实盘交易买卖逐渐成为一种新兴的投资方式,进入快速发展阶段。与国内股票市场相比,外汇市场要规范和成熟得多,外汇市场每天的交易量大约是国内股票市场交易量的1000倍,吸引了越来越多的参与者。在掌握外汇与汇率的含义、外汇市场的特点等基础知识后,需要懂得汇率的标价方式,了解外汇投资理财的主要方式及风险的防范。

思考题

1. 简述外汇市场的特点。
2. 汇率的标价方法有哪几种?
3. 如何计算货币升值或贬值?
4. 投资者如何防范外汇理财风险?
5. 案例思考题

中国人香港汇率保卫战

案例背景

1997年7月,亚洲金融风暴爆发。美国著名金融家索罗斯旗下的对冲基金运用索罗斯独创的反射理论,在亚洲各国和地区发起了持久的连番狙击,并获得了极大的成功,使这些国家和地区几十年来积存的外汇一瞬间化为乌有。1997年10月下旬,在亚洲金融风暴中获取巨利的国际炒家索罗斯将目标转向中国香港,先后于1997年10月、1998年1月、6月和8月四次狙击港汇、港股和恒指期货市场以图获取暴利。与此同时,香港特别行政区政府在这三大市场上与国际投机者展开了顽强的对抗。

港币实行联系汇率制,所谓联系汇率制,就是一种货币发行局制度。根据货币发行局制度的规定,货币基础的流量和存量都必须得到外汇储备的十足支持。换言之,货币基础的任何变动必须与外汇储备的相应变动一致。但港币利率容易急升,利率急升将影响股市大幅下跌,这样的话,只要事先在股市及期市沽空,然后再大量向银行借贷港币,使港币利率急升,促使恒生指数暴跌,便可像在其他国家一样获得投机暴利。

自1997年10月以来,国际炒家4次在中国香港股、汇、期三市上下手,前三次均获暴利。1998年7月底至8月初,国际炒家再次通过对冲基金,接连不断地狙击港币,以推高拆息和利率。很明显,他们对港币进行的只是表面的进攻,股市和期市才是其真正的主攻目标,声东击西是索罗斯投机活动的一贯手段,并多次成功。

案例及其分析

国际炒家根据之前的炒作经验,为8月份在中国香港的外汇、股票现货和恒生指数期货三个市场上炒作做了周密的准备。首先,预先囤积大量港元,为以后冲击外汇市场做充分准备,同时也是为了避免以后临时筹集港元时成本过高。国际炒家主要通过发行港元债券和通过港元掉期合同这两种方式来筹集港元的,估计从1月份到7月份通过这两种方式筹集的港元在300亿元以上。其次,通过借贷安排囤积大量恒生指数成分股现货,为以后在股票现值市场上抛空做充分准备,同时准备在恒生指数下跌再低价平盘,获取暴利。接下来,大量抛空恒生指数期货合约，期待在恒生指数下跌后再低价买回合约平仓，获取暴利。据统计，7月末至8月初的未平仓恒生指数期货合约每三个交易日就增加1万张。最后，不断在市场上散布不利于中国香港的谣言，一旦时机成熟，便大量抛售港元，待利率急升刺激股市大挫时，再对抛空的股票进行平仓。这样，即使不能将港元联系汇率制打破，只要能够将恒生指数压下来，炒家们就可以在股市上赚一笔；如果运气好，能够把联系汇率制打破，那么还可以在外汇市场上再赚一笔。

对香港特区政府而言，也制定了严密的防御对策，其中包括直接干预外汇市场和股票市场的对策。但是，即使有了充分的准备，香港特区政府还是采取了守株待兔的策略。相信如果国际炒家仅仅在外汇市场上进行炒作而不涉及股票市场与股市指数期货市场，或者说虽然在三个市场上同时炒作但没有引起恒生指数大幅度下跌，不至于影响到香港地产市场和整个金融体系的安危，那么，香港特区政府也不会冒如此大的风险去干预股票市场和恒生指数期货市场。

8月初，受美国股市回落、日元汇率持续下跌的影响，国际炒家对中国香港股市发动大规模狙击，8月1日在中国香港以外的市场上出现10亿港元的抛盘，导致银行体系资金结余收缩，受此影响，港元长期和短期利率都被逼高。8月3日，恒生指数狂泻451点，一举跌至7500点水平，收市报7552.77点，下跌383.43点。八月恒生指数期货合约贴水57点，期指市场当天亦被现货市场的跌势带动下挫370点。摩根士坦利、霸凌及惠嘉等大证券商在当天大量抛空恒生指数期货合约。这种情形一直延续到8月18日。

接下来的6天，双方都依局势而调整战术，甚至变阵，因为彼此都知道，真正的生死决战日是在8月28日，也就是8月份恒生指数的到期日。8月19日，外汇基金继续入市，恒生指数攀升412点，以7622报收。到8月19日，中国香港股市反弹1000点，而炒家仍没有被吓退，有些正开始把8月份的期指转换到9月。8月20日，大市于高位7900点遇到初步阻力，而香港特区政府买盘亦稍微收敛，指数于7742点报收，升120点。8月21日，外汇基金入市减少，八大外资在尾市联手，使期指尾市狂泻200点，指数当日回软，以7527报收，跌215点。尽管恒生指数一度下滑，但自从政府进场干预后，指数已回升了13%。

8月24日，为了打破炒家压迫恒生指数下跌套利的企图，香港特区政府重组实力进行入市以来最大规模的干预，入市资金高达50亿，最后大市急升318点以7854报收。8月28日是香港特区政府入市干预的第10天，双方的较量达到了白热化程度。香港特区政府面对分别来自炒家、基金及散户空前的抛售压力，估计当天硬接了总值超过600亿元的现货，使托市资金激增至1000亿元以上，占外汇储备7000亿元的20%。结果港股在熊市中创出790亿的破纪录成交量，比1997年8月牛市创出的460亿高出近1倍，是平常交易量的15倍。在香港政府的全力支撑下，恒生指数全天只下挫93点，报7829点收市。

香港特区政府从8月14日起，连续10个交易日在现货和期货市场同时与国际炒家交手，成功地将恒生指数从8月13日的五年来最低点，托到7829.74点，增幅高达17.55%，给予各国股市的国际大炒家沉重打击，赶走不少中小型对冲基金。10天的交锋，进一步巩固了港元的联系汇率并有效地令同业拆借利息率大幅回落，到9月5日，在香港金融管理局宣布从9月6日起实施七条稳定港元市场的措施后，隔夜拆息下跌至4%，而1个月到3个月的拆息大幅回落至7%至8.5%。在大量补仓及投资者入市下，恒生指数在9月5日大升588.29点，达到8076.76点，港股总市值在一日内增加1610亿港元。

对于国际炒家来说，香港特区政府的干预给他们带来的只是灾难和损失，根据有关报道，国际知名炒家索罗斯在与香港特区政府在股票市场上的激战中，约损失7亿美元到8亿美元。索罗斯的基金在俄罗斯也损失了约20亿美元，连同在中国香港的损失，估计他当时在东欧、中国香港及华尔街至少损失30亿美元。量子基金受到多方面的压力，包括投资者的质问。

根据以上案例，请分析汇率波动对地区经济的影响。

第九章 黄金投资

CHAPTER 9

案例导入

从 2002 年 1 月份的 290 美元/盎司，到 2010 年 11 月 9 日最高时的 1424 美元/盎司，黄金在接近 8 年的时间里，身价上涨近 5 倍；1 年涨超 40%；从 2009 年 9 月初至今，国际金价从突破 1000 美元大关到历史最高点，涨幅超过 40%；2010 年 11 月 9 日，被誉为最抗通胀、最避风险、最古老的投资品——黄金，伴随着 A 股市场的大幅震荡，几乎同步上演了惊心动魄的暴跌画面，8 天跌 90 美元。从 11 月 9 日最高时的 1424 美元，到 11 月 17 日的 1335 美元，国际金价跌落近 90 美元。2017 年，金价一季度为 1145 美元/盎司，二季度在 1200～1300 美元区间震荡，上半年黄金的涨幅约 8%。这些数据让投资者充分认识到——黄金，这种兼有货币、金融商品和一般商品多重属性的特殊投资品，并非与风险绝缘。

关键词：黄金、投资、方式

第一节 黄金投资概述

黄金投资是一种永久、及时的投资。几千年以来，黄金永远散发着它的光芒、魅力，并以其独有的特性——不变质、易流通、保值、投资、储值的功能，作为人们资产保值的首选。无论历史如何变迁，国家权力的更替，抑或是货币币种的更换，而黄金的价值——永存。在当今不确定的经济环境下，许多投资者纷纷转向投资黄金，将它称为"没有国界的货币"，因此黄金成为在任何时候、任何环境下都最重要、最安全的资产。

一、黄金投资的概念

黄金投资俗称炒金，是通过对黄金及其衍生物进行购买、储藏及销售等过程使得财产保值、增值及赢利的行为。虽然说购买黄金首饰也是一种投资黄金的行为，但通常所说的黄金投资主要是指买入金条、金币以及纸黄金等，而与购买黄金首饰相区别。

二、世界主要黄金市场

全球的黄金市场主要分布在欧洲、亚洲、北美洲三个区域。欧洲以伦敦、苏黎世的黄金市场为代表；亚洲主要以中国香港为代表；北美洲主要以美国纽约、芝加哥和加拿大的温尼伯为代表。世界五大黄金交易市场分别为伦敦、纽约、芝加哥、苏黎世和中国香港。

1. 伦敦黄金市场

伦敦黄金市场是世界上最大的黄金市场。1804 年，伦敦取代荷兰阿姆斯特丹成为世界黄金交易中心。1919 年伦敦金市正式成立，每天进行上午和下午的两次黄金定价。由五大金行定出当日的黄金市场价格，该价格一直影响纽约和中国香港的交易。市场黄金的供应者主要是南非。1982 年以前，伦敦黄金市场主要经营黄金现货交易。1982 年 4 月，伦敦期货黄金市场开业。现在，它是全球最主要的黄金现货市场，也是世界上唯一可以成吨购买黄金的市场。该市场每日报出的黄金价格，是世界黄金市场的"晴雨表"。

2. 纽约和芝加哥黄金市场

纽约和芝加哥黄金市场是 20 世纪 70 年代中期发展起来的，主要原因是 1977 年后，美元贬值，美国人（主要是以法人团体为主）为了套期保值和投资增值获利，使黄金期货迅速发展起来。目前纽约商品交易所和芝加哥商品交易所是世界上最大的黄金交易中心。两大交易所对黄金现货市场的金价影响很大。

3. 苏黎世黄金市场

苏黎世黄金市场是第二次世界大战后发展起来的国际黄金市场。著名的瑞士银行、瑞士信贷银行和瑞士联合银行是这个黄金市场的主体。由于瑞士特殊的银行体系和辅助性的黄金交易服务体系，为黄金买卖提供了一个自由又保密的环境，加上瑞士与南非也有优惠协议，前苏联的黄金也聚集于此，使得瑞士不仅是世界上新增黄金最大的中转站，也是世界上最大的私人黄金存储中心。苏黎世黄金市场在国际黄金市场上的地位仅次于伦敦黄金市场。

4. 中国香港黄金市场

中国香港黄金市场已有 90 多年历史，其形成是以香港金银贸易场的成立为标志。1974 年，当时的香港政府撤销了对黄金进口的管制，此后香港金市发展极快。由于香港黄金市场在时差上刚好填补了纽约市场收市和伦敦市场开市前的空当，可以连贯亚洲、欧洲、美洲，形成完整的世界黄金市场。香港黄金交易所的运作，为中国黄金从计划走向市场提供了规范运作的平台。它的建立与运行将对今后中国的黄金生产、流通、消费产生积极影响。

三、中国黄金市场的发展现状

我国黄金市场已经初具规模，功能初步显现，特别是在 2008 年上市不久后，我国黄金期货市场还成功应对了国际金融危机带来的剧烈市场波动。然而，与国际成熟市场相比，目前我国黄金市场仍处于发展初期。

1. 中国黄金交易市场开放的历史短

中国大部分投资者对黄金投资业务还缺乏了解。中国是全球第一大黄金生产国，第二大黄金消费国。在 2004 年和 2005 年，中国的黄金消费增长分别达到 12.8% 和 12%，其中 93% 的黄金消费是用于首饰方面。可见，中国人还不能把黄金和投资工具这二者联系起来。

2. 中国黄金市场的发展情况

新中国成立后，中国的黄金市场曾出现一个长达 30 年的发展断层。中国在 1949 年以后实行黄金管制的政策，直到 1984 年才允许民间拥有黄金首饰。直到 2002 年上海黄金交易所成立，中国人民银行才退出统销统配的黄金体制，让矿山和交易员能直接通过上海黄金交易所自由买卖黄金，完成了黄金交易从计划经济到市场经济的过渡。此后，又经过一年多的手续准备，中国四大国有商业银行才推出黄金产品。

3. 中国投资市场不完善

投资工具选择少，但黄金投资的发展空间很大，黄金投资前景广阔。2004年9月，时任中国人民银行行长周小川在出席伦敦金银市场协会全球贵金属年会上说，中国国内居民储蓄余额已高达12万亿元，推出个人黄金投资，将百姓手中的货币资产转变成黄金资产。从微观上讲，可以拓宽储蓄转化为投资的渠道，调整货币供求；从宏观上讲，通过藏金于民，可以提高社会福祉，利国利民。随着中国经济的持续稳定增长，百姓收入水平的普遍提高，我国人均黄金拥有量将会上升，黄金投资市场前景广阔。

4. 中国黄金市场的恢复和发展

从1993年国务院下发63号函，到2002年10月30日上海黄金交易所成立、2008年1月8日上海期货交易所黄金期货上市，中国黄金市场基本完成了从无到有、从有到多的转变。上海黄金交易所黄金现货市场、上海期货交易所黄金期货市场、商业银行柜台交易业务和经国家工商许可的黄金制品批发和零售商店为消费者和投资者提供了多种黄金产品，构成了多层次的市场体系。中国黄金市场各项黄金业务发展平稳、增长迅速、交易规模不断扩大，市场主体进一步丰富，中国黄金市场的广度和深度进一步提高。2010年8月3日，中国人民银行联合国家发展和改革委员会、工业和信息化部、财政部、国家税务总局和中国证监会等部委，联合发布了《关于促进黄金市场发展的若干意见》。中国黄金市场再次迎来重要的发展机遇。2010年，中国黄金市场在全球金融危机及后危机时代的经济复苏过程中有较大发展。2010年黄金价格延续了自2001年开始的上涨趋势，中国黄金市场现货及期货黄金交易旺盛。黄金现货市场方面，伦敦金银市场协会1~10月清算量较2009年同期下降9.36%；而上海黄金交易所现货黄金交易量同比大幅上涨56.72%。2010年1~6月，上海期货交易所黄金期货交易量（单向）达到188万手，黄金期货交割量累计达到375千克。上半年金价大幅上涨，并没有打击中国内地旺盛的黄金投资和消费需求。2010年上半年，中国黄金产量再创历史新高。1~6月累计产金159.24吨，与2009年同期相比，黄金产量增加12.735吨，同比增长8.69%。1~6月，黄金行业累计实现工业总产值968.916亿元，同比增长61.27%；实现利润102.518亿元，同比增长84.09%。预计全年产金将突破320吨，连续第四年蝉联全球第一大产金国地位。在全球各国黄金总需求下降的背景下，中国黄金的投资需求和消费需求旺盛，增长迅猛。2010年上半年，中国黄金消费需求量为207吨，与2009年同期相比增长11%。时任中国人民银行行长周小川2004年在上海举行的伦敦金银市场协会（LBMA）年会上提出中国黄金市场应当逐步实现三个转变：一是实现中国黄金市场从商品交易为主向金融交易为主的转变；二是实现中国黄金市场由现货交易为主向期货交易为主的转变；三是实现中国黄金市场由国内市场向国际市场的转变。

2010年，中国黄金市场正以迅猛的势头健康发展，黄金市场形态多元化，交易所市场、银行柜台市场和黄金制品批发零售商店共同发展；黄金产品多样化，投资金条、金锭、黄金制品、首饰各具特色，吸引了越来越多的投资者和消费者。《关于促进黄金市场发展的若干意见》指出：未来黄金市场的发展，要服务于我国黄金产业发展大局，立足于提高我国金融市场竞争力，着力发挥黄金市场完善金融市场中的重要作用。要加大沟通协调力度，建立上海黄金交易所和上海期货交易所合作协调机制，要切实加大创新力度，积极开发人民币报价的黄金衍生产品，丰富交易品种，完善黄金市场体系，进一步深化市场功能，提高市场的规范性和开放性，促进形成多层次的市场体系。

2016年，国内累计生产黄金453.486吨，连续10年成为全球最大黄金生产国，与2015年同期相比，增产3.434吨，同比上升0.76%，其中，黄金矿产金完成394.883吨，有色副产金完成 58.603 吨。

四、黄金的价值与地位

黄金一直是人们心目中财富的象征，是世界通行无阻的投资工具。黄金作为最佳保值工具，自古就受到投资者的青睐，在传统的股票及债券资产以外拥有黄金才是最佳策略。特别是在经济动荡的世界里，许多投资者认为只有黄金才是最安全的资产。所以，投资者都一致把黄金作为投资组合中的重要组成部分。

首先，黄金是一种资产。黄金的稀有性使它十分珍贵，而黄金的稳定性使它便于保存，所以黄金不仅成为人类的物质财富，而且成为人类储藏财富的重要手段，故黄金得到了人类的格外青睐。

其次，黄金是一种货币。黄金作为货币的历史十分悠久，出土的古罗马亚历山大金币距今已有2300多年，波斯金币已有2500多年历史。现存中国最早的金币是春秋战国时楚国铸造的"郢爰"，距今也已有2300多年的历史。但是这些金币只是在一定范围、区域内流通使用的辅币。黄金成为一种世界公认的国际性货币是在19世纪出现的"金本位"时期。"金本位制"即黄金可以作为国内支付手段，用于流通结算；可以作为外贸结算的国际硬通货。马克思在《资本论》中提出"货币天然不是金银，金银天然是货币"。正如在金本位制之前，黄金就发挥着货币职能一样，在制度层面上的黄金非货币化并不等于黄金已完全失去了货币职能：黄金是可以被国际接受的继美元、欧元、英镑、日元之后的第五大国际结算货币。经济学家凯恩斯揭示了货币黄金的秘密，他指出："黄金在我们的制度中具有重要的作用。作为最后的卫兵和紧急需要时的储备金，还没有任何其他的东西可以取代它。"现在可视黄金为一种准货币。

最后，黄金也是一种商品。做黄金饰品（包括首饰、佛像装饰、建筑装饰等）和黄金器具，是黄金最基本的用途。如果说有什么变化的话，那就是金饰日益从宫廷、庙宇走向了民间，由达官贵人们的特权变成了大众消费。现在每年世界黄金供应量的80%以上是指向首饰业的。

当前黄金商品用途主要是首饰业、电子工业、牙医、金章及其他工业用金。应该承认，目前黄金的商品用途仍是十分狭小的，这也是黄金长期作为货币金属而受到国家严格控制的结果。今后随着国际金融体制改革的推进，金融黄金的商品属性的回归趋势加强，黄金商品需求的拓展对黄金业的发展将具有更为重要的意义。

黄金作为最后储备的资产，国家长治久安的储备体系包括外汇储备、粮食储备、军用储备等，只有黄金储备是稳定和不可破坏的。黄金无疑是唯一的独立性、安全性和流通性三者俱备的资产。

五、黄金投资形式的种类

黄金投资形式有六大类：实金投资（即金条）、金币投资、金首饰投资、现货黄金、纸黄金、黄金期货。投资黄金能赚钱，主要是看升值。金价虽会因国际政治、经济局势而略有起伏，但整体上将是平稳小涨。

1. 投资金条

投资金条（块）时要注意最好购买世界上公认的或当地知名度较高的黄金精炼公司制造的金条（块）。这样，以后在出售金条时会省去不少费用和手续，如果不是知名企业生产的黄金，黄金收购商要收取分析黄金的费用。国际上不少知名黄金商出售的金条包装在密封的小袋中，除了内装黄金外，还有可靠的封条证明，这样在不开封的情况下，再售出金条时就会方便得多。一般金条都铸有编号、纯度标记、公司名称和标记等。由于金砖（约400盎司)一般只在政府、银行和大黄金商间交易使用，私人和中小企业交易的一般为比较小的金条，这需要特大金砖再熔化铸造，因此要支付一定的铸造费用。一般而言，金条越小，铸造费用越高，价格也相应提高。投资金条的优点：不需要佣金和相关费用，流通性强，可以立即兑现，可在世界各地转让，还可以在世界各地得到报价；从长期看，金条具有保值功能，对抵御通货膨胀有一定作用。缺点：占用一部分现金，而且在保证黄金实物安全方面有一定风险。购买金条需要注意的方面：最好购买知名企业的金条，要妥善保存有关单据，要保证金条外观，包括包装材料和金条本身不受损坏，以便将来出手方便。

2. 投资金币

金币有两种，即纯金币和纪念性金币。纯金币的价值基本与黄金含量一致，价格也基本随国际金价波动。纯金币主要为满足集币爱好者收藏。有的国家纯金币标有面值，如加拿大曾铸造有 50 元面值的金币，但有的国家纯金币不标面值。由于纯金币与黄金价格基本保持一致，其出售时溢价幅度不高（即所含黄金价值与出售金币间价格差异），投资增值功能不大，但其具有美观、鉴赏、流通变现能力强和保值功能，所以仍对一些收藏者有吸引力。纪念性金币由于有较大溢价幅度，具有比较大的增值潜力，其收藏投资价值要远大于纯金币。纪念性金币的价格主要由三方面因素决定：一是数量越少价格越高；二是铸造年代越久远价值越高；三是目前的品相越完整越值钱。纪念性金币一般都是流通性币，都标有面值，比纯金币流通性更强，不需要按黄金含量换算兑现。由于纪念性金币发行数量比较少，具有鉴赏和历史意义，其职能已经大大超越流通职能，投资者多为投资增值和收藏、鉴赏用，投资意义比较大。如一枚 50 美元面值的纪念金币，可能含有当时市价 40 美元的黄金，但发行后价格可以大大高于 50 美元的面值。投资纪念金币虽有较大的增值潜力，但有一定的难度，首先要有一定的专业知识，对品相鉴定和发行数量、纪念意义、市场走势都要了解，而且还要选择良好的机构进行交易。

3. 纸黄金

"纸黄金"交易没有实金介入，是一种由银行提供的服务，以贵金属为单位的账户，投资者无须通过实物的买卖及交收而采用记账方式来投资黄金，由于不涉及实金的交收，交易成本可以更低；值得留意的是，虽然它可以等同持有黄金，但是账户内的"黄金"不可以换回实物，而且"存款"没有利息。"纸黄金"是采用 100% 资金、单向式的交易品种，是直接投资于黄金的工具中较为稳健的一种。

4. 黄金管理账户

黄金管理账户是指经纪人全权处理投资者的黄金账户，属于风险较大的投资方式，关键在于经纪人的专业知识和操作水平及信誉。一般来讲，提供这种投资的企业具有比较丰富的专业知识，收取的费用不高。同时，企业对客户的要求比较高，要求其投资额也比较大。

5. 黄金凭证

黄金凭证是国际上比较流行的一种黄金投资方式。银行和黄金销售商提供的黄金凭证，为投资者提供了免于储存黄金的风险。发行机构的黄金凭证，上面注明投资者随时提取所购买黄金的权利，投资者还可按当时的黄金价格将凭证兑换成现金收回投资，也可通过背书在市场上流通。投资黄金凭证要向发行机构支付一定的佣金，一般而言佣金和实金的存储费大致相同。投资黄金凭证的优点：该凭证具有高度的流通性，无储存风险，在世界各地可以得到黄金保价，对于大机构发行的凭证，在世界主要金融贸易地区均可以提取黄金。缺点：购买黄金凭证占用了投资者不少资金，对于提取数量较大的黄金，要提前预约，有些黄金凭证信誉度不高。为此，投资者要购买获得当地监管当局认可证书的机构凭证。

6. 黄金期货

和其他期货买卖一样，黄金期货也是按一定成交价，在指定时间交割的合约，合约有一定的标准。黄金期货的特征之一是投资者为能最终购买一定数量的黄金而先存入期货经纪机构一笔保证金（一般为合同金额的5%～10%）。一般而言，黄金期货购买和销售者都在合同到期日前，出售和购回与先前合同相同数量的合约而平仓，而无须真正交割实金。每笔交易所得利润或亏损，等于两笔相反方向合约买卖差额，这种买卖方式也是人们通常所称的"炒金"。黄金期货合约交易只需10%左右交易额的定金作为投资成本，具有较大的杠杆性，即少量资金推动大额交易，所以黄金期货买卖又称"定金交易"。投资黄金期货的优点：较大的流动性，合约可以在任何交易日变现；较大的灵活性，投资者可以在任何时间以满意的价位入市；委托指令的多样性，如即市买卖、限价买卖等；质量保证，投资者不必为其合约中标的的成色担心，也不需要承担鉴定费；安全方便，投资者不必为保存实金而花费精力和费用；杠杆性，即以少量定金进行交易；价格优势，黄金期货标的是批发价格，优于零售和饰金价格；市场集中公平，期货买卖价格在一个地区、国家，开放条件下世界主要金融贸易中心和地区价格是基本一致的；会期保值作用，即利用买卖同样数量和价格的期货合约来抵补黄金价格波动带来的损失，也称"对冲"，这在其他文章中会做专题介绍。黄金期货投资的缺点：投资风险较大，因为需要较强的专业知识和对市场走势的准确判断；市场投机气氛较浓，投资者往往会由于投机心理而不愿脱身，所以期货投资是一项比较复杂和劳累的工作。

7. 黄金期权

期权是买卖双方在未来约定的价位具有购买一定数量标的的权利，而非义务。如果价格走势对期权买卖者有利，则会行使其权利而获利；如果价格走势对其不利，则放弃购买的权利，损失只有当时购买期权时的费用。买卖期权的费用（或称期权的价格）由市场供求双方力量决定。由于黄金期权买卖涉及内容比较多，期权买卖投资战术也比较多且复杂、不易掌握，目前世界上黄金期权市场并不多。黄金期权投资的优点也不少，如具有较强的杠杆性，以少量资金进行大额的投资；如是标准合约的买卖，投资者则不必为储存和黄金成色担心；具有降低风险的功能等。

8. 黄金股票

所谓黄金股票，就是金矿公司向社会公开发行的上市或不上市的股票，所以又可以称为"金矿公司股票"。由于买卖黄金股票不仅是投资金矿公司，而且还间接投资黄金，因此这种投资行为比单纯的黄金买卖或股票买卖更为复杂。投资者不仅要关注金矿公司的经营状况，还要对黄金市场价格走势进行分析。

9. 黄金基金

黄金基金是黄金投资共同基金的简称，所谓黄金投资共同基金，就是由基金发起人组织成立，由投资人出资认购，基金管理公司负责具体的投资操作，专门以黄金或黄金类衍生交易品种作为投资媒体的一种共同基金。由专家组成的投资委员会管理。黄金基金的投资风险较小、收益比较稳定，与我们熟知的证券投资基金有相同特点。

10. 国际现货黄金

国际现货黄金又叫"伦敦金"，因最早起源于伦敦而得名。伦敦金通常被称为"欧式黄金交易"。以伦敦黄金交易市场和苏黎世黄金市场为代表。投资者的买卖交易记录只在个人预先开立的"黄金存折账户"上体现，而不必进行实物金的提取，这样就省去了黄金的运输、保管、检验、鉴定等步骤，其买入价与卖出价之间的差额要小于实金买卖的差价。这类黄金交易没有一个固定的场所。在伦敦黄金市场整个市场是由各大金商、下属公司间的相互联系组成，通过金商与客户之间的电话、电传等进行交易；在苏黎世黄金市场，则由三大银行为客户代为买卖并负责结账清算。伦敦的五大金商（罗富齐、金宝利、万达基、万加达、美思太平洋）和苏黎世的三大银行（瑞士银行、瑞士信贷银行和瑞士联合银行）等都在世界上享有良好的声誉，交易者的信心正建立于此。

11. 天通金

天通金是指天津贵金属交易平台提供的最新现货投资产品，包括：现货黄金、现货白银原油焦炭。

① 以人民币计价，以克为单位。

② 24 小时交易。周一上午 8：00～周六凌晨 4：00 不间断交易。

③ 双向获利。上涨可买入获利，下跌可卖出获利，交易多样化。

④ T＋0 交易。每日可以交易数次，增加获利机会，减少投资风险。

⑤ 保证金交易。利用"杠杆"原理，只需 8％的资金投入，放大 12.5 倍，提高资金利用率。

⑥ 可提取黄金实物。黄金是天然的抵御通货膨胀、保值和增值的工具，必要时也可以申请提取交割实物黄金或白银，以减少投资风险甚至增值。

⑦ 无交割时间限制。大大减少了操作成本，持仓多久均可，由投资者自己把握，不必像期货那样到期后无论价格多少必须交割，可以大大减少投资者的操作成本。

⑧ 全球市场，无庄家操控。

⑨ 无涨跌停板限制。

⑩ 资金银行第三方托管，保证安全。交易资金由客户，天津贵金属交易所（简称"天交所"）和银行签署三方协议，直接由银行进行第三方托管，不经过天交所会员单位，可靠安全。

⑪ 新兴投资产品，中国市场潜力巨大。

⑫ 全国唯一做市商交易机制。

⑬ 信息公开透明，不会被人为操控。报价由天交所统一发布，交易平台稳定可靠，无所谓的"黑平台"。

⑭ 交易合法、有保障。

六、黄金投资的优点

在投资市场上，供投资者选择的投资品种十分丰富。为什么要选择黄金投资呢？黄金投资与其他形式的投资相比究竟有哪些方面的优势呢？

1. 在税收上的优势

黄金可以算是世界上所占税项负担最轻的投资项目。其交易过程中所包含的税收项目，基本上也就只有黄金进口时的报关费用了。相比之下，其他的不少投资品种，都存在着一些容易让投资者忽略的税收项目。例如，在进行股票投资、房产投资时，交易时要向国家缴纳一定比例的印花税、房产税、营业税、所得税等。如此计算，利润将会成比例地减少，如果是进行大宗买卖或者长年累月的计算，这部分费用可谓不菲。尤其是在一些高赋税的国家里,投资前的赋税计算就变得极其重要,否则可能会使投资者作出错误的投资决策。

2. 产权转移的便利

假如投资者手头上有一栋住宅和一块黄金,当你打算将它们都送给子女的时候,会发现将黄金转移很容易,让子女拿走就可以了,但是住宅就要费劲得多。住宅和股票、股权的转让一样,都要办理过户手续。假如是遗产,还要律师证明合法继承人的身份,手续很烦琐。由此看来,这些资产的产权流动性根本没有黄金那么优越。在黄金市场开放的国家里,任何人都可以从公开的场合购得黄金,还可以像礼物一样进行自由转让,没有任何类似于登记制度的阻碍。而且黄金市场十分庞大,随时都有任何形式的黄金买卖。

3. 世界上最好的抵押品种

很多人都遇到过资金周转不灵的情况,解决这种窘困的方法通常有两种,第一就是进行典当,第二就是进行举债。举债能否实现,完全看自己的信用程度,而且能借到的钱够用与否也不能确定。这时,黄金投资者就完全可以把黄金进行典当,之后再赎回。黄金典当相当容易,需要的只是一份检验纯度的报告。正是由于黄金是一种国际公认的物品,根本不愁没有买家承接。一般的典当行都会给予黄金达 90% 的短期贷款,而不记名股票、珠宝首饰、金表等物品,最高的贷款额也不会超过 70%。在法国这种黄金文化比较深厚的地方,银行都欢迎用黄金进行贷款,而且贷款的比率能达到 100%。

4. 黄金能保持久远的价值

商品在时间的摧残下都会出现物理性质不断被破坏和老化的现象。不管是房产还是汽车,除非被某个名人使用过,不然经过岁月的磨炼都会有不同程度的贬值。而黄金由于其本身的特性是一种恒久的物质,其价值又得到了国际的公认,所以从古到今都扮演着一个重要的经济角色。

5. 黄金是对抗通胀的最理想武器

近几十年间,通货膨胀导致的各国货币缩水情况十分剧烈。等缩水到了一定的程度时钞票就会如同废纸一般,而黄金却会跟随着通胀而相应地上涨。因此,进行黄金投资,才是避免在通胀中被蚕食的最佳方法。

6. 黄金市场很难出现庄家

任何地区性股票的市场,都有可能被人为性地操纵。但是黄金市场却不会出现这种情况。金市基本上是属于全球性的投资市场,现实中还没有哪一个财团的实力大到可以操纵金市。也正是由于黄金市场做市很难,才为黄金投资者提供了较大的保障。

7. 无时间限制,可随时交易

投资者可以随时进行黄金的买卖。早晨香港金市开市,下午伦敦又开,紧接着还有美国,24小时都可以进行黄金的交易。投资者可以随时获利平仓,还可以在价位适合时随时建仓。另外,黄金的世界性公开市场不设停板和停市,令黄金市场投资起来更有保障,根本不用担心在非常时期不能入市平仓止损。黄金投资的优点如此之多,应该成为投资人士们投资组合中的一部分。

小常识(一)

含金量千分数不小于 999 的称为千足金,是首饰成色命名中最高值。印记为千足金、999 金、gold999 或 g999。黄金首饰的印记包括厂家代号、材料和纯度。

小常识(二)

全球各大金市的交易时间,以伦敦时间为准,形成伦敦、纽约(芝加哥)连续不停的黄金交易:伦敦每天上午10:30的早盘定价拉开北美金市的序幕。纽约、芝加哥等先后开叫,当伦敦下午定价后,纽约等仍在交易,此后中国香港也加入进来。伦敦的尾市会影响美国的早市价格,美国的尾市会影响中国香港的开盘价,而中国香港的尾市价和美国的收盘价又会影响伦敦的开市价,如此循环。如图9-1所示。

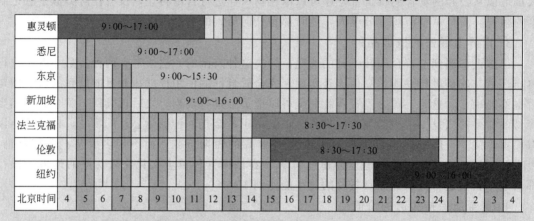

图9-1 黄金交易时间表

黄金市场是一个全球性的市场,可以24小时在世界各地不停交易。黄金很容易变现,可以迅速兑换成任一种货币,形成了黄金、本地货币、外币三者之间的便捷互换关系,这是黄金在当代仍然具备货币与金融功能的一个突出表现。

资料来源:百度文库

第二节
黄金价格波动分析

黄金价格的变动,绝大部分原因是受到黄金本身供求关系的影响。因此,作为一个具有自己投资原则的投资者,就应该尽可能地了解任何影响黄金供给的因素,从而进一步明了场内其他投资者的动态,对黄金价格的走势进行预测,以达到合理投资的目的。其主要因素包括以下几个方面。

一、供求关系

黄金实物需求和黄金的产量、存量之间的均衡关系,在一定时期和一定范围内左右着黄金价格,形成了黄金商品属性范畴的价格机制。黄金供需情况能够在中长期内决定黄金的价格走势,已为历史经验所证实。这个价格机制也是黄金的保值、投资、投机等金融范畴属性影响金价的作用基础。1994年以来,国际黄金的供需总量基本稳定,供求关系基本平衡,每年的供需量保持在3000~4000吨。2001年黄金市场供需面的改善也引起了投资需求的转变,黄金消费能力的提高也促使黄金现货投资需求大幅提高。2007年以来,全球范围内黄金处于"供不应求"的状态,每年供需缺口在300吨左右，这也是黄金价格上升的基础原因。

从供需角度来说，黄金矿业产出黄金，黄金市场消耗黄金。中国在2007年取代南非成为世界第一产金大国。自2011年起中国已成为黄金产量超越300吨的国度。

根据中国国土资源部编制的《中国矿产资源年报告（2017）》显示截至2016年底，我国新增金资源储量824.5吨，金矿查明资源量12167吨，增长5.2%。即便这样，每年几百吨的黄金产量仍远远赶不上千余吨的黄金消费量，自2010年起，中国的黄金进口量在六年内上涨了700%。

近些年随着成本的飙升和黄金价格的下跌、黄金企业金矿品位下降，包括中国在内，全球黄金开采量开始出现了停滞，2017年全球黄金矿产量已经是连续第四年出现增长率下滑。如若全球黄金产量进入持续下跌时期，从供需关系来看，对于未来黄金价格走出低迷具有现实意义。

二、宏观经济因素

宏观经济因素在短中长期内都会影响黄金价格走势。短期的宏观经济指标的变动会直接影响即时金价变化和走势，全球范围内的宏观经济形势会在中长期的时间范围内决定黄金价格走势。

1. 经济增长

经济增长对于黄金价格的影响来自于区域范围内的币值变化、通货膨胀和居民的购买能力。一般而言，经济增长伴随居民的购买力增强和通胀加剧，会促使金价上升。

2. 货币政策

货币政策指央行运用各种工具调节货币供给和利率，以影响宏观经济的方针和措施的总和。货币政策分为紧缩性货币供给政策和扩张性货币供给政策，紧缩性政策的目的是通过减少货币供应量达到紧缩经济的作用，而扩张性政策则相反。货币政策工具有存款准备金政策、再贴现政策和公开市场业务。一般情况下，当一个国家采取宽松的货币政策时，会引起金价上升。目前，由于美元是国际货币体系的基础，美国联邦储备系统（以下简称美联储）的货币政策是影响金价的主要因素之一。

以加息为例，2001~2003年三年美联储14次降息，蛰伏了近10年的国际黄金，尝试性突破长期上方409~460美元阻力区间，在后续几个月调整之后，阻力变支撑，国际黄金稳健上行，再未回头。

2004~2006年两年美联储17次的加息中，国际黄金并没有按照美元升值黄金贬值的一般逻辑运行，第一次加息391美元，第十七次加息598美元，在全球通货膨胀的大背景下，国际黄金抗通胀的金融属性使其与美元指数保持了相对同向性。

2007~2008年美联储10次降息更是有9次带来国际黄金不同幅度的上涨。

2009~2013年美联储维持利率0~0.25%不变的政策基本上起到了助推金价上扬的作用。

从2001~2013年，美国经历加息、降息、保持利息不变都没有阻止住黄金十多年的美好时光。美国经济学家在2014年宣称已经耗尽了QE政策的功效。2015年年底的那一次加息影响最甚。黄金在2016年7月逼近了1380美元，2016年上半年，黄金取得了1974年以来的最佳半年度表现。2017年年底再1300美元。

3. 通货膨胀和利率水平

通货膨胀对于金价的影响，需要从长期和短期两个方面分析，并要结合通货膨胀在短期内的程度而定。短期内，物价大幅上升，货币购买力下降，金价会明显上升。长期看，若年通胀率在正常范围内变化，则对金价的影响不大。经验表明，扣除通货膨胀后的实际利率是持有黄金的机会成本，对金价有重要的影响。实际利率为负的时期，黄金的金融属性尤其是保值避险功能得到充分发挥。

4. 汇率变化

（1）美元汇率影响　美元汇率在短中长期都是影响黄金价格波动的重要因素之一，是黄金投资中必须密切关注的经济指标。市场上有美元涨则黄金跌，美元跌则黄金涨的规律。美元汇率对黄金市场的影响主要有两个方面：①美元是国际黄金市场的标价货币，与金价呈现一定的负相关关系。②黄金是美元资产的替代投资工具，美元汇率下降往往与通货膨胀、股市低迷有关，黄金的保值功能得到体现，刺激投资、保值和投机需求的上升；美元汇率走强，美国国内股票和债券得到追捧，黄金作为价值储藏手段的功能受到削弱。

（2）人民币汇率　人民币汇率制度的改革和人民币的升值趋势会对国内金价产生重要影响。汇率变动会直接影响以人民币标价的黄金的国内市场价格；同时，中国经济的增长、中国经济实力的上升、人民币对美元汇率的变动也牵动国际市场黄金价格。当前人民币处于升值通道中，市场对于人民币在未来的升值普遍存在进一步的预期，这意味着以人民币标价的国内黄金价格相对于海外黄金价格将不断降低。

三、其他影响金价的因素

其他因素有：地缘政治、商品市场价格波动、原油市场价格波动、黄金季节性供需等。

1. 地缘政治因素

对政治和金融危机的不稳定预期往往成为影响黄金价格的主导因素，故金价对政治动荡、战争和重大政治事件等因素分外敏感。短期看，有时候地缘政治因素会主导黄金的市场价格。

2017年欧元区经济继续延续稳步增长的势头，区内各经济体增长形势出现好转，推动了欧元区"多元化"增长与持续复苏。但是政治不确定性带来的影响尤为突出，且随时可能扰乱甚至打断欧洲经济复苏步伐。西班牙的加泰罗尼亚宣布独立，中央政府随即武力干预，直接接管加泰罗尼亚，取消自治、驱逐反对党。欧洲难民问题未得到有效解决，隐隐还有恶化的迹象。在2017年6月9日英国大选，英国首相特雷莎·梅所领导的保守党意外失去了占议会多数席位的地位。这一声明发布之后，市场风险情绪迅速抬头，现货黄金、白银大幅下跌：黄金大跌近1%，最低1264.24美元。

一旦英国脱欧后经济走强，也将会带动其他国家心生脱欧之意或者使得很多在观望的国家坚定脱欧的决心。欧洲的经济虽然在复苏，但是整体仍然非常脆弱。欧元与现货黄金同向性较强，未来欧元区经济的波动会让市场产生避险需求，而黄金是天然的避险资产。

2. 原油市场价格波动

在国际大宗商品市场上，原油是最为重要的大宗商品之一。原油价格持续高涨使得通货膨胀的压力加大，投资者往往会选择黄金来规避风险，从而推动金价上升；同时，油价波动一定程度上也影响着世界经济的增长和衰退，从而在另一个层面上影响金价。黄金和石油的价格波动在大多数时候呈现正向联动关系，虽然没有严格的数字比例关系，但其波动方向和趋势往往相同。

3. 商品市场价格波动因素

国际大宗商品的价格和原油价格一样，与金价也存在正相关关系。自2001年起的本轮黄金牛市，伴随的是以石油、铜等为首的能源、贵金属及部分农产品的国际大宗商品价格大幅上扬。路透商品指数、高盛商品指数是重要参照。

4. 黄金季节性供求因素

以一年为周期，黄金价格表现出受季节性供需影响明显的特征：一般而言，每年的8~9月份，金价开始缓慢回升；12~2月份，金价达到年内高点；然后逐渐回调，在二季度出现年内底部。亚洲国家传统上是实物黄金的吸纳地。从三季度开始，受节日因素推动，亚洲的黄金需求会逐渐增加，从而金价上升。金条来源于古代的货币流通，而现在则更多应用于收藏和投资领域，全球各大银行及金融机构都储备和流通有自己署名的金条，比如上海黄金交易所标准金条。

5. 中国黄金产业发展对黄金的影响

自2010年起，中国的黄金进口量在六年内上涨了700%，目前我国是当之无愧的全球第一大黄金消费国和第一大黄金加工国。早在2013年，中国就超过印度，成为世界上黄金消费量最大的国家。从2009年的454吨到2013年的1176.4吨，一跃达到过千的黄金消费量。整体而言，虽然中间部分年度需求出现下滑，但是整体消费量呈温和上升趋势。在每年产出的黄金中，40%都将被中国的买家买走，中国成为不折不扣的黄金第一买家。

党的第十八届五中全会提出"要有序实现人民币资本项目可兑换"和推进"一带一路"建设，"十二五"规划提出"到2020年上海基本建成与国家经济实力以及人民币国际地位相适应的国际金融中心"，这些国家重大发展战略都为黄金市场进一步发展提供了更广阔的发展空间。

中国的国家黄金储备还不及全球总量的5%，中国黄金需求激增，2015年和2016年两年时间里中国市场的黄金需求量就达到了3760吨，中国市场黄金的需求缺口巨大。

在"西金东移"的大趋势下，"一带一路"沿线国家成为黄金市场重要的需求方。"一带一路"沿线国家约为2.36万吨黄金储量总和，约9万吨的民间存金量，占全球70%~80%的黄金消费量，这不仅为我国进出口黄金提供了巨大的市场空间，同时也为我国黄金产业的发展带来巨大机遇。

例如，新疆和甘肃这两个区域都处于国家"一带一路"的核心区。招金矿业在新疆总投资超80亿元，形成了北疆以黄金为主，南疆以铜为主的产业发展格局；在甘肃总投资超60亿元，建立了"五矿一厂"的产业基地。紫金矿业在"一带一路"沿线的塔吉克斯坦、吉尔吉斯斯坦、俄罗斯、南非、刚果（金）、澳大利亚、巴布亚新几内亚以及秘鲁等国家进行了海外投资布局。

> **小常识**
>
> 金条分为盎司金和克金，目前国际上通用的为400盎司（合12.5千克）的金条。
>
>
>
> **金条**
> 好运金条是由浙江金海贵金属有限公司旗下品牌"黄金历史"出品的金条系列产品。
> 好运金条全家福：100千克、10千克、1000克、500克、100克、50克六种规格，六六大顺，好运连连，凑成一幅完整的全家福。

出品：黄金历史

铸造：长城金银精炼厂

规格：45cm×19cm×6.6cm（100千克）含金量：99.99%

产品概念：祈福好运，大道之行，国运昌盛，普天同乐，永世好运！

金条之王

金条之王：100千克，史上最重，价值2000万元。 入选上海大世界吉尼斯纪录。

资料来源：百度文库

第三节 我国商业银行个人黄金零售业务品种

在我国，商业银行推出的适合个人投资的黄金品种主要是纸黄金。目前国内已有三家商业银行开办纸黄金业务，分别是中国银行的黄金宝、中国工商银行的金行家、中国建设银行的账户金，见表9-1。

表9-1 我国商业银行黄金投资品种

项目	交易时间	交易成本	交易品种	报价方式	交易方式
中行黄金宝	周一到周五,每天24小时	单边点差0.5元/克和3美元/盎司	美元金和人民币金	人民币/克 美元/盎司	网上银行、电话银行以及网点办理
工行金行家	周一8:00到周六凌晨4:00	单边点差0.4元/克和3美元/盎司	美元金和人民币金	人民币/克 美元/盎司	网上银行、电话银行以及网点办理
建行账户金	周一到周五，10:00~15:30	单边点差0.5元/克	人民币金	人民币/克	网点办理

注：以上资料都来自于公开资料，如有变更，以其官方网站为准。

1. 中国银行"黄金宝"简介

中国银行开办的个人实盘黄金买卖业务也称"纸黄金""黄金宝"，指个人客户通过银行柜台或电话银行、网上银行服务方式，进行的不可透支的美元对外币金或人民币对本币金的账面交易，以达到保值、增值的目的。所谓"账面交易"，是指交易只在客户存折账户内作收付记录而不进行实物交割。"黄金宝"的交易标的是成色100%的账户金，品种分为国内市场黄金和国际市场外汇黄金，报价货币分别是人民币和美元，因此也简称"国内金"和"国际金"。

办理"黄金宝"业务的方式：只要拥有中国银行开立的活期一本通账户或一张与中国银

行活期一本通关联的借记卡，且账户内有足够的完成交易的人民币或美元，即可到中国银行网点柜台办理"黄金宝"业务。还可以选择更方便、快捷的交易方式，如电话银行、网上银行交易。

"黄金宝"业务每天的交易起止时间：电话银行和网上银行为24小时交易，即从每周一早9点至每周六早4点（每日批处理时间、国家法定节假日和国际黄金市场休市日除外）；柜台交易时间为周一至周五每天早上9点至下午5点（国家法定节假日和国际黄金市场休市日除外）。

"黄金宝"交易单位和交易起点：人民币金和美元金的计量单位分别为"克"和"盎司"。1盎司约等于31.1035克。人民币金交易起点为10克，最小交易进制为1克；美元金交易起点为1盎司，最小交易进制为0.1盎司。

"黄金宝"买卖的计息：客户只可在同一个活期一本通账户内进行黄金买卖交易，通过"黄金宝"业务购得的黄金不能够支取、转账或兑现为实物黄金，且账面黄金不计利息。如果客户是卖出黄金、买入人民币或美元，则自交易当日按活期利息计息。

"黄金宝"业务的收费标准："黄金宝"业务不收取任何交易手续费。银行收益体现在买入价和卖出价的价差上。

"黄金宝"业务的现钞和现汇问题：黄金买卖使用活期一本通账户（必须为"有折"）或借记卡账户进行交易。客户可用其存款账户的美元办理外币金的买卖或人民币对本币金的买卖。要求美元现汇买入的外币金必须以美元现汇卖出；美元现钞买入的外币金必须以美元现钞卖出；人民币买入的本币金必须以人民币卖出。资金账户均不允许透支，黄金账户余额不计利息。

"黄金宝"交易实例：2015年10月20日上午9:00，中国银行黄金报价为180.20/181.20。某客户在中国银行买入黄金100克，共投资18120元。其后，国际黄金价格上扬，中国银行人民币金价格随之走高。2015年10月30日，该客户准备卖出其所持有黄金。在11:07时中国银行询价，此时价格为190.70/191.70。该客户以190.70的价格卖出其所持有的100克黄金，获利19070－18120＝950元。

2. 中国工商银行"金行家"简介

"金行家"个人账户黄金买卖业务是指个人客户以美元或人民币作为投资货币，在中国工商银行规定的交易时间内，使用中国工商银行提供的个人账户黄金买卖交易系统及其报价，通过柜台、网上银行、电话银行等方式进行个人账户黄金买卖交易的业务。

"金行家"个人账户黄金买卖业务包含的种类：黄金（克）/人民币交易，以人民币标价，交易单位为"克"；黄金（盎司）/美元交易，以美元标价，交易单位为"盎司"。

"金行家"个人账户黄金买卖的报价方式：根据国际市场黄金中间价、通过加减点差或折算生成如下报价：黄金（克）/人民币买卖报价：将国际黄金市场XAU（盎司/美元）的中间价按照"克/盎司"及"美元/人民币"的换算比例进行折算并加减相应点差。黄金（盎司）/美元买卖报价：直接引用国际黄金市场XAU（盎司/美元）的中间价，加减相应点差。黄金（盎司）/美元的报价实行钞、汇统一价。

"金行家"个人账户黄金的特点：无须进行实物交割，没有储藏/运输/鉴别等费用。投资起金和每笔交易起点低，最大限度地利用资金。黄金（克）/人民币交易起点10克黄金，交易最小计量单位1克；黄金（盎司）/美元买卖交易起点0.1盎司黄金，交易最小计量单位0.01盎司。价格与国际市场黄金价格时时联动，透明度高。交易资金结算高速，划转实时到账。周一至周五，24小时不间断交易。交易渠道多样，柜台/电话银行/网上银行均可交易。交易方式多样：即时交易、获利委托、止损委托、双向委托，最长委托时间可达到120小时。

"金行家"个人账户黄金买卖业务的办理方式：①黄金（克）/人民币买卖：客户在中国工商银行办理以人民币作为投资币种的账户黄金买卖业务前，凭本人有效身份证件到工行指定网点，将基本户为活期多币种户的工行账户（包括牡丹灵通卡、e时代卡或理财金账户）作为资金交易账户，并在该账户下开立"个人黄金账户"，其后通过工行柜台/网上银行/电话银行直接进行交易即可。但通过电话银行和网上银行进行交易时，资金交易账户需完成电子银行的注册手续。同一客户在同一地区只能开立一个有效的"个人黄金账户"，该账户不能跨地区使用。②黄金（盎司）/美元买卖：直接将基本户为活期多币种的工行账户（包括活期一本通、牡丹灵通卡、e时代卡或理财金账户）作为资金交易账户，通过工行柜台/网上银行/电话银行直接进行交易即可。

交易方式：①柜台交易：凭本人有效身份证件、工行活期多币种户到工行指定网点办理。②电话银行交易：拨打95588→电话语音提示："个人客户请按1"→输入卡号或客户编号和密码→电话语音提示："黄金业务请按5"→"美元黄金交易请按1，人民币黄金交易请按2"，按要求选择后即可进入相应程序进行操作。③网上银行交易：登录工行官方网站→输入网上银行账号和密码→点击"网上汇市"进入"黄金（盎司）/美元买卖"界面；或点击"网上黄金"进入"黄金（克）/人民币买卖"界面。使用电话银行和网上银行交易功能，资金交易账户需完成电子银行的注册手续。

> **小常识**
>
> 金币分为两类，一类是由收藏者以高于金币黄金含量价值以上很多的价格来购买的金币。这类金色币的价格不是经常浮动的，主要包括限量发行的样币、纪念性金币，以及古币，其价值主要体现为收藏价值，一般投资者对其价值高低难以把握，往往出现较高溢价。另一类是指黄金投资者以略高于金币黄金含量价值以上的价格来进行买卖的金币，称为普制金币，能够广泛地体现出较好的投资价值。普制金币开始于1970年，是世界范围内主要的投资性金币。我国的普制金币主要是熊猫金币，但是鉴于我国黄金市场目前的开放有限，熊猫金币的流通仍主要靠中国的零售商自发形成，所以目前仍存在较大的流通局限性。另外，世界范围内的普制金币主要包括1970年南非发行的克鲁格金币，加拿大1979年发行的枫叶金币，以及美国的鹰扬金币、澳大利亚的袋鼠鸿运金币、奥地利的维也纳爱乐乐团金币等。
>
> 资料来源：百度文库。

第四节 黄金投资理财操作方式与技巧

目前黄金这个新兴投资市场正在迅速膨胀，个人炒金业务不断发展，黄金投资正成为一个越来越热门的话题，有望成为继股市、汇市之后的理财新热点。现实生活中，黄金投资理财操作方式与技巧的选择成为人们关注的焦点。

一、黄金投资理财模式

黄金的最大特点就是兼有商品和期货的特点，一方面，黄金可以被生产出来，因而便于进行期货和期权交易；另一方面，它又有可以长期保存、不受损失的特点，因而可以借贷、存放，而且和货币一样有利率。在我国目前可供投资者选择的投资模式主要有以下几种。

第一，金币模式金币是中国人民银行授权中国金币总公司组织铸造和发行的国家货币，分纪念币和投资币两种。纪念币属艺术品投资范畴，投资币则属于实物黄金投资范畴。

第二，金条模式于1999年年底开始，国内市场出现各种被冠名为"千禧年金条""贺岁金条""高塞尔金条"和"奥运金条"并赋予纪念意义的金条，这类金条均属于实金投资范畴，至于其纪念意义及衍生投资价值，就有待于投资者自己理解和期待了。

第三，做市商模式实际上就是由资金实力雄厚的商业银行，先在市场上买入黄金作为储备，然后根据市场即时价格报出买入价和卖出价。目前市场上最具代表性的做市商模式，是建行的"账户金"和中行的"黄金宝"，但国内对做市商模式不太熟悉。

第四，经纪商模式是投资者与具有上海黄金交易所会员资格的代理经纪商建立委托代理关系，经纪商接受委托而代理进场，并按委托人报价买卖交易，委托人向经纪商支付手续费。

所以最好的投资方式就是买入并持有。当然，如果能够选择一个低点买入就更好，这样在你买入之后自己持有的黄金就可能不断升值。

二、黄金投资理财策略

要使我国的黄金投资市场成为一个成熟的市场，还有许多工作要做。除了提供多种多样的投资方式，包括期货、期权、掉期等，还应提供完善的融资渠道，为更多的人进入这个市场提供便利。投资者要在黄金市场中获利，还要掌握一定的投资理财策略，最要紧的是看清方向、利用概率、及时止损，正确分配资金。

1. 看清方向

在黄金市场上进行风险投资和其他期货市场一样，最好是顺势而为。也就是说，在市场趋势上涨时做多，而在市场趋势下跌时做空。我们看到，在期货市场上的主趋势一般都能维持很长时间，短的2~3年，长的10~20年，如果你能按照市场前进的方向去做，可以大大增加赢利的机会。正如道·琼斯当初所说的那样：在多头市场中每一个低点都是买入的机会，而在空头市场中每一个高点都是卖出的机会。在黄金市场中做风险投资一定要密切关注国际外汇市场，而美元汇率更是影响金价的首要因素。虽然金价的走势并不和美元汇率走势完全同步，有时也会出现美元跌金价反而上涨或者相反的情况。但是从长期来看，金价和美元汇率的走势肯定是一样的，不可能金价不断上涨，而美元也不断上涨。因为黄金是用美元标价的，美元上涨就意味着黄金对使用其他货币的人来说变贵了，需求量自然就减少了。而美元下跌说明有更多的人抛出美元资产，而黄金正是一个最好的选择。在未来若干年内，美元下跌和金价上涨是不可避免的，认清这个趋势对我们在黄金市场中取得主动权是至关重要的。

2. 利用概率、及时止损

在风险市场中让每笔投资都正确是不可能的，无论操盘手的水平有多高，也难免有做错的时候。这时候最要紧的就是及时止损出局，避免更大的损失。这里的依据就是根据概率理论，只要胜多负少，算总账就仍然有希望获胜。止损是投资者为了避免自己的资产遭受较大损失而设定的价位。例如做多者买入看涨期货合同后，希望金价上涨，但同时设定如果金价走势和原先的预期相反，就要实行止损操作。具体做法是在金价下跌超过一定幅度如2%时即将多头仓位全部平仓，以免因为金价继续下跌而遭受更大的损失。同样做空者也会在金价上涨时设定平仓的止损位。这里的关键在于一旦金价达到止损位就坚决执行，即使过后发现错了也不要后悔。因为假如不止损就可能遭受更大的损失，那时后悔就来不及了。止损常常也对金价产生影响。而且这些止损位大都是在整数位，特别是在重要的压力位、阻力位和整数关口。由于许多大资金使用计算机操盘，因而当金价突破某一关口时，往往会发生触发大量止损盘的情形。而一旦大量止损盘出现，则会推动金价沿着原来的方向加速前进。

3. 正确分配资金

在风险投资中正确分配资金也是十分重要的。首先，在投资时不要一次把资金全部投入，而应当采取分批分期投入。例如把全部资金分成三份，在第一份投入并获利后再投入第二份，而一旦出错则及时止损，这样就可以避免损失过大。其次，在期货和期权交易中还要留有足够的保证金，因为如果方向做对，固然没有问题，但是如果方向做反，因亏损而招致的追加保证金数量过大很可能导致被迫平仓，这是最危险的。尤其在期货市场中，大资金拥有者往往会单方向拉抬，迫使对方平仓，而对手在平仓的同时等于增强了他的力量。因为假如大资金拥有者做多，对手做空，在对手被迫平仓也就是买入之后，买入的力量就加大了，剩余的对手将受到更大的挤压，直到所有对手都被排挤出局为止。要避免这一点，一是不可满仓，二是及时止损出局。

以上是控制风险的三个必要措施，在交易中一定要严格执行。在金融市场中，大部分损失惨重的投资者，都是因为风险没控制好，而不是行情判断错误的问题。所以归根结底，只有学会时刻控制好交易风险，才能在市场中稳健获利。

三、黄金投资操作技巧

黄金投资为小投资者提供安全可靠的投资方式，普通老百姓大都愿意把手中的钱存在银行，为的是可靠方便。国债和储蓄仍是中国百姓的首选。虽然利息低，但是有保证，而且不会遭受风险。近年来又增加了很多新的投资方式，例如保险、基金等，也开始为普通老百姓所认识。至于黄金，虽然在历史上是重要的保值手段，但是前些年来黄金首饰的价格不断上涨，而其他的黄金投资手段又缺乏，黄金投资还处于初级阶段。这就需要我们加强宣传，使大家提高认识，了解投资黄金的利弊，理性选择黄金投资产品。

首先，对于普通投资者来说，要树立起"投资组合"的观念。也就是说，从过去那种单一储蓄的投资方法中走出来，通过投资不同的领域，在尽可能避免风险的同时也得到更多的收益。和其他的投资方式相比较，黄金投资虽然不可能像储蓄和国债那样旱涝保收，但至少也是一种相当稳妥可靠的投资方式，风险很小，而收益可能很大。按照风险/收益比来说，不失为一种很好的选择。

其次，对于个人投资者，可以参与的黄金投资主要分为两大类，一类是类似纸黄金的投资工具，如建设银行的"账户金"、上海黄金交易所的黄金AU（T％2BD）交易、上海期货交易所的黄金期货以及国外的黄金投资基金（黄金ETF）等，这类交易的投资者不以交割实物为目的，注重高抛低吸赚取买卖差价，关注的是黄金价格而非实物本身，是一种获取利润的投资工具；另一类属于实物黄金，主要是为抵御通货膨胀或其他特殊风险的，其投资者关心的是黄金实物本身的货币属性，而不太在意价格的变化，主要作为个人或家庭必配的资产，包括普通金条、纪念金条、金币、金章等。

投资纸黄金和实物黄金涉及的都是黄金，却是完全不同的概念。投资纸黄金关注的是价格，而非实物本身，实际上是一个投资工具。实物黄金则相反，投资它并不看重价格，是资产配置重要的内容，是用来抵御特殊风险的，在特殊状态时是作为最终支付手段的。例如

"二战"时期,德国印刷的所有货币在全世界买不到任何东西,德国只有用黄金才能买到东西,所以在这种情况下,黄金起到了抗风险的特殊作用。

黄金是一个抵抗特殊风险的理财产品,实物黄金是一种跨时空、跨地域亘古不变的硬通资产,所以站在理财的角度来说,这是每个家庭必配的产品。

世界黄金协会最新统计数据显示:目前我国人均黄金年购买量约0.2克,远低于亚洲其他国家和地区人均10克的水平,其中投资所占比例更小。因此有关专家认为,如果家里有余钱,不妨做一点黄金方面的投资。但是,黄金投资不宜作为家庭理财的主要投资产品,要根据自己的风险承受能力以及资金量决定黄金资产的配置比例,建议黄金所占的比例占家庭投资资金的5%~15%。

黄金在中华民族的文化史上拥有几千年的历史,但中国现代金融市场的发展历史比较短,并且由于经济体系和金融运作的差异,使我们很难预期中国的黄金市场很快便能全面开放。对于未来中国黄金市场的发展我国将会把重点集中在几个方面:一是如何令中国国内的黄金投资交易多元化和专业化;二是如何令中国投资者的交易行为变得理性;三是如何提高中国国民对黄金投资的认识和关注度;四是如何令中国国内的各种黄金投资和黄金交易能够蓬勃发展。最后我们希望中国的黄金市场能拥有对全球黄金价格的定价能力,中国的投资者能在全球的交易中起主导作用,从而带动中国经济的发展,实现国富民强。

小常识

黄金保证金交易品种:Au(T+5)、Au(T+D)

Au(T+5)交易是指实行固定交收期的分期付款交易方式,交收期为5个工作日(包括交易当日)。买卖双方以一定比例的保证金(合约总金额的15%)确立买卖合约,合约不能转让,只能开新仓,到期的合约净头寸即相同交收期的买卖合约轧差后的头寸必须进行实物交收,如买卖双方一方违约,则必须支付另一方合同总金额7%的违约金,如双方都违约,则双方都必须支付7%的违约金给黄金交易所。

Au(T+D)交易是指以保证金的方式进行的一种现货延期交收业务,买卖双方以一定比例的保证金(合约总金额的10%)确立买卖合约,与Au(T+5)交易方式不同的是该合约可以不必实物交收,买卖双方可以根据市场的变化情况,买入或者卖出以平掉持有的合约,在持仓期间将会发生每天合约总金额万分之二的递延费(其支付方向要根据当日交收申报的情况来定,如果客户持有买入合约,而当日交收申报的情况是收货数量多于交货数量,那么客户就得到递延费,反之则要支付)。如果持仓超过20天则交易所要加收按每个交易日计算的万分之一的超期费(目前是先收后退),如果买卖双方选择实物交收方式平仓,则此合约就转变成全额交易方式,在交收申报成功后,如买卖双方一方违约,则必须支付另一方合同总金额7%的违约金,如双方都违约,则双方都必须支付7%的违约金给黄金交易所。

附加材料:中国黄金发展大事回顾

1950年4月,中国人民银行制定下发《金银管理办法》(草案),冻结民间金银买卖,明确规定国内的金银买卖统一由中国人民银行经营管理。

1982年,中国人民银行开始发行熊猫金币。

1982年9月,在国内恢复出售黄金饰品,迈出中国开放金银市场的第一步。

1999年11月25日,中国放开白银市场,封闭了半个世纪的白银自由交易开禁,为放开黄金交易市场奠定了基础。12月28日,上海华通有色金属现货中心批发市场成为我国唯一的白银现货交易市场。白银的放开视为黄金市场开放的"预演"。

2000年8月,上海老凤祥型材礼品公司获得中国人民银行上海分行批准,开始经营旧金饰品收兑业务,成为国内首家试点黄金自由兑换业务的商业企业。

2001年4月,时任中国人民银行行长戴相龙宣布取消黄金"统购统配"的计划管理体制,在上海组建黄金交易所。

2002年10月30日,上海黄金交易所开业,中国黄金市场走向全面开放。

2003年4月,中国人民银行取消了有关黄金行业的26项行政审批项目,其中包括取消黄金收购许可,黄金制品生产、加工、批发业务审批,黄金供应,黄金制品零售业务核准四个项目。这些审批项目取消后,世界各地的公司只需在中国当地市场购买黄金,就可以自由在中国投资黄金珠宝生产、批发和零售,而无须得到中国政府的批准。但进出口黄金仍需要申请。

2004年8月16日,上海黄金交易所推出AU(T+D)现货延迟交收业务。

2004年9月6日,时任中国人民银行行长周小川在伦敦金银市场协会(LBMA)上海年会上表示,中国黄金市场应该实现从商品交易为主向金融交易为主转变,由现货交易为主向期货交易为主转变,由国内市场向融入国际市场转变。

2005年7月18日,上海黄金交易所与工行上海分行联合推出"金行家"业务,这是上海黄金交易所首次推出的面向个人的黄金投资产品。

2007年9月,中国证监会批准上海期货交易所上市黄金期货,中国黄金市场开放进入新阶段。从上海黄金交易所获悉,金交所"个人黄金保证金"业务已被提上议事日程,国内投资者的黄金投资渠道将更宽敞。

资料来源:百度文库

本章小结

黄金投资以其独有的特性——不变质、易流通、保值、投资、储值的功能作为人们资产保值的首选。

黄金投资俗称炒金,是通过对黄金及其衍生物进行购买、储藏及销售等过程的财产保值、增值及赢利的行为。虽然说购买黄金首饰也是一种投资黄金的行为,但通常所说的黄金投资主要是指买入金条、金币以及纸黄金等,而与购买黄金首饰相区别。

黄金价格的变动,绝大部分原因是受到黄金本身供求关系的影响。因此,作为一个具有投资原则的投资者,就应该尽可能地了解任何影响黄金供给的因素,从而进一步明了场内其他投资者的动态,对黄金价格的走势进行预测,以达到合理进行投资的目的。

黄金投资者要在黄金市场中获利,既要掌握一定的投资理财策略,最要紧的是看清方向、利用概率、及时止损,正确分配资金。

思考题

1. 什么是黄金投资?黄金投资的品种有哪些?
2. 影响黄金价格波动的因素有哪些?
3. 黄金投资理财的操作方式与技巧有哪些?

第十章

CHAPTER 10

退休与遗产规划

案例导入

未来养老需要多少钱？按最低生存需要，夫妻两人从55~85岁，一日三餐每顿都吃10元的盒饭，如按每年物价上涨5%算，不做理财的情况下，现在需储备153万元才够未来30年消费。但储备养老金，通胀是大敌。如你现在已有100万元养老金储备，不做理财的情况下，按每年5%的通胀率算，30年后这笔钱的实际购买力只有23万元。

国家统计局数据显示，1978~2010年，国内CPI的年化增幅5.57%。在通胀和实际负利率背景下，普通民众通过理财增加养老保障尤为重要。安享幸福晚年需基本的财务保障，普通投资者为养老做理财，更是越早准备越主动、负担越轻。

关键词：退休、养老、遗产

第一节 退休规划概述

一、退休规划的含义

简单来说，退休养老规划就是为了保证客户在将来有一个自立的、有尊严的、高品质的退休生活，而从现在开始积极实施的理财方案。众所周知，人的一生其收入和支出并不是完全对等的。图10-1呈现的是人的一生收入和支出的曲线，在参加工作之前，每个人的支出大于收入；在工作到退休期间，此时由于事业正处于上升期，收入大于支出，于是产生了一些节余；退休后，由于支出大于收入，形成亏损。而退休养老规划就是让节余来弥补亏损的过程。退休生活通常占据了人们三分之一的生存时间，是充分享受人生的最好时期。从某种意义上讲，所有的个人理财规划，最终都是为富足养老服务的。所以，为了晚年生活活得有尊严，过上高品质的生活，就应及早设计自己的退休养老规划。

二、退休规划的必要性

退休后能够享受尊严、自立、高品质的晚年生活是一个人一生中最重要的财务目标，因此退休规划是整个人生财务规划不可或缺的部分。合理而有效的退休规划不但可以满足退休后漫长的生活支出，保证自己的生活品质，抵御通胀带来的影响，而且可以显著提高个人的财富净值。

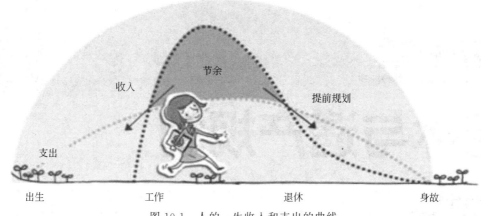

图 10-1 人的一生收入和支出的曲线

1. 退休生活时间大幅延长

随着营养、保健、医疗等水平的提高，个人的平均寿命比以前有了快速的增长。《2007年世界卫生报告》中指出日本妇女及意大利东北部小国圣马力诺男性寿命最长，分别为 86 岁及 80 岁，我国男女寿命分别为 71 岁及 74 岁，比 1949 年的 35 岁延长了足足一倍，达到中等发达国家水平。一些城市，如北京市 2008 年的人均期望寿命已超过 80 岁。而与此同时，人们的退休年龄却没有推迟。另外，由于科技进步、经济增长方式的变化以及高等教育的普及等原因大大推迟了个人就业的年龄，这就使得人们工作的年限相应减少，而退休生活时间大幅延长，也就意味着人们要在更短的工作时间内积累更多的货币资金以满足更长的退休生活需要。

2. 老龄化问题突出

根据联合国人口老龄化的标准，一个国家 60 岁及以上的老年人口占人口总数的比例超过 10%，或 65 岁及以上的老年人口占总人口的比例高于 7%，则这个国家或地区就进入了老年型社会或老年型国家。截至目前，我国 60 岁以上老年人口超 2.3 亿，是世界上唯一一个老年人口过两亿的国家。到 2030 年，中国将成为全球人口老龄化程度最高的国家；2040 年 60 岁及以上人口占比将达 28% 左右；到 2050 年，60 岁及以上老人占比将超过 30%，社会将进入深度老龄化阶段。我国进入老龄化社会的速度明显快于进入现代化，属于"未富先老"，这将给我国带来很多问题，社会的消费结构、劳动力总量、社会保障等都将面临巨大的变化和挑战。而 2030～2050 年正是 20 世纪 70～80 年代和 90 年代出生的人们步入养老的阶段，因此对于这些人来说，退休规划更为重要和紧迫，见图 10-2。

3. "养儿防老"观念的转变

"养儿防老，积谷防饥"是我国传统的养老方式，在这种方式下，一个人的晚年生活完全依靠儿女的照顾，无数人把他们晚年的幸福寄托在子女是否孝顺这个单一因素上。然而，随着社会的不断发展，这种养老方式越来越显露出它的弊端，许许多多的老年人正用他们自身的悲剧否定着这种养老模式。

随着我国计划生育政策的实施，20 世纪 70 年代末 80 年代初出生的第一代独生子女以每年数以百万计的规模步入生儿育女的生命周期。由四个老人、一对夫妻、一个孩子组成的"421"家庭模式越来越多。这些家庭的支柱不仅要面对巨大的工作压力，还要承担上有老、下有小的生活重担。调查显示，京、沪、穗城市中 35% 的家庭要赡养四位老人，49% 的家庭要赡养 2～

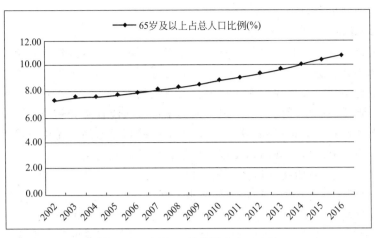

图 10-2 中国 65 岁及以上人口占比

3 位老人，而从赡养费上看，35.6%的家庭每年花费超过 1 万元。"421"家庭引发的一个最主要的社会问题就是养老压力。越来越多的人已经不期望于自己的晚年生活依靠儿女，因此，在未来退休生活的安排上，"养钱防老"观念已取代"养儿防老"观念而成为新趋势。

4. 通货膨胀因素带来的压力

自 2007 年以来，我国通货膨胀压力日益增大，虽然央行多次上调利率进行宏观调控，但 2011 年 6 月份我国居民消费价格指数（CPI）仍然同比上涨 6.4%，创近三年来新高。在持续的通货膨胀环境下，财富在时间面前严重缩水：假设年通货膨胀率为 4% 的话，那么现在的 10000 元在 20 年后仅相当于 4560 元。在不断通货膨胀的环境中，人们在退休后因不再工作而失去了稳定的收入来源，仅仅依靠统筹的社会保障体系来度过漫长的晚年生活是非常危险的。因此，越是通货膨胀时期，规划理财越重要，而对于 20、30 年后养老金的合理规划更是不容忽视。

5. 退休后的医疗支出增长迅速

人无论年轻时多么身强力壮，到老年时身体的各项机能都会随着年龄的增长而自然衰退，体质减弱，抵抗力大大下降，各种疾病接踵而至。据此推算，老年人消费的医疗资源一般是其他人的 3~5 倍。而随着医疗体质的改革和医疗技术的发展，医疗费用支出上涨速度惊人。有资料表明，我国医疗消费支出近年来的增长速度远远超过了居民人均收入的增速。医疗卫生消费支出已成为我国居民继家庭食品、子女教育后的第三大消费。因此，必须有一大笔资金用于支付退休后的医疗费用，才不用在将来忍受有病不敢就医的痛苦。

6. 退休保障制度不完善

我国目前虽然已经建立起养老保险体系，但由于我国人口众多、政府财力有限，这些国情决定了政府的养老保障仅能提供最基本的生活费用。虽然覆盖面比较广，但保障水平比较低，距离理想的晚年生活（包括物质供给、生活照料和精神慰藉）还有相当的差距。要追求更有品质的老年生活就必须及早安排，建立多渠道、多层次的退休养老规划。

三、退休规划的原则

退休规划即筹集养老金的计划。养老金是一种债务，但一定是理智的债务。人们在退休以前处于养老债务的分摊期，退休后即进入养老金的消费期直至死亡。因此，退休理财规划一定要遵循以下四项重要原则。

1. 及早规划原则

随着人们退休以后生活时间的不断延长，为退休后的生活做准备是一个比过去重要得多的问题。对退休年龄、退休后的生活方式、财务目标等内容的提早确定，可以使个人退休理财规划执行得更为顺利。及早建立退休计划，可有较长时间在有工作收入保障期间分摊退休生活成本，且不降低在职生活的水平。因为人的工作收入成长率会随着工资薪金收入水平的提高而降低，而理财收入成长率则会随着资产水平的提高而增加。无论退休养老金以何种形式储备，未雨绸缪，提前做好规划和安排，越早开始积累就会越轻松。

例如，一个人30岁开始建立退休计划，每年向账户供款3000元至40岁停止；另外一个人从40岁开始建立退休计划，每年同样向账户供款3000元直至60岁退休时停止。如果投资期间年投资收益率超过4.48%，前者虽然只有10年供款时间，总计30000元投资，但在60岁时的收入将比后者用20年供款时间投入相同的资本得到的收入要多。提前投资将赢得富足的退休生活，其具体数据见表10-1。

表10-1 提前投资赢得富足的退休生活

投资年龄	每月供款/元	年回报率/%	到65岁总计投资本金/元	本利总共回报/元	投资成本占总回报比例/%
25岁	100	8	48000	324180	15
35岁	100	8	36000	141761	25
45岁	100	8	24000	57266	42
55岁	100	8	12000	18000	67

虽然年轻时的收入不高，但如果每月有计划地从收入中定期定额地储蓄或投资要比年长后收入较高时再开始其目标更容易实现。日积月累对实现退休规划非常有利，越晚则筹集压力越大。至少应提前20年左右来做退休后的生活准备，否则即使每月投资回报率相当可观，但剩下的时间已经不够让退休基金累积达到足以供客户晚年舒适悠闲的生活目标。

2. 弹性化原则

退休养老规划的制订，应当视个人的需求及实践能力而定，若发现拟定的目标偏高，可以适当调整。由于退休养老金的积累时间跨度比较大，因此对投资组合方案要不断进行修正。总之，退休养老规划应具有弹性或缓冲性，以确保能根据环境的变动而做出相应调整，以增加其适应性。

3. 收益化原则

准备的退休基金在投资中应遵循稳健性的原则，但是这并不意味着要放弃利用退休基金进行投资的收益。通常，每个人可根据退休期资金使用情况和风险承受能力的不同，按照一定的比例进行合理的搭配，并获得一定的收益。在投资市场上，风险与收益并存，年龄越大的投资者投资高风险的理财产品的比例应越低。因为通过投资高风险的理财产品需要较长的时间才能够获得较高的收益，年龄较大的投资者对于资金需求有紧迫性，所以不建议即将退休的投资者去投资风险较高的产品。

4. 谨慎性原则

对退休后的生活，不同人有不同的期望，不同期望下所需要的费用也不尽相同，既取决于其制订的退休计划，又受到人们职业特点和生活方式的约束。人们的生活方式和生活质量应当是建立在对收入和支出进行合理规划的基础上，不切实际的高标准只能让人们的退休生活更加困难。为此，需要慎重对待自己的消费习惯，一方面要尽力维持较好的生活水平，不降低生活质量；另一方面要考虑到自己的实际情况，不能盲目追求高端生活。在制订个人退休计划时，对退休生活的期望应尽可能详细，并根据各个条目列出大概所需的费用，据此来估算个人退休后的生活成本。在对自己退休以后的生活有了清晰的认识之后，再考虑自身已经准备了多少养老金，避免对退休后的经济状况过于乐观或过于保守，应本着谨慎性原则，多估计些支出，少估计些收入，使退休后的生活有更多的财务资源。

四、退休规划的影响因素

退休理财规划是人生的长期规划，其主要影响因素如下。

1. 预期寿命

预期寿命的长短意味着个人退休后要生活的时间，这是养老规划中首先要考虑的问题。退休后生活时间越长，所需退休总费用就越高，退休金筹备压力也就越大。虽然寿命的长短不是个人所能预料的，但根据个人的健康状况及家族遗传等各方面因素的判断，再考虑中国人的平均寿命，是可以有一个大概预期的。在进行退休养老规划时，一般要在此基础上加上5~10岁作为规划的目标，以防寿命延长而资金不足。

2. 退休年龄

在进行养老规划时，除了要预测人们的预期寿命外，还要了解退休年龄的相关问题。因为退休年龄是养老规划的一个关键点。退休时间早，则退休生活时间长，工作时间少，也即消耗养老基金的时间长，积累养老基金的时间少；退休时间晚，则退休生活时间短，工作时间长，也即消耗养老基金的时间短，积累养老基金的时间长。个人从事的职业不同，其退休年龄自然会不同。自由职业者的退休年龄通常比较灵活，但是公务员和企业职工的退休年龄则由国家规定。

3. 月生活标准

每月退休生活费用越高，退休金筹备压力就越大。但降低退休后每月生活支出不是积极的策略，应尽量在退休前提高资产增值效率来保障退休后的生活品质。

4. 资金收入来源

每月退休生活费用若有固定收入支持，则退休金筹备压力减小。一般每月固定收入来源包括月退休金、年金保险给付、房租收入、资产变卖现金收入等。在进行退休理财规划时，要通过各种渠道来保障个人的固定收入来源。

5. 通货膨胀影响

通货膨胀率越高，退休金筹备压力就越大。退休计划的第一条原则就是必须能够战胜通货膨胀，否则将没有任何保障作用。在进行退休理财规划时，一定要充分考虑到通货膨胀及其他外界因素的影响。

6. 退休计划期间

离退休日越短，累积工作收入的期间越短，退休金筹备压力就越大。因此，应该尽早考虑和规划自己的退休生活。

7. 资产积累

退休前资产累积越多，退休后每月生活费就越宽裕。如资产积累富足或退休金优厚，则可提早退休，趁年轻力壮完成人生的其他愿望。

法定退休年龄

法定退休年龄是指 1978 年 5 月 24 日第五届全国人民代表大会常务委员会第二次会议原则批准,现在仍然有效的《国务院关于安置老弱病残干部的暂行办法》和《国务院关于工人退休、退职的暂行办法》(国发〔1978〕104 号)文件所规定的退休年龄。坚决按照国家法定退休年龄办理职工退休、退职,是维护职工合法权益和劳动权利的根本保证。《国务院办公厅关于进一步做好国有企业下岗职工基本生活保障和企业离退休人员养老金发放工作的通知》(国务院办公厅 10 号文件),劳动和社会保障部 1999 年 3 月 9 日发布了《关于制止和纠正违反国家规定办理企业职工提前退休有关问题的通知》(劳社部发〔1999〕8 号),通知指出:国家法定的企业职工退休年龄是男年满 60 周岁,女工人年满 50 周岁,女干部年满 55 周岁。从事井下、高温、高空、特别繁重体力劳动或其他有害身体健康工作的,退休年龄男年满 55 周岁,女年满 45 周岁,因病或非因工致残,由医院证明并经劳动鉴定委员会确认完全丧失劳动能力的,退休年龄为男年满 50 周岁,女年满 45 周岁。

第二节 建立退休规划的步骤

为保证退休规划的准确性和有效性,建立退休规划需要遵循一定的程序。一般来讲,一个完整的退休规划包括职业生涯设计、退休后生活设计和为弥补养老金缺口而进行的储蓄投资设计。建立退休规划的步骤就是由退休生活目标测算出退休后到底需要花费多少钱,同时由职业生涯状况推算出可领取多少退休金,然后计算出退休后需要花费的资金和可领受的资金之间的差距,即应该自筹的退休资金。具体来说,一个合理的退休规划应包括如图 10-3 所示的五个步骤。

图 10-3　建立退休规划步骤

一、确定退休目标

退休目标是个人退休规划所要实现的目标,通常包括人们期望的退休年龄和退休后的生活方式两方面内容。

1. 退休年龄

退休规划的第一步就是要确定退休年龄,因为退休年龄直接影响着个人工作积累养老金的时间和退休后所需要的生活费用。在个人预期寿命不变的情况下,积累退休收入的时间(退休前)与退休后生活时间此消彼长。退休年龄越早,退休后生活的时间越长,而积累养老金的时间则越短,这意味着每年要积累的资金越多,压力越大,甚至要降低当前的消费水平。退休本金积累表见表 10-2。

表 10-2　退休本金积累表

积累期	退休本金积累额度(单位:元)					
	每年积累 20000			每年积累 50000		
	年收益率			年收益率		
	4%	6%	8%	4%	6%	8%
10 年(55 岁)	240122	263616	289731	600305	659040	724328
20 年(45 岁)	595562	735712	915239	1488904	1839280	2288098
30 年(35 岁)	1121699	1581164	2265664	2804247	3952909	5664161
40 年(25 岁)	1900510	3095239	5181130	4751276	7738098	12952826

2. 退休后的生活方式

直接决定退休后所需费用的另一大因素是退休后的生活方式。退休后是只想过仅满足三餐温饱，并支付一些小病医疗费的生活，还是希望依旧"想吃大餐就可以吃""想去哪就去哪"，过着有品质的生活，做个"即使长着鱼尾纹也优雅美丽、有风度的老人"呢？答案恐怕是后者。虽然退休规划的目标是实现甚至是提高个人退休后的生活质量，但个人期望的生活方式和生活质量不能脱离现实，仍然应当建立在对收入和支出进行合理规划的基础上，因为毕竟退休规划所能实现的额外收益是有限的。

退休年龄和退休后的生活方式作为退休目标的两方面内容并非是孤立存在的，它们之间相互联系，有时甚至是此消彼长。例如，在其他条件不变的前提下，为了实现高品质的退休生活，个人必须推迟退休以延长积累时间；反之，为了更早享受退休生活，有时不得不降低退休后生活方式的预期。

二、预测资金需求

不同的退休目标意味着退休后所产生的资金需求也大不相同，进行退休规划的第二步就是要较为准确地预算出未来退休生活的总资金需求，即将退休目标财务化。其方法就是以目前生活支出为基础，仔细分析退休前后支出结构的变化，然后按照差额进行调整即可得到退休后的支出额。

1. 退休第一年费用需求分析

虽然每个家庭的消费习惯会有所不同，但同一个家庭的消费习惯不会因为退休而有大幅改变。退休后应酬费、交通费和服装费等项目支出会相对减少，但医疗费支出会大幅增加。一般来说，基本维持退休生活的费用占到退休前月支出的 70%～75%。退休第一年的支出费用就是根据个人退休前后可能产生的支出变化，结合一定时期的费用增长率（通货膨胀率）调整后得出的。调整时应遵循以下四点。

① 按照目前家庭人口数和退休后家庭人口数的差异调整饮食和购买衣物的费用。
② 去除退休前可支付完毕的负担，如子女的高等教育费、每月应偿还的房屋贷款等。
③ 减去因工作而必须额外支出的费用，如交通费和上班衣着费等。
④ 加上退休后根据规划而增加的休闲费用及因年老而增加的医疗费用。

根据费用增长率和目前到退休所经历的年限（n）来计算退休后第一年各项生活费用的具体公式为

退休后第一年所需的各项生活费用＝按目前物价估计的退休后第一年的支出×
$(1＋费用增长率)^n$

[**例**] 王先生夫妻同龄,今年都 35 岁,计划 55 岁退休,预期寿命 75 岁。根据王先生对退休后的生活目标,得出其退休前后生活费用的变化如表 10-3 所示。

表 10-3 生活费用变化

退休后费用(增加项目)	增加幅度/%	退休后费用(减少项目)	下降幅度/%
医疗保健	100	饮食	20
旅游	50	应酬等杂费	30
娱乐	50	衣着	40
		交通费用	50
子女教育费用和按揭贷款为 0			

王先生夫妻目前生活费用支出和退休后第一年的生活费用见表 10-4。

表 10-4 生活费用

费用项目	目前年支出/元	退休后年支出/元	费用上涨率/%	退休第一年费用/元
饮食	30000	24000	5	63672
衣着	6000	3600	3	6502
应酬等杂费	8000	5600	3	10114
交通费用	3000	1500	1	1830
医疗保健	5000	10000	4	21910
旅游	20000	30000	5	79590
娱乐	2000	3000	4	6573
子女教育	10000	0		
按揭贷款	24000	0		
生活费用总支出	108000	77700		190191

王先生夫妻目前每年生活费用总支出为 108000 元,预期退休后第一年的生活费用为 77700 元,若考虑到物价上涨等因素,20 年后王先生夫妻退休第一年的生活费用总支出为 190191 元。

2. 退休期间费用总需求分析

根据退休后第一年所需的生活费用(E)和退休后的预期余寿(N),以及费用成长率(C)和投资回报率(R),可以计算出退休期间所需准备的养老金总额(T)。具体公式为

$$T = E \frac{1 - \left(\frac{1+C}{1+R}\right)^N}{R - C}$$

[**例**] 继续以王先生夫妻为例,假设退休后的年费用成长率 C 为 5%,年投资回报率 R 为 6%,根据公式计算,王先生夫妻退休后养老总费用需求为

$$T = 190191 \times \frac{1 - (1+5\%/1+6\%)^{20}}{6\% - 5\%} = 3290304(元)$$

由此可见，养老费用数额的确是非常庞大，因此必须尽早规划。越早开始为退休准备，达到退休目标的可能性就越大，投入的成本也就越低，而且从短期市场低迷和投资失误中恢复过来也越容易。

三、预测退休收入

实现退休目标的基础是一定的收入来源，而人们在退休后其收入会较之工作期间大幅下降，所以分析退休后可能的收入来源就成为进行退休规划至关重要的一步。通常，个人退休后的收入来源可以概括为三个方面：一是社会养老保险；二是商业养老保险；三是个人为退休准备的资金，包括储蓄、基金、房产等。

（一）社会养老保险

1. 社会养老保险的概念与特点

社会养老保险，简称养老保险（或养老保险制度），是国家和社会根据一定的法律和法规，为解决劳动者在达到国家规定的解除劳动义务的劳动年龄界限，或因年老丧失劳动能力退出劳动岗位后的基本生活而建立的一种社会保险制度。

一般来讲，养老保险具有以下主要特征。

（1）强制性　国家通过立法，强制用人单位和劳动者个人必须依法参加养老保险，履行法律所赋予的权利和义务，缴纳养老保险费，待劳动者达到法定退休年龄时，可向社会保险部门领取基本养老金，享受基本养老保险待遇，保障退休以后的基本生活。

（2）互济性　养老保险费用来源一般由国家、企业或单位、个人三方共同负担，并在较高的层次上和较大的范围内实现养老保险费用的社会统筹和互济。

（3）普遍性　每个人都有老年岁月，这是人生的必经阶段。养老问题不仅是社会问题，而且是全球性问题，关系到一个国家或社会的经济、文明发展，需要我们予以足够的重视。由于养老保险的实施范围很广，被保险人享受待遇的时间较长，费用收支规模庞大，因此必须由政府设立专门机构，在全社会统一立法、统一规则、统一管理和统一组织实施。

2. 我国的社会养老保险体系

我国是一个发展中国家，经济还不发达，为了使养老保险既能发挥保障生活和安定社会的作用，又能适应不同经济条件的需要，以利于劳动生产率的提高。为此，我国的养老保险由三个层次（或部分）组成。第一层次是社会基本养老保险，替代率（即占退休前工资比例）约为60％；第二层次为企业补充养老保险，替代率约为20％；第三层次为个人储蓄性养老保险，替代率也是20％。

（1）基本养老保险　基本养老保险是按国家统一政策规定强制实施的为保障广大离退休人员基本生活需要的一种养老保险制度，它属于多层次养老保险制度中的第一层次。基本养老保险制度是由社会统筹和个人账户相结合的基本制度，养老保险费用由国家、企业和个人三方共同负担。社会统筹部分由国家和企业共同承担，个人缴费归个人养老金账户。

我国基本养老保险的特点是由国家统一指导，强制各类企业实施，所以覆盖面较广，具有福利性质。但由于我国政府财力有限，人口众多，尤其是农村人口和弱势群体数量巨大，这些国情决定了我国社会基本养老保险必然是广覆盖、低保障，主要是保证公民离退休后最低生活的维持。

(2) 企业补充养老保险　企业补充养老保险又称企业年金，是由企业根据自身经济实力，在国家规定的实施政策和实施条件下为本企业职工所建立的一种辅助性的养老保险。它居于多层次养老保险体系中的第二层次，它的实施可满足职工退休后享受较好生活水平的需求，弥补基本养老金替代率的不足，是养老保险制度的重要组成部分。

企业补充养老保险由国家宏观指导、企业内部决策执行。所需费用从企业自有资金中的奖励、福利基金中提取，保险费可由企业完全承担，或由企业和员工双方共同承担，承担比例由劳资双方协议确定。它的主要特征是同企业经济效益挂钩，效益好时多保，效益不好时少保或不保，企业有充分的自主权。企业补充养老保险由劳动保障部门管理，养老基金经社会保险管理机构计入职工个人账户，一切存款和复利归个人所有。

我国的企业年金制度始于 20 世纪 90 年代末，目前在我国实行企业年金的多是国有大中型企业，只有不到 10%，远远落后于发达国家。

(3) 个人储蓄性养老保险　个人储蓄性养老保险是我国多层次养老保险体系的第三层次，是由职工自愿参加、自愿选择经办机构的一种补充保险形式。职工个人根据自己的工资收入情况，按规定缴纳个人储蓄性养老保险费，计入当地社会保险机构在有关银行开设的养老保险个人账户，并应按不低于或高于同期城乡居民储蓄存款利率计算，所得利息计入个人账户，本息一并归职工个人所有。职工达到法定退休年龄经批准退休后，凭个人账户将储蓄性养老保险金一次总付或分次支付给本人。职工跨地区流动，个人账户的储蓄性养老保险金应随之转移。职工未到退休年龄而死亡，计入个人账户的储蓄性养老保险金应由其指定人或法定继承人继承。

个人储蓄性养老保险由社会保险机构经办，社会保险主管部门制定具体办法，它对扩大养老保险经费来源，多渠道筹集养老保险基金，减轻国家和企业的负担及促进对社会保险工作实行广泛的社会监督都具有积极的意义。

3. 基本养老保险的缴费及计发方法

(1) 基本养老保险缴费的比例　基本养老保险费由企业和职工个人共同负担：企业按本企业职工上年度月平均工资总额的 20% 缴纳，归为社会统筹基金；职工个人按本人上年度月平均工资收入的 8% 缴纳，计入个人养老金账户。

城镇个体工商户、灵活就业人员和国有企业下岗职工以个人身份参加基本养老保险的，以所在省上年度社会平均工资为缴费基数，按 19% 的比例缴纳基本养老保险费。例如，2010 年 4 月份陕西省公布的 2009 年度全省社会平均工资为 30293 元，因此 2010 年缴费金额 = 30293 × 19% = 5755.67 元。

(2) 基本养老保险缴费基数的确定　职工缴费工资高于所在省上年度社会平均工资 300% 的，以所在上年度社会平均工资的 300% 为缴费基数；职工缴费工资低于所在省上年度社会平均工资 60% 的，以所在省上年度社会平均工资的 60% 为缴费基数。

(3) 基本养老金的计发方法　职工领取基本养老金的条件：一是达到法定退休年龄，并已办理了离退休手续；二是所在单位和个人依法参加养老保险并履行了养老保险缴费义务；三是个人缴费至少满 15 年。

基本养老金由基础养老金和个人账户养老金组成。其中，基础养老金月发放标准为省（自治区、直辖市）或市（地）上年度职工月平均工资的缴费年限%，由社会统筹基金支付；个人账户养老金月发放标准根据本人账户储存额除以计发月数，计发月数根据职工退休时城镇人口平均寿命预期、本人退休年龄、利息等因素确定，个人账户养老金由个人账户基金支付。其计算公式如下：

基本养老金＝基础养老金＋个人账户养老金

基础养老金＝（全省上年度在岗职工月平均工资＋本人指数化月平均缴费工资）÷2×缴费年限%

个人账户养老金＝个人账户储存额÷计发月数

个人账户养老金计发月数见表10-5。

表10-5　个人账户养老金计发月数表

退休年龄	计发月数	退休年龄	计发月数
40	233	56	164
41	230	57	158
42	226	58	152
43	223	59	145
44	220	60	139
45	216	61	132
46	212	62	125
47	208	63	117
48	204	64	109
49	199	65	101
50	195	66	93
51	190	67	84
52	185	68	75
53	180	69	65
54	175	70	56
55	170		

[例]　若某企业职工2030年1月60岁达到法定退休年龄，届时办理退休手续，退休时其社会基本养老保险缴费年限已达30年，指数化月平均缴费工资为6500元，个人账户养老金余额累计为214800元，到时全省上年度在岗职工的月平均工资为4800元。试计算该职工退休时可以拿到多少退休金？

根据公式计算为

基础养老金＝（4800＋6500）÷2×30%＝1695（元）

个人账户养老金＝214800÷139＝1545（元）

基本养老金总额＝1695＋1545＝3240（元）

（二）商业养老保险

1. 商业养老保险的概念

商业养老保险又称为退休金保险，是以获得养老金为主要目的的长期人身险，即商业性养老保险的被保险人，在缴纳了一定的保险费以后，就可以从一定的年龄开始领取养老金。这样，尽管被保险人在退休之后收入下降，但由于有养老金的帮助，他仍然能保持退休前的生活水平。商业养老保险是社会养老保险的补充。

2. 商业养老保险的种类

商业养老保险最主要的特点是具有较高的保障水平，并且每个人可以根据自身的能力和需求灵活地选择保障程度,是实现退休规划的主要投资方式。商业养老保险包括人寿保险和个人年金保险。

(1) 人寿保险　人寿保险种类很多,适合退休规划的产品主要如下。

① 传统型养老保险。传统型养老保险是指投保人在某一年开始定期缴纳一段时期的保险费,到合同约定的年龄开始持续、定期地领取保险金额的产品。传统型养老保险的特点是固定缴费、定额利息、固定领取。通常保险公司会有一个按生命表计算的费率表,不同年龄有不同的缴费标准,缴费到退休,然后开始领取,也可以选择按月或按年缴费,在缴费时就确定了未来的领取金额,预定利率一般在 2‰～2.4‰之间。日后从什么时间开始领,领多少钱,都是投保时就可以明确选择和预知的。这种保险的优点在于回报固定。在出现零利率或者负利率的情况下,也不会影响养老金的回报利率。比如在 20 世纪 90 年代末期出售的一些养老保险,按照当时的利率设计的回报,回报率达到 10%。但是它的缺点在于很难抵御通胀的影响。因为购买的产品是固定利率的,如果通胀率比较高,从长期来看,就存在贬值的风险。所以这类产品适用于比较保守、年龄偏大的投资者。

② 分红型养老保险。分红型养老保险是指保险公司在每个会计年度结束后,将上一会计年度该类保险的可分配盈余按一定比例,以某种方式分配给保单受益人的一种保险。投保分红保险不仅可以获得传统保单规定的保险保障,还可以参与保险公司投资和经营管理活动所得盈余的分配。分红型养老保险通常有保底的预定利率,但这个利率比传统型养老保险稍低,一般只有 1.5%～2.0%,但分红险在预定利率之外,还有不确定的分红利益可以获得,理论上可以规避或者部分规避通货膨胀对养老金的威胁,使养老金相对保值甚至增值。但是分红具有不确定性,红利的多少和有无,与保险公司的经营状况有关系,也有可能因该公司的经营业绩不好而使自己受到损失。目前我国规定,保险公司应当将可分配盈余的 70% 以红利的方式分配给投资者。但是,保险公司的规范化管理依然是问题。这类保险适用于既要保障养老金最低收益,又不甘于坐看风云的投资者。

③ 投资连接型保险。投资连接型保险,简称"投连险",是指包含保险保障功能,并至少在一个投资账户拥有一定资产价值的人身保险产品。投连险的投保人所缴纳的保费一部分用于购买寿险保障,另一部分则交给保险公司以购买保险公司专门设立的投资账户单位,由投资专家负责账户内资金的调动和投资决策。这样,投资与保障相结合,客户既可以得到风险保障,解决自身及家庭的未来发展问题,又可以稳定投资获取期望的高额回报。这是一种融保险与投资功能于一身的新险种,设有保证收益账户、发展账户和基金账户等多个账户。每个账户的投资组合不同,收益率就不同,投资风险也不同。由于投资账户不承诺投资回报,保险公司在收取资产管理费后,将所有的投资收益和投资损失由客户承担。由于投连险在设计的时候是为长期寿险量身定做的,因此比较适用于缴费期限长达 20 年甚至 30 年,追求资产高收益同时又具有较高风险承受能力的投资者。

④ 万能人寿保险。万能人寿保险是指包含保险保障功能并至少在一个投资账户拥有一定资产价值的一种综合人寿保险产品。它具有弹性、成本透明、可投资的特征。保险期间,保险费可随着保单持有人的需求和经济状况变化,投保人甚至可以暂时缓缴、停缴保险费,从而改变保险金额。万能人寿保险将保险单现金价值与投资收益相联系,保险公司按照当期给付的数额、当期的费用、当时保险单现金价值等变量确定投资收益的分配,并且向所有保单持有人书面报告。万能寿险具有较低的保证利率,这点与分红保险大致相同。保险合同规定缴纳保费及变更保险金额均比较灵活,有较大的弹性,可充分满足

客户不同时期的保障需求；既有保证的最低利率，又享有高利率带来高回报的可能性，从而对客户产生较大的吸引力。弹性的保费缴纳和可调整的保障，使它十分适用于收入缺乏稳定性的中高收入人群。

(2) 个人年金保险　个人年金保险是寿险的一种特殊形式，即从年轻时开始定期缴纳保险费，从合同约定年龄开始持续、定期地领取养老金的险种。目前，保险市场上绝大多数商业养老产品，都是限期缴费的年金保险，即投保人按期缴付保险费到特定年限时开始领取养老金。如果年金受领人在领取年龄前死亡，保险公司或者退还所缴保险费和现金价值中较高者，或者按照规定的保额给付保险金。

年金保险可按不同方法分类如下。

① 按缴费方法不同，分为趸缴年金和分期缴费年金。趸缴年金又称为一次缴清保费年金，投保人一次性地缴清全部保险费，然后从约定的年金给付开始日起，受领人按期领取年金。

分期缴费年金又称期缴年金，是指投保人在保险金给付开始日之前分期缴纳保险费，在约定的年金给付开始日起按期由受领人领取年金。

② 按年金给付开始时间不同，分为即期年金和延期年金。即期年金是指在投保人缴纳所有保费且保险合同成立生效后，保险人立即按期给付保险年金的年金保险。通常即期年金采用趸缴方式缴纳保费，因此，趸缴即期年金是即期年金的主要形式。

延期年金是指保险合同成立生效后且被保险人达到一定年龄或经过一定时期后，保险人在被保险人仍然生存的条件下开始给付年金的年金保险。

③ 按被保险人不同，分为个人年金、联合及生存者年金和联合年金。个人年金又称为单生年金，被保险人为独立的一人，是以个人生存为给付条件的年金。

联合及生存者年金是指两个或两个以上的被保险人中，在约定的给付开始日，至少有一个生存即给付年金，直至最后一个生存者死亡为止的年金。因此，该年金又称为联合及最后生存者年金。但通常此种年金的给付规定，若一人死亡则年金按约定比例减少金额。此种年金的投保人多为夫妻。

联合年金是指两个或两个以上的被保险人中，只要其中一个死亡则保险金给付即终止的年金，它是以两个或两个以上的被保险人同时生存为给付条件。

④ 按给付期限不同，分为定期年金、终身年金和最低保证年金。定期年金是指保险人与被保险人约定好保险年金给付期限的年金。它主要有两种形式：一种是确定年金，即只要在约定的期限内，无论被保险人是否生存，保险人的年金给付直至保险年金给付期限结束；另一种是定期生存年金，即在约定给付期限内，只要被保险人生存就给付年金，直至被保险人死亡。

终身年金是指保险人以被保险人死亡为终止给付保险年金的时间。也就是说，只要被保险人生存，被保险人将一直领取年金。对于长寿的被保险人，该险种最为有利，而一旦被保险人死亡，给付即终止。

最低保证年金，是为了防止被保险人过早死亡而丧失领取年金的权利而产生的防范形式年金。它具有两种给付方式：第一种为确定给付年金，即按给付年度数来保证被保险人及其受益人利益，该种最低保证年金形式确定了给付的最少年数，若在规定期内被保险人死亡，被保险人指定的受益人将继续领取年金到期限结束；第二种为退还年金，即按给付的回返来保证被保险人及其受益人的利益，该种最低保证年金形式确定有给付的最少回返金额，当被保险人领取的年金总额低于最低保证金额时，保险人以现金方式自动分期退还其差额。

⑤ 按保险年金给付额是否变动，分为定额年金和变额年金。定额年金的保险年金给付额是固定的，不因为市场通货膨胀的存在而变化。因此，定额年金与银行储蓄性质相类似。

变额年金属于创新型寿险产品，通常具有投资分立账户。变额年金的保险年金给付额，随投资分立账户的资产收益变化而不同。通过投资，此类年金保险有效地解决了通货膨胀对年金领取者生活状况的不利影响。变额年金因与投资收益相连接而具有投资性质。

3. 购买商业养老保险的步骤

第一步：确定保险额度，即需要购买多少商业养老保险比较合适。按照国际惯例，商业养老保险提供的养老金额度应占到全部养老保障需求的 25%～40%。因此，个人在拥有社会基本养老保险的基础上，考虑到生活水平逐步提高和物价等因素，购买保额在 20 万元左右的商业养老保险比较合适。

第二步：选择保险种类。选择哪一种商业养老保险产品需要根据自身的实际情况而定。一般来讲，传统型和分红型保险回报额度较明确，且投入较少，比较适用于工薪阶层；而投连型和万能型保险由于投入较高、风险较大，比较适用于风险承受能力较强的高收入人群。

第三步：确定缴费期限。一般来说，商业养老险分为趸缴和期缴的方式，而期缴又分为 3 年、5 年、10 年、20 年等多种方式。期限可以根据自己的年龄来选择，比如年龄较轻的投保人可以选择期限稍长的期缴方式，而对于一些中年或接近老年的投保人，趸缴或者短期期缴方式比较适合。因为对于年轻人来说，收入不太稳定或者收入比较低，长期缴可以减小每次缴费的压力；而对于中年或接近老年的人来说，离回收期限比较近，小额的投保并不能起到保障作用。

第四步：确定领取方式。怎么领取养老金是购买商业养老保险最关键的地方，这部分大致包括养老金的领取年龄、领取方式以及领取年限。通常，领取年龄在投保时可与保险公司约定，目前市场上一般限定 50 岁、55 岁、60 岁和 65 岁等几个年龄段；领取方式则分为一次性领取、年领和月领三种；对于养老金的领取年限，各家保险公司各不相同，有的规定 20 年，有的规定可以领到 100 岁，有的规定可以领至身故。

（三）个人为退休准备的资金

自筹退休金的来源，一是运用过去的积累投资，二是运用现在到退休前的剩余工作生涯中的储蓄。

四、计算退休资金缺口

根据前面对退休后所需费用的计算和退休收入的预算，可以确定在退休时是否有足够的退休金，即退休时是否存在资金缺口。如果预测的退休后收支差额为正，意味着收入足以满足实现退休目标，此时确保资金安全是首要的；如果收支差额为负，则意味着需要制订相应的计划增加收入以弥补资金的不足。

五、弥补退休资金缺口

针对退休金缺口作适当的理财规划，挑选投资报酬率和风险都合适的投资工具，以保证退休目标的实现。通常可以利用提高储蓄比例、延长工作年限并推迟退休、进行更高收益率的投资、减少退休后的花费等方式来进一步修改退休养老计划。

世界养老保险制度的三种基本模式

世界各国实行养老保险制度有三种模式，可概括为投保资助型（也叫传统型）养老保险、强制储蓄型养老保险（也称公积金模式）和国家统筹型养老保险。

1. 传统型养老保险制度

传统型养老保险制度又称为与雇佣相关性模式（employment-related programs）或自保公助模式，最早为德国俾斯麦政府于1889年颁布养老保险法所创设，后被美国、日本等国家所采纳。个人领取养老金的工资替代率，然后再以支出来确定总缴费率。个人领取养老金的权利与缴费义务联系在一起，即个人缴费是领取养老金的前提，养老金水平与个人收入挂钩，基本养老金按退休前雇员历年指数化月平均工资和不同档次的替代率来计算，并定期自动调整。除基本养老金外，国家还通过税收、利息等方面的优惠政策，鼓励企业实行补充养老保险，基本上也实行多层次的养老保险制度。

2. 国家统筹型养老保险制度

国家统筹型（universal programs）分为以下两种类型。

（1）福利国家所在地普遍采取的，又称为福利型养老保险，最早为英国创设，目前适用该类型的国家还包括瑞典、挪威、澳大利亚、加拿大等。

该制度的特点是实行完全的"现收现付"制度，并按"支付确定"的方式来确定养老金水平。养老保险费全部来源于政府税收，个人不需缴费。享受养老金的对象不仅仅为劳动者，还包括社会全体成员。养老金保障水平相对较低，通常只能保障最低生活水平而不是基本生活水平，如澳大利亚养老金待遇水平只相当于平均工资的25%。为了解决基本养老金水平较低的问题，一般大力提倡企业实行职业年金制度，以弥补基本养老金的不足。

该制度的优点在于运作简单易行，通过收入再分配的方式，对老年人提供基本生活保障，以抵消市场经济带来的负面影响。但该制度也有明显的缺陷，其直接的后果就是政府的负担过重。由于政府财政收入的相当大部分都用于了社会保障支出，而且经维持如此庞大的社会保障支出，政府必须采取高税收政策，这样就加重了企业和纳税人的负担。同时，社会成员普遍享受养老保险待遇，缺乏对个人的激励机制，只强调公平而忽视效率。

（2）国家统筹型的另一种类型是苏联所在地创设的，其理论基础为列宁的国家保险理论，后为东欧各国、蒙古、朝鲜以及我国改革以前所在地采用。

该类型与福利国家的养老保险制度一样，都是由国家来包揽养老保险活动和筹集资金，实行统一的保险待遇水平，劳动者个人无须缴费，退休后可享受退休金。但与前一种所在地不同的是，适用的对象并非全体社会成员，而是在职劳动者，养老金也只有一个层次，未建立多层次的养老保险，一般也不定期调整养老金水平。

随着苏联和东欧国家的解体以及我国进行经济体制改革，采用这种模式的国家越来越少。

3. 强制储蓄型养老保险制度

强制储蓄型主要有新加坡模式和智利模式两种。

（1）新加坡模式是一种公积金模式。该模式的主要特点是强调自我保障，建立个人公积金账户，由劳动者于在职期间与其雇主共同缴纳养老保险费，劳动者在退休后完全从个人账户领取养老金，国家不再以任何形式支付养老金。个人账户的基金在劳动者退休后可以一次性连本带息领取，也可以分期分批领取。国家对个人账户的基金通过中央公积金局统一进行管理和运营投资。除新加坡外，东南亚、非洲等一些发展中国家也采取了该模式。

（2）智利模式作为另一种强制储蓄类型，也强调自我保障，也采取了个人账户的模式。但与新加坡模式不同的是，个人账户的管理完全实行私有化，即将个人账户交由自负盈亏的私营养老保险公司规定最大化回报率，同时实行养老金最低保险制度。该模式于20世纪80年代在智利推出后，也被拉美一些国家所效仿。强制储蓄型养老保险模式最大的特点是强调效率，但忽视公平，难以体现社会保险的保障功能。

第三节 遗产规划

一、遗产概述

（一）遗产的概念及特征

遗产是指被继承人死亡时遗留的个人所有财产和法律规定可以继承的其他财产权益，包括积极遗产和消极遗产。积极遗产是指死者生前个人享有的财物和可以继承的其他合法权益，如现金、证券、不动产和收藏品等。消极遗产是指死者生前所欠的个人债务，包括贷款、应付医疗费用等。遗产具有以下法律特征。

1. **时间上的时效性**

遗产作为一种特殊财产，是财产继承权的客体。自然人死亡之时起至遗产分割完毕前这一特定时间段内，自然人生前遗留的财产才能被称为遗产。

2. **性质上的财产性**

死者生前享有的民事权利包括财产权和人身权两方面，而可以被继承的只能是财产权利。

3. **财产的可转移性**

遗产是可以与人身分离而独立转移给他人所有的财产。一般来说，遗产仅指能够转移给他人的财产，如所有权、债权等。而与个人身份密切结合，一旦分离便不复存在的财产权利不能作为遗产。

4. **财产的生前个人合法所有性**

自然人死亡时遗留的财产必须是合法财产才具有遗产的法律地位，法律规定不得作为遗产进行继承的财产也无遗产的法律地位。

（二）遗产的形式

遗产包括自然人死亡时遗留的一切合法的不动产、动产和其他具有财产价值的权利。遗产不仅包括利益，也包括义务的内容。主要有以下表现形式。

（1）**自然人享有财产所有权的财产** 包括合法收入；房产、存款和生活用品；文物、图书资料；大宗物件及其他合法财产等。

（2）**自然人的知识产权中的财产权** 包括著作权中的财产权；专利权中的财产权；商标权中的财产权；发现权、发明权和其他科技成果权中的财产权；商业秘密权。

（3）**自然人享有的他物权及债权** 包括他物权；债权；自然人依法应缴纳的税款和

债务。

（三）遗产转移的方式

虽然自然人生存时所拥有的个人合法财产不能称之为遗产，但实际上，很多自然人生前通过遗产筹划已经对自己的财产进行了安排，主要有如下方式。

(1) 终身转移　赠予；为受益人创建不可撤销信托；为受益人购买人寿保险。
(2) 死亡时的转移　遗产继承；遗赠；遗嘱信托。

（四）对遗产的征税

遗产税是对自然人去世以后遗留的财产征收的税收，通常包括对被继承人的遗产征收的税收和对继承人继承的遗产征收的税收。就继承人来说，被继承人所遗留的遗产就是继承人继承的遗产，所以，对继承财产征税就等于对遗赠财产征税，在许多国家，遗产税和继承税是互称的。

为了防止一些人通过赠予行为逃避债务遗产纳税义务，在实行遗产税制度的国家，都同时实行赠予税制度，赠予税一般是作为遗产税的补充或者配套措施而设立的。赠予税是自然人将自己的财产赠予他人时，依法对赠予财产应缴纳的税款，其征税客体是赠予的财产。

二、遗产规划的概念及意义

1. 遗产规划的概念

一般来说，遗产规划是指当事人在其健在时，将拥有或控制的各种资产、财富或负债进行身故后的事先安排，以确保在自己去世或丧失行为能力时能够实现一定的目标。从广义角度来看，遗产规划是指个人财产从一代人转移给另一代人，从而实现个人为其家庭所确定的目标而进行的一种合理财产安排。其主要目标是帮助投资者高效率地管理遗产，并将遗产顺利地转移到受益人手中。

2. 遗产规划的意义

人总不免一死，但没有人知道自己哪一天会离开人世，也没有人愿意谈论死亡。如果没有事先的计划和安排，万一自身有什么不测，一些问题就解决不了，比如怎样才能将财产最大限度地留给后人？如何安排好配偶及子女未来的生活？如果预先进行遗产规划，这些问题就能很快地按照事先约定的方式得以解决。

概括来讲，遗产规划的重要性表现在以下两个方面：一是通过规划尽可能顺利地将遗产传承给希望的继承人，避免纠纷。一些人认为，通过遗嘱或遗产委托书就可以合理分配自己的财产。其实不然，法律程序上的安排只是遗产规划具体行为的落实，而从财务角度进行的合理规划才是核心内容。遗产规划的目标就是帮助客户在其过世或丧失行为能力后分配和安排其财产和债务，帮助当事人按自己的意愿实现遗产的合理分配。二是通过规划以尽可能少的成本将遗产传承下去，避免耗损。通常分配遗留财产是需要费用的，一般包括：支付给遗嘱执行人的费用、法律费用、会计费用、评估费用等。没有一个正确的遗产规划，遗产可能会比在通常状况下要支付更多的管理费。另外，就是遗产税的征收。目前，全世界大约有2/3的国家和地区征收着不同程度的遗产税，合理的遗产规划能最大限度地降低遗产税和遗产处置费用，减少其税收支出以增加遗产的价值。

遗产规划并非富人或老人才需要，无论是百万富翁还是工薪阶层，规划遗产都是有意义的。遗产规划是个人理财规划中不可或缺的一部分。在西方发达国家，政府对居民的遗产有严格的管理和税收规定，一般民众对遗产管理服务有着相当的需求，遗产管理计划是其财务规划中相当重要的一部分。但就我国目前的情况来看，遗产规划的受重视程度、被了解程度以及对该规划专业意见的需求程度等方面均有所欠缺。在中国，遗产规划还是一个陌生的领域，一方面是因为我国居民的收入水平总体上不高，遗产数额不大，而且政府对遗产的管理和征税不严格；另一方面是受传统观念影响，人们忌讳谈及这方面的话题，除非年纪老迈，否则很少人会在身强力壮时立下遗嘱。随着经济的发展和人们生活水平的提高、遗产税的开征以及人们意识的提高，遗产规划的重要性将会日益显现。

三、遗产规划的工具

1. 遗嘱

遗产规划中最重要的工具就是遗嘱。客户依照一定的程序在合法的文件上明确如何分配自己的遗产，然后签字认可，遗嘱即可生效。一般来说，客户需要在遗嘱中指明各项遗产的受益人。

遗嘱给予了客户很大的遗产分配权力，客户可以通过遗嘱来分配自己独立拥有的遗产，多数客户的遗产规划目标都是通过遗嘱来实现的。在遗嘱中详细地说明遗产怎么分配，以便于遗产受益人能够按照立遗嘱人的意愿得到应有的财产。如果没有留下遗嘱，就需要经过漫长的法庭裁决过程来确定遗产的分配，这需要支付一笔法律裁决的费用。遗嘱不仅可以保证遗产按照立遗嘱人的意愿进行分配，而且也可以缩短法庭裁决的过程，并降低相关的管理费用和法律费用。

遗嘱可以分为正式遗嘱、手写遗嘱和口述遗嘱三种。正式遗嘱最为常用，法律效力也最强，它一般由当事人的律师来办理，要经过起草、签字和见证等若干程序后，由个人签字认可，也可由夫妻双方共同签署生效；手写遗嘱是指由当事人在没有律师的协助下手写完成，并签上本人姓名和日期的遗嘱；口述遗嘱是指当事人在病危的情况下向他人口头表达的遗嘱。由于手写遗嘱容易被仿造，口述遗嘱缺少见证人等问题，多数国家对该两种遗嘱都不予认可。为了确保遗嘱的有效性，一般建议采用正式遗嘱的形式，并及早拟定有关的文件。

2. 遗产委任书

制订遗产规划的另一个重要工具就是遗产委任书。它授权当事人指定的一方在一定条件下代表当事人指定其遗嘱的订立人，或直接对当事人遗产进行分配。客户通过遗产委托书，可以授权他人代表自己安排和分配其财产，从而不必亲自办理有关遗产的手续。在遗产委任书中，当事人一般要明确代理人的权力范围，后者只能在此范围内行使其权力。

遗产规划涉及的遗产委任书有两种：普通遗产委任书和永久遗产委任书。永久遗产委任书的法律效力要高于普通遗产委任书。如果当事人本身去世或丧失了行为能力，普通遗产委任书就不再有效；而永久遗产委任书的代理人，在当事人去世或丧失行为能力后，仍有权处理当事人的有关遗产事宜。所以，必要时当事人可以拟定永久遗产委任书，以防范突发意外事件对遗产委任书有效性的影响。在许多国家，对永久遗产委任书都有着严格的法律规定。

3. 遗嘱信托

所谓遗嘱信托，是指委托人预先以立遗嘱的方式，将财产的规划内容，包括交付信托后遗产的管理、分配、运用及给付等，详订于遗嘱中。等到遗嘱生效时，再将信托财产转移给受托人，由受托人依据信托的内容，也就是委托人遗嘱所交办的事项，管理处分信托财产。遗嘱信托是在委托人死亡后契约才生效。

通过遗嘱信托，由受托人依照遗嘱人的意愿分配遗产，并为特定人员而做财产规划，不但能有效防止纷争，还因结合了信托的规划方式，而使该遗产及继承人更有保障。因此，遗嘱信托具有以下功能。

① 可以很好地解决财产传承，使家族永保富有和荣耀。通过遗嘱信托，可以使财产顺利地传给后代。同时，也可以通过遗嘱执行人的理财能力弥补继承人无力理财的缺陷。

② 可以减少因遗产产生的纷争。因为遗嘱信托具有法律约束力，特别是中立的遗嘱继承人介入，使遗产的清算和分配更公平。

③ 可以避免巨额的遗产税。遗产税开征后，一旦发生继承，就会产生巨额的遗产税，但是如果设定遗嘱信托，因信托财产的独立性，就可以合法规避该税款。

4. 人寿保险

人寿保险在遗产规划中也起到了非常重要的作用，这是因为购买人寿保险的客户在去世时往往可以获得一大笔保险赔偿金，且以现金形式支付，这样能够增加遗产的流动性。但人寿保险赔偿金和其他遗产一样也要支付税金。

5. 赠与

赠与是指当事人为了实现某种目标将某项财产作为礼物赠送给受益人，而使该项财产不再出现在遗嘱条款中。在许多国家，对赠与财产的征税要远远低于对遗产的征税，所以客户往往采取这种方式来减少税收支出，而且它有可能还会带来家庭所得税支出的下降。但财产一旦赠与他人，当事人就失去对该财产的控制，将来也无法将其收回。

四、遗产规划的步骤

完整的遗产规划包括下面几个步骤。

第一步：计算和评估遗产的价值。

列出所拥有的全部资产，并确定每份资产的所有权。对拥有所有权的资产进行评估定价，同时了解与遗产有关的税收规定，为制订遗产计划奠定基础。

第二步：确定遗产规划的目标。

通过填写调查表形式来确定遗产规划的目标，明确受益人。列出受益人名单，决定资产的分配。但由于遗产规划的可变性特点，客户在制订遗产规划时应该留有一定变化的余地，以便及时调整遗产规划中的内容。

通常，遗产目标包括以下内容。

① 确定谁是遗产继承人，以及各自的遗产份额。

② 确定遗产转移的方式。

③ 尽量降低遗产转移的成本。

④ 为遗产提供足够的流动性资产以偿还其债务。

⑤ 保持遗产规划的可变性。

⑥ 确定遗嘱执行人。

⑦ 计划慈善赠与。

第三步：制订遗产计划。

制订遗产计划是进行遗产规划的关键步骤，根据客户类型的不同，制订的遗产计划也不尽相同。一般来说，应注意以下几个原则：首先，要保证遗产计划的可变性；其次，要确保遗产计划的现金流动性；最后，要尽量减少遗产纳税金额。通常情况下，对于已婚且子女已成年的客户，遗产计划一般将客户的遗产留给其配偶；对于已婚但子女尚未成年的客户，遗产计划还要加入遗嘱信托工具；对于未婚或离异的客户，遗产计划一般将遗产直接留给受益人。

第四步：定期检查和修改。

由于遗产规划目标只有在当事人去世之后才能实现，而当事人生前发生的许多事件都将影响遗产计划的执行。为此，遗产计划必须定期检查。下面列出了一些常见的事件，当这些事件发生时，常常需要对遗产计划进行修改。

① 子女的出生或死亡。
② 配偶或其他继承者的死亡。
③ 结婚或离异。
④ 本人或亲友身患重病。
⑤ 家庭成员成年。
⑥ 继承遗产。
⑦ 财富的变化。
⑧ 有关遗产的法律变化。

小常识

遗 产 税

遗产税是以被继承人去世后所遗留的财产为征税对象，向遗产的继承人和受遗赠人征收的税，是当今世界许多国家征收的一种税收。征收遗产税，对于健全国家的税收制度、适当调节社会成员的财富分配、增加政府和社会公益事业的财力、维护国家收益具有积极意义。遗产税通常要和赠与税联系在一起设立、征收。

遗产税最早产生于4000多年前的古埃及，出于筹措军费的需要，埃及法老胡夫开征了遗产税。近代遗产税始征于1598年的荷兰，其后英国、法国、德国、日本、美国等国相继开征了遗产税。在我国，国民党政府曾于1940年7月1日开征此税。新中国成立后，1950年通过的《全国税政实施要则》将遗产税作为拟开征的税种之一，但限于当时的条件未予开征。1994年的新税制改革将遗产税列为国家可能开征的税种之一。1996年全国人大批准了《国民经济和社会发展"九五"计划和2010年远景目标纲要》，纲要中提出"逐步开征遗产税和赠与税"。

本章小结

① 退休养老规划就是为了保证客户在将来有一个自立的、有尊严的、高品质的退休生活，而从现在开始积极实施的理财方案。
② 退休规划的必要性表现在以下几个方面：退休生活时间大幅延长、老龄化问题突出、"养儿防老"观念的转变、通货膨胀因素带来的压力、退休后的医疗支出增长迅速、退休保障制度不完善。
③ 退休规划的总原则：及早、有弹性、适度收益、谨慎。
④ 退休规划要考虑的因素包括预期寿命、退休年龄、月生活标准、资金收入来源、通货膨胀、退休计划及资金积累情况等。
⑤ 建立退休规划的一般步骤包括确定退休目标、预测资金需求、预测退休收入、计算退休金缺口、弥补退休资金缺口五个环节。
⑥ 遗产规划是指个人财产从一代人转移给另一代人，从而实现个人为其家庭所确定的目标而进行的一种合理财产安排。其主要目标是帮助投资者高效率地管理遗产，并将遗产顺利地转移到受益人手中。
⑦ 遗产规划的工具有遗嘱、遗产委任书、遗嘱信托、人寿保险和赠与。
⑧ 遗产规划的步骤包括计算和评估遗产的价值、确定遗产规划的目标、制订遗产计划、定期检查和修改四个方面。

思考题

1. 什么是退休规划？为什么要进行退休规划？
2. 退休规划的原则是什么？
3. 退休规划受到哪些因素影响？
4. 退休收入的来源有哪些？
5. 如何进行退休规划？
6. 为什么要进行遗产规划？
7. 遗产规划的工具有哪些？
8. 如何进行遗产规划？
9. 案例思考题

新加坡人的养老计划

由于出生率降低、寿命延长，新加坡属于老龄化问题最为严重的国家之一。到 2050 年，新加坡的老年人士的比率将从今天的 12% 增加到 59%，中间年龄也将从 37.5 岁飙升到 50 岁。这意味着未来数年内，新加坡将面临相当严峻的挑战。

为此，新加坡政府除了大力宣传，提高人们准备退休金的意识，同时也从法律制度、社保体系等方面，对新加坡人的养老计划进行引导和规范。新加坡人的养老计划，主要通过下面这些方式进行。

1. 政府公积金

2010 年 5 月 7 日的新加坡《海峡时报》报道，新加坡总理李显龙宣布，雇主对公积金的贡献比率，将从员工工资的 14.5%，在未来一年内增长 15.5%。而员工的公积金贡献比率一般是工资的 20%，也就是共计达工资的 35.5%。

而公积金的用途包括哪些呢？它主要包括以下三个账户。

(1) 普通账户：用于买房、购买公积金保险、投资和教育。
(2) 特别账户：用于投资以及退休。
(3) 医疗账户：用于购买医疗保险，支付医疗费用。

其中，普通账户和特别账户在户主满 55 岁后，合并成为退休账户。据 2010 年 5 月 14 日《联合早报》报道，政府将把户主 55 岁时退休账户最低存款额调高至新币 12.3 万（人民币约 60 万），户主可以从 65 岁起每个月领取大约新币 1100 元（人民币约 5400 元）。公积金是新加坡人的养老金主要来源之一。

2. 购房

相较于许多国家的房价涨跌起伏问题，新加坡的房地产相对比较平稳。政府以"居者有其屋"为导向，为 84% 的新加坡人提供了经济适用的政府组屋。

而除了购买第二套组屋，用于出租或投资，为养老做准备之外，政府还提供了以下措施，帮助人们将现有的房子转化为养老金。

(1) 组屋回购：组屋并非永久地契，而是 99 年租用权。如果组屋还没有到 99 年，政府可以购买回剩下的使用年限。屋主可以继续租用该组屋，而政府则会支付给屋主组屋剩余价值与租金之间的差价。

(2) 出租组屋：屋主至少住满 3 年之后，可以将整套或部分房间出租。

(3) 大房换小房：五房、四房换成三房、两房。

(4) 反向房贷：这项举措从 2008 年 3 月开始应用于组屋，由一家本地保险公司发起。屋主将房屋抵押给保险公司或银行，然后，每月领取一定金额的贷款。目前，该举措已被暂停。

3. 重聘用

时任新加坡人力部部长颜金勇先生在 2010 年 4 月 26 日的发言中提到，除了法定退休年龄将从 62 岁提高到 65 岁之外，重聘用法令也将在 2012 年被引入。这项法令将从三个方面同时入手，帮助年长的员工重新受到聘用。

（1）法令规定雇主继续聘用年长的员工担任原来的或相近的职务，或给予员工一定程度的补偿，以及再就业指导。

（2）员工本身通过再学习，得到能力的提升，适应工作的需要。

（3）政府设立资金，补助那些为高龄员工提供工作机会的公司。

4. 家庭和社会支持

新加坡人对家庭和社会所能给予的养老支持的态度很务实。一项由汇丰银行发起，牛津人口老化学院进行有关退休前景的全球调查报告显示，有 64% 的新加坡人表示，个人应该负担退休后的经济需要；约 20% 的人要靠家人和儿女负担大部分的经济费用；而少于 10% 的人认为应该由政府负责。

5. 储蓄、投资、保险理财

由于公积金约 2/3 都可用于购买房屋，剩下的一半以上都只能用于医疗，新加坡的发展部长也说：公积金不够支持适当的退休生活。而如果不希望住房缩水、重返职场，或者依赖家人和社会的支持的话，那么，储蓄、投资和保险理财就成为国人退休规划的必然选择。

新加坡商业保险在养老上的地位和作用

新加坡亚洲新闻频道报道的一项 2009 年的调查显示，超过 70% 的新加坡人不确定或者不认为他们有足够的退休金。他们面临的挑战包括：储备的资金难以应对物价上涨；意外或者疾病时要支付庞大的医疗费用；长寿可能导致退休金不足。

因此，商业保险在新加坡人的养老上起着举足轻重的作用。定期的储蓄和投资保险提供较高的回报率，让准备的退休金避免因为通货膨胀而缩水；意外、医疗、重大疾病等保障，帮助人们提供退休后可能面临的高昂医疗费用；而退休年金则帮助人们为退休金不足做好准备。

那么，新加坡人购买商业保险的现状如何呢？《联合早报》刊载的调查显示如下。

（1）有定期储蓄和投资的国人达 67%。

（2）投保留院与手术保险和重病保险的比例分别为 45% 和 43%。

（3）投保人寿保险和意外保险的新加坡人比例分别为 49% 和 39%。

上述数据表明，有计划准备退休金的新加坡人只占人口总数的 2/3 左右，而在人寿、意外、医疗保障方面有所规划的人还不到一半。由此可见，目前新加坡人还没有为退休做好充分的准备，推动商业保险的力度还有待进一步加强。

目前，政府部门，商业保险组织如保险公司、寿险协会等，都通过电视、广播、宣传画报、平面媒体、实体讲座等形式，大力提升人们对退休理财的意识。希望人人都将退休规划纳入日程、人人都为意外情况准备好保障的目标迈进。

思考：新加坡人的养老计划对你有哪些启示？

参 考 文 献

[1] 严经丽. 个人投资理财. 上海：立信会计出版社，2010.
[2] 胥朝阳. 证券投资. 武汉：武汉大学出版社，2004.
[3] 赵锡军，魏建华. 证券投资分析. 北京：中国人民大学出版社，2001.
[4] 万志宏. 证券投资分析. 厦门：厦门大学出版社，2009.
[5] 许谨良著. 保险学原理. 上海：上海财经大学出版社，2010.
[6] 张璟. 股票投资中的宏观经济分析. 陕西经贸学院学报（学报）. 1997，（3）：32-35.
[7] 黄祝华，韦耀莹. 个人理财. 第2版. 大连：东北财经大学出版社，2010.
[8] 中国就业培训技术指导中心. 助理理财规划师专业能力. 第4版. 北京：中国财政经济出版社，2011.
[9] 张颖. 个人理财基础. 北京：对外经贸易大学出版社，2005.
[10] 吕斌，李国秋. 个人理财：理论规划与实务. 上海：上海大学出版社，2005.
[11] 韩海燕. 个人理财. 北京：清华大学出版社，2011.
[12] 黄孝武. 个人理财. 北京：中国财政经济出版社，2010.
[13] 张炳达. 国际金融实务. 上海：上海财经大学出版社，2012.
[14] 郭晓晶. 国际金融. 北京：清华大学出版社，2011.
[15] 石赟. 成就一生的理财计划. 长春：吉林科学技术出版社，2008.
[16] 谢怀筑. 个人理财. 北京：中信出版社，2004.
[17] 李国准. 中国税收. 北京：高等教育出版社，2008.
[18] 张琳. 股票投资入门与实战指南. 北京：化学工业出版社，2018.